本研究为2015年度浙江省哲学社会科学规划
课题"境外浙江旧志存藏现况研究"（15NDJC214YB）成果

境外浙江旧志
存藏现况研究

徐鹏 ◎ 著

浙江工商大学出版社
ZHEJIANG GONGSHANG UNIVERSITY PRESS
·杭州·

图书在版编目（CIP）数据

境外浙江旧志存藏现况研究 / 徐鹏著. — 杭州：
浙江工商大学出版社，2020.5
ISBN 978-7-5178-3616-2

Ⅰ.①境… Ⅱ.①徐… Ⅲ.①浙江－地方志－研究
Ⅳ.①K295.5

中国版本图书馆CIP数据核字（2019）第 278027 号

境外浙江旧志存藏现况研究

JINGWAI ZHEJIANG JIUZHI CUNCANG XIANKUANG YANJIU

徐　鹏　著

责任编辑	王黎明
封面设计	红羽文化
责任校对	张春琴
责任印制	包建辉
出版发行	浙江工商大学出版社
	（杭州市教工路198号　邮政编码310012）
	（E-mail：zjgsupress@163.com）
	（网址：http://www.zjgsupress.com）
	电话：0571-88904980，88831806（传真）
排　　版	杭州红羽文化创意有限公司
印　　刷	浙江全能工艺美术印刷有限公司
开　　本	710 mm×1000 mm　1/16
印　　张	19
字　　数	273千
版 印 次	2020年5月第1版　2020年5月第1次印刷
书　　号	ISBN 978-7-5178-3616-2
定　　价	59.00元

序

　　我国素重地方志的修纂和利用，地方志书蕴含着丰富厚实的文化，"资政、存史、教化"功能俱备，可以说它是地方的百科全书。凡善政者，一莅某省、州县时，首先会调集、查阅地方志书，了解地情民俗等以利施政，在位或离任时又要主持修纂方志，以利于官民了解当地民情，爱国爱乡。地方志虽兼跨历史地理学科，但凡治文史者历来都很重视地方志资源的开发和利用。其实地方志还蕴含着丰富的自然科学资料，如气候、山川、物产、交通等，无不提供执政者、学者丰富的文献资料。我国文史大师如章学诚、胡适、谭其骧等都很重视地方志的文献资源。就连国外学者亦意识到中国方志的价值，如李约瑟指出："要了解中国文化，必须了解中国的地方志。"①美国哈佛大学汉学家魏根深教授说："（它）是研究中国过去一千年历史的最重要的文献资料，因为包含了丰富的关于中国地方行政、经济、文化、方言、职官与名人资料，而这些常常无法从别的地方获得。"②我的学术挚友日本的山根幸夫、森正夫，韩国的吴金成，美国的施坚雅暨夫人曼素恩等都曾亲自编纂过中国地方志书目。

　　浙江是纂修、遗存中国地方志的重要省份，一些珍善本志书流布于

---

① 〔英〕李约瑟:《中国科学技术史》,北京:科学出版社,1975 年,第 162 页。
② Endymion Wilkinson. *Chinese History: A Manual.* Cambridge: Harvard University Press, 1998.

1

境外而境内却缺藏，甚为可惜！我在多年的史学研究实践中，常常体会到志书对我扩拓文献资源具有重大意义，也查阅过不少地方志书，多次到上海、南京、天津、浙江诸省和宁波天一阁等志书收藏丰富的图书馆查阅。1993年应日本学术振兴会和大阪大学之邀赴日讲学期间，曾去东洋文库、内阁文库（国立公文图书馆）、东京大学东洋文化研究所、京都大学人文科学研究所、名古屋大学、名古屋蓬左文库等查阅了国内缺藏的珍善本方志，特别是孤本、稀本的中国方志。如日本宫内厅书陵部（又称宫内省图书寮）所藏崇祯《嘉兴县志》，此为孤本，卷九《食货志·户口》收有洪武三年（1370）《户帖·林荣一户主》，这一户帖样板是仅有的存世珍贵文献，对研究明初的户籍制具有权威性的价值。

徐鹏自2009年选调入浙江地方志办公室以来，以敏锐的视角，意识到地方志对国家建设的意义，在全力投入《浙江通志》编修工作时，发现尚有多种浙江的地方志书散佚或流布于境外，特别是一些珍稀善本、孤本地方志书在境内已不易看到，为此，她特留意将这些流布境外的浙江地方志加以搜集、整理、编录成一份名录。浙江省哲学社会科学规划办公室和地方志办公室领导高瞻远瞩，予以热情支持，更坚定了她的信心。经多年努力，徐鹏终于著成《境外浙江旧志存藏现况研究》一书，惠赠国内外学界。

《境外浙江旧志存藏现况研究》近30万字，循着探索、研究、价值阐释、建议的思路，并借多条人脉征集到流布境外的浙江方志讯息，特别是境内缺藏的珍稀本、善本、孤本地方志书，列出书目及收藏处，便于读者索阅。这份工作实为烦琐、艰难，她却细心耐心加以系统编排。发挥她的外语优势，她还观览了境外一些图书馆的外文方志书目，书末的《日本各图书馆藏浙江旧志目录》《美国国会图书馆藏浙江旧志目录》《欧洲各国图书馆藏浙江旧志目录》《现存境外浙江旧志孤本目录》等，都是很有价值的图表。

徐鹏不愧是出身于中国文学专业，文笔华丽，表述流畅，并具有相应版本目录学和史料学知识，搜集资料较为齐全；同时还具有一定的考证辨识能力，对一些不同版本的地方志书进行研究，如在该书第100—

103页中对两部志书的三点价值的分析；第86页中对嘉靖《永嘉县志》的修纂者和该志与弘治《永嘉县志》的异同，该志的编纂特色、史料价值等，都是经过研究、考释的结晶，颇有说服力。她还善于吸收传统文化的精华和其他学者的研究成果；如第117页参阅了彭泽益《中国近代手工业史资料》一书对湖州新市镇等湖丝产量的研究成果。又如对陈元赟为日本纂修《长门国志》，将中国修志模式传布于东瀛，是很有意义的中外文化交流。

徐鹏撰著该书正处于工作最繁忙之时，因此从书名"研究"的角度来要求，仍有尚待完善之处，一些珍稀善本方志的评释、研究亦有进一步深入的空间。我希望和期待着她再接再厉，在不久的未来，有更精彩的论著问世，以推进中国地方志的纂修和研究步伐。同时，借此我亦希望其他省份也能编纂出类似的地方志书研究书籍，供方志工作者参阅。

春节期间，杜门谢客，静心阅读徐鹏所著该书，获益良多，特缀数语，聊充序文。此为序。

陈学文于杭州西湖之畔

2020年春节

目　录

绪　论

作为中国古代文明的发祥地之一，浙江历史悠久，文化璀璨，数千年来编纂收藏的文献典籍丰富，素有"文献之邦""方志之乡"的美誉。以地方志记载历史、传承文明是浙江优秀的历史文化传统。从东汉袁康、吴平共同整理删定《越绝书》①开始至民国时期，浙江纂修的各类方志约1500种。②《浙江方志源流》载，宋代编修各类志书196种，但多数纂修年代已难推寻，可考者仅88种，其中北宋28种，南宋60种；元代编修各类志书67种，年代可考者40种。宋元时期存留至今的浙江方志亦不在少数，如《宋元方志丛刊》收录了国内现存的宋元方志41种，其中浙江所修就多达19种。明清两代浙江的修志之风更是盛极一时，《中国地方志联合目录》著录现存明代浙江方志115种，清代373种。民国时期，虽政局变幻、战争频仍，但浙江所纂各类志书、志稿仍有80种左右。总而言之，现存浙江历代旧志的总量约占全国的1/13，位居前列。

浙江不仅有着久远的修志历史和大量方志卷帙，还拥有许多众所公认的志苑佳构。无论是世所罕传的"临安三志""四明六志"，以及被后人评为"序述有法，简洁古雅，迥在后来武功诸志之上"的《剡录》，还是万历《会稽县志》、雍正《浙江通志》、乾隆《鄞县志》、光绪《永嘉县志》、民国《龙游县志》等诸志，无一不被人推许。此外，历史上不少著名学者参加了浙江的地方志编修，为浙江修志事业的发展创造了

---

①学界尚存他说，如仓修良先生就认为《越绝书》不是地方志。
②笔者据《浙江方志考》统计，计有各类浙江方志1919种；另据《浙江方志源流》统计，历史上浙江从宋代开始至民国，编修的定型方志约1353种，加之两汉至隋唐时期编修的雏形方志几十种，综合两书得出近1500种的数据。

有利条件，如周淙、潜说友、周密、田汝成、谈迁、黄宗羲、全祖望、齐召南、章学诚、邵晋涵、俞樾、李慈铭、王棻、沈曾植、孙诒让、王国维、鲁迅、余绍宋、陈训正等等。章学诚更是凭借丰富的修志经验和系统的修志理论，被梁启超称为中国方志学的创始人。当然，自宋以来，浙江印刷业和藏书业的发达也为地方志编修的繁盛助力不少。以藏书楼为例，明清时期浙江享有盛名的天一阁、嘉业堂、玉海楼、八千卷楼、皕宋楼等，都收藏有大量地方志书，是延续浙江千年修志文脉不可或缺的一环。

然而必须提及的是，由于历史上的诸多原因，现存于世的浙江旧志仍有部分散佚境外，①其中包括国内缺藏的孤本、善本。如此，在厘清国内藏量的基础上，探明境外浙江旧志的存藏现况就显得尤为紧迫与重要了。

一、历史上的浙江方志编修

【两汉至隋唐时期浙江修志】

汉代浙江地区的地方志编修尚处发端阶段，除《越绝书》《吴越春秋》外，还有杨孚的《临海水土记》、梅福的《四明山记》等，尽管很难说上述地方文献和后世各类志书有直接的联系，但是作为起源之一则是殆无疑义的。六朝时期，兴起编修地记、人物传和专志的热潮，编纂

---

① 陈波在《中国域外人类学志书的进路》一文中指出，"海外"是近代西方自海上而来凸显的概念，是对近代中国出境的一种回应，远不是历史的全部与整体。相比之下，"域外"一词没有类似的历史处境，且相对全面，涵盖海上与陆地两方面的联系。笔者深以为然。由于本书所涉以欧洲、北美以及东亚地区为主，旁及其他国家和中国香港、台湾地区，因此，考虑到行政管辖等相关问题，最终使用"境外"的概念，以涵括所记内容。(《国家安全法》对"境外"的释意是：指中华人民共和国领域以外或者领域以内中华人民共和国政府尚未实施行政管辖的地域。境外并不等于自然的国土疆界之外，而是包括一国领域以内而尚未实施行政管辖的部分，如港澳台地区。)需要指出的是，港台地区的相关内容在本书中的论述仅涉及空间分布和数量、目录，由是，本书中的"境外"仍主要指"域外"国家。

者多为当地或流寓浙江的士族，东晋以后，则以地方士人为主。如谢承的《会稽先贤传》、沈莹的《临海水土异物志》、贺循的《会稽记》和《石箦山记》、虞预的《会稽典录》、钟离岫的《会稽后贤传记》、留叔先的《东阳朝堂像赞》、顾长生的《三吴土地记》、孔灵符的《会稽记》、郑缉之的《永嘉郡记》和《东阳记》、刘道真的《钱塘记》、谢灵运的《游名山记》和《山居赋》、吴均的《吴郡钱塘先贤传》等，其中《山居赋》为中国最早以韵文形式写作的山志。

迨至隋唐，浙江的地方志开始由雏形向定型过渡。隋代开始，浙江地区已经出现由地方官府主持纂修的图志或图经，但早已亡佚，无迹可考。唐代继承了这一官修志书的制度，浙江各州图经的编纂更趋发展，如《吴兴图经》和《四明图志》等。地记方面，中唐时期浙江编纂的地记在体例和内容上都有了新的突破，如增加了地图、户口数、辖乡数及赋税方面的内容，有陆广微的《吴地记》、陆羽的《吴兴记》、沈常的《武康土地记》等。此外，还有山记、寺庙记，如陆羽的《顾渚山记》《杼山记》《武林山记》《灵隐天竺二寺记》，徐灵府的《天台山记》，释神邕的《天台山记》，贺知章的《会稽洞记》，颜真卿的《石柱记》等。

【宋代浙江修志】

宋代浙江的地方志门类齐全，内容翔实，体例日臻完善，趋向成熟定型。两宋纂修的志书，具有省志性质的3种，分别为《吴会须知》《两浙路图经》《浙江要略》，均亡佚；又有府志71种、县志62种、镇志4种、山水志13种、古迹志8种、游览志6种、风土志5种、文献志24种。宋代浙江修志在全国占有特殊地位，《中国古方志考》和《中国地方志联合目录》载，存世和部分残存的分别为14种①与15种，占现存全国宋代志书总数的一半以上。

---

① 乾道《临安志》，淳祐《临安志》，咸淳《临安志》；乾道《四明图经》，宝庆《四明志》，开庆《四明续志》；嘉泰《会稽志》，宝庆《会稽续志》，嘉定《剡录》；嘉泰《吴兴志》；嘉定《赤城志》；淳熙《严州图经》，景定《严州续志》；绍定《澉水志》。

1. **宋代府县志**。

宋代浙江以修府志最为盛行，形成了府府修志的局面，其中绍兴、湖州两府最多，均在10种以上，最少的金华府和处州府，也各有4种。县志的编修并不普遍，全省约有半数县编修了县志，衢州府所属各县均未修过县志。府（州）、县志大多由地方行政长官主持编修，形成了代代相承的编修局面。如杭州在北宋大中祥符年间有李宗谔的《杭州图经》，南宋又先后编有乾道《临安志》、淳祐《临安志》、咸淳《临安志》；宁波在北宋大中祥符和大观年间曾各修过《四明图经》，惜已亡佚，此后在南宋时期又先后修有著名的乾道《四明图经》、宝庆《四明志》以及开庆《四明续志》等；绍兴在宋代则有李宗谔的大中祥符《越州图经》、陈公亮的绍熙《越州新志》、施宿的嘉泰《会稽志》、张淏的宝庆《会稽续志》等。此外，浙江现存唯一的宋代县志《剡录》，成书于嘉定七年（1214），以行文简雅，引证该博，为后世所推崇。其他如嘉定《赤城志》、嘉泰《吴兴志》等无一不享誉志林。

2. **宋代专志**。

宋代浙江繁荣的修志盛况，除了大量府县志和部分乡镇志外，还纂有许多专志，如《吴中水利书》《四明山水利备览》《海潮志》《潮说》《海潮论》等水利志，《南名录》《雁荡山记》《赤松山志》等山志，《南宋行宫考》《钱塘胜迹记》《西湖纪逸》等古迹志，《浙东西游录》《湖山胜概》《古杭梦游录》等游览志，《余杭风土记》《明越风物志》《赤城风土志》等风土志，《钱塘先贤传赞》《吴兴人物志》等人物志，《吴越备史》《武林旧事》等文献志。

【元代浙江修志】

元代浙江修志的规模虽不如宋代，但还是较好地承袭了宋代的传统。编修有省志性质的志书1种——《江浙须知》、府志18种、县志23种、山水志12种、古迹志3种、游览志3种、文献志7种，有年代可考者40种，以至正朝最多，共13种。就地域而言，境内11路中，绍兴路修志最多，共11种。但元代方志大多亡佚。

1. **元代府县志。**

元代浙江的府县志编修规模不大，且多已失传，存世的有至元《嘉禾志》、大德《昌国州图志》、延祐《四明志》、至正《四明续志》，其中后3种被列入"宋元四明六志"，享誉盛名。此外，杭州、嘉兴、湖州、衢州四路，在元末也曾修过县志。

2. **元代专志。**

浙江在元代编修专志20余种，山志有《洞霄图志》《三茅山志》《补洛迦山考》《天台山志》《仙都志》《雁山十记》等，水志有《浙江潮候图说》《海堤录》《浙西水利答议录》《黄岩县河闸志》等，人物志有《富春人物志》《敬乡录》《钱塘遗事》等。其中《浙江潮候图说》为浙江唯一有关潮候的专志，《海堤录》是记载两浙海堤最早的著作，《富春人物志》为元代文学家、书法家杨维桢所撰，然这3种专志均佚。现存世专志约10种。

【明代浙江修志】

明代，随着国家和政府层面对修志一事的重视，浙江的地方志编纂蔚然成风。嘉靖四十年（1561）薛应旂纂成《浙江通志》，是为浙江存世最早的省志。同时，各府县普遍修志。全省纂修的各类方志可考者637种，[①]有省志1种、府志65种（存世29种）、县（州）志275种（存世70余种）、镇志16种、专志280种。其中纂修年代可考者364种，是明代以前历代所修浙江方志总数的3倍左右，数量居全国各省之冠。

1. **明代府县志。**

明代浙江府县志纂修进入全盛时期，11府所领1州75县均编修了志书，这是浙江首次出现在一个朝代中县县修志的新局面。以府而论，杭州114种，嘉兴68种，湖州52种，宁波47种，绍兴67种，台州54种，

---

① 该数据根据《中国地方志联合目录》《天一阁藏明代地方志考录》等资料统计而得。

金华69种，衢州27种，严州30种，温州56种，处州36种。上述数据表明，除杭州外，其余各府按所领属县治之多少，大体数量相等，唯温州府领县不多，而志书却达56种，其中36种为各类专志。这一时期编修的府县志，在体例上总体继承了宋元方志的遗风，但有所创新与发展，如大多志书都设置了"凡例"，出现了"三宝体""四书体"等篇目设置，在体裁上多置"叙""论""赞"，在内容上形成尚繁、尚简两派，且尤为强调"资政"功能。影响较大者有天启《吴兴备志》、万历《绍兴府志》、嘉靖《嘉兴府图记》、万历《会稽县志》、崇祯《海昌外志》、嘉靖《安吉州志》等。

2. 明代乡镇志。

据《浙江方志考》著录，明代浙江纂修乡镇志共16种。主要集中在嘉兴、湖州两府，如嘉兴桐乡的濮院镇，明代纂修了《濮院小志》《濮川志草》《濮川残志》《濮川志略》等4种方志，居明代各镇之首。

3. 明代专志。

明代中叶，由于倭寇的侵扰，浙江出现了一种新型志书——海防志。这一时期，浙江共编纂海防志22种，较著名的有综合性海防巨著《筹海图编》。同时，编纂的水利志有30余种，如《浙西水利书》《吴中水利书》等。此外，还有为数可观的舆图志、山水志、寺院志、书院志等。

【清代浙江修志】

清代是浙江修志的鼎盛时期，无论是从志书的数量上看还是从志书的质量上来看，均远迈前朝。《中国地方志总目提要》的统计显示，清代存世的浙江方志有378种。究其原因，除去经济方面的因素外，清代浙江文化的发展直接影响了地方志的编纂，如诸多知名学者的参与，加之有清一代浙江史学的繁荣和藏书的浩博，无一不促成浙江修志的盛况。

1. 清代省志。

浙江在康熙和雍正两朝均纂修过省志。康熙二十二年（1683）赵士麟、王国安等修，张衡等纂的《浙江通志》仅用了四个月便于次年付梓，全志共50卷，首1卷。尽管该志因以数月藏事，甚为简略，内容也为嘉靖《浙江通志》删减所得，但其门类却较嘉靖志有所发展。雍正十三年（1735），历时六年的《浙江通志》成书，全志共280卷，首3卷，内容逾康熙志五倍，被认为是浙江体例最为完备的一部通志。

2. 清代府县志。

清代浙江的府县志编纂已进入成熟阶段。在体例上，体裁种类繁多，迭有创新，如出现受章学诚影响而产生的类似"三书体"且有所发展的方志；同时深受史学影响，正史中的诸多形式，如天文志、地理志、食货志、选举志、艺文志、人物志等，在方志中均得到运用。在内容上，地方性、科学性日益突显，编纂方法也渐趋合理。为后人所称誉的府县志有雍正《宁波府志》、乾隆《乌程县志》、乾隆《鄞县志》、同治《归安县志》、同治《鄞县志》、光绪《杭州府志稿》、光绪《黄岩县志》、光绪《永嘉县志》等。

3. 清代乡镇志。

清代浙江乡镇志的编纂同样处于鼎盛时期，方志体裁繁多，内容丰富，共计77种。有的乡镇还数次编修，如濮院镇修志9次，双林镇修志8次，南浔镇修志5次，塘栖镇、乍浦镇修志3次。咸丰八年（1858）汪曰桢的《南浔镇志》为"一时流所重"。光绪年间，王同的《唐栖志》、赵霈涛的《剡源乡志》均为较佳之作。

4. 清代专志。

清代浙江编修的专志以山水志、海塘志、坊巷志居多。有目可查的山志就有70余种，包括雁荡山志20种、天台山志11种、南雁荡山志10种、天目山志7种、普陀山志6种、四明山志4种等，知名如黄宗羲的《四明山志》、王复礼的《孤山志》、张联元的《天台山全志》等；水志有60余种，其中以有关海塘及西湖的方志最为世人瞩目，均有10余种。其他较有影响力的还有齐召南的《浙江诸水篇》、毛奇龄的《湘湖水利志》等。

【民国时期浙江修志】

民国时期浙江所纂各类方志80种左右，出现传统方志与现代方志并存的局面，如有采用"三书体"编纂的《龙游县志》《汤溪县志》，按现代知识体系编纂的《定海县志》《鄞县通志》。尤其是后两部方志的出现，拉开了浙江现代方志编纂的序幕。因此，新旧交替构成了民国时期浙江方志编修的主要特征。

1. 民国时期省志。

民国时期浙江先后纂修《浙江续通志》和《重修浙江通志》，均未完成，仅存稿本。1914年，国民政府设立浙江通志局续修通志，聘沈曾植为总纂，喻长霖为提调，朱祖谋、王国维、吴庆坻、刘承干等30余人为编纂。沈曾植亲订续志"凡例"。全书除雍正《浙江通志》原有门类外，增加大事记、经纬度、里程表、地方自治、地质、遗民传等内容和门类。1919年，通志局解散，仅修成《浙江续通志》稿本300余册，未成完书。抗日战争爆发后，浙江再次组织编修通志。1942年，在云和县（省政府临时所在地）设史料征集委员会，余绍宋任主任委员。次年，改组为浙江通志馆，余绍宋、凌士钧分任正副馆长，孙延钊、钟毓龙任总编纂。同时创办《浙江省通志馆馆刊》，公布《通志馆组织规程》《关于特聘编纂采访及各县市采访员办法》以及《采访须知》。拟有《重修浙江通志体例纲要》《浙江省通志编纂大纲》。余绍宋撰《略评旧浙江通志兼述重修意见》长文。抗战胜利后，省通志馆迁回杭州里西湖梅庐，并于1948年制订《重修浙江通志初稿体例纲要及目录》。《财务略》中第二章田赋，最先成稿，于1948年付梓，其余初稿当时皆未付印。全部初稿中，《金石考》《著述考》颇具特色，近代史事较详，《人物传》篇幅较多。次年通志馆解散。存志稿125册，未分卷。相较雍正《浙江通志》，新增经纬度、气候、雨量、潮汐、民族、生活情况、职业概况、矿产、宗教、交通等门类，具体内容设置也近于现代方志，记载丰富系统，具有传统方志向现代方志过渡的特征。

2. 民国时期府县志。

民国时期浙江一域编纂的府志仅有《杭州府志》和《台州府志》两部，而县志编纂则有较大发展，出现《龙游县志》《汤溪县志》《临海县志稿》《定海县志》《鄞县通志》和《平阳县志》等佳构。以上诸志内容宏富，篇幅多达百万字，尤其是陈训正、马瀛纂的《鄞县通志》多为后世方志学家所推崇。

3. 民国时期乡镇志。

据《浙江方志考》著录，民国时期浙江编纂的乡镇志共20种。周庆云的《南浔志》、夏辛铭的《濮院志》、卢学溥的《乌青镇志》、蔡猛的《双林镇志》以及杨积芳的《余姚六仓志》5种方志均在30卷以上，部分志书对太平天国时期、清末民初的社会和经济状况记载详细，有较大史料价值。

4. 民国时期专志。

民国时期浙江编修的大部分山水志、游览志、古迹志、风土志等仍沿用传统编撰方法，如胡祥翰的《西湖新志》和《西湖新志补遗》、何振岱的《西湖志》、蒋希召的《雁荡山志》等。同时也出现了采用现代方法纂成的方志，如林传甲总纂的《大中华浙江地理志》等。

二、浙江旧志总量及国内外度藏

历史上浙江编修的各类方志在1500种左右，质量方面也颇值得称道，如《四库全书》就收录了浙江的地方志105部，居全国之首。此外，浙江旧志的存世量亦不在少数，以《中国地方志总目提要》为例，收录存世浙江旧志619种，其中省志9种、府志115种、州志6种、县志356种、乡镇志115种、专志18种。

从全国各大图书馆收藏浙江旧志的情况来看，国家图书馆（398种）、上海图书馆（476种）、①浙江图书馆（370种）、②北京大学图书馆、

①上海图书馆所藏包括部分缩微胶卷。
②浙江图书馆所藏以古籍部1981年编的《浙江图书馆藏浙江方志目录》（油印本）为据，但排除了部分1976年抄录的旧志。

南京图书馆以及台湾地区的各大图书馆（362种）①都庋藏有大量珍贵的原刊本或钞本。由于改革开放后掀起旧志整理的热潮，各种新出的影印本、点校本较多，因此笔者以《著名图书馆藏稀见方志丛刊》所收珍善本为例，对大陆图书馆所藏浙江旧志做一统计，详见下表：

《著名图书馆藏稀见方志丛刊》收录浙江珍善本情况一览表

收录丛刊	收藏数量
《上海图书馆藏孤本方志丛刊》	56种
《国家图书馆藏地方志珍本丛刊》	42种
《北京大学图书馆藏孤本方志丛刊》	24种
《浙江图书馆藏孤本方志丛刊》	22种
《南京图书馆藏孤本方志丛刊》	13种
《复旦大学图书馆藏稀见方志丛刊》	7种
《南京大学图书馆藏稀见方志丛刊》	5种
《中国人民大学图书馆藏稀见方志丛刊》	5种
《中国国家博物馆藏稀见方志丛刊》	5种
《中科院文献情报中心藏稀见方志丛刊》	4种
《清华大学图书馆藏稀见方志丛刊》	3种
《华东师范大学图书馆藏稀见方志丛刊》	1种
《河北大学图书馆藏稀见方志丛刊》	1种

就国外收藏的浙江旧志而言，"第一大户"无疑是日本。虽然早在9世纪中后期就有中国方志在日本出现，但方志大批量输出日本是在17～19世纪中叶。浙江旧志主要在19世纪末20世纪初散佚日本，皕宋楼（现藏静嘉堂文库）和东海楼（现藏东京大学东洋文化研究所）两座藏书楼的藏书先后流失东瀛，其中就有大量珍贵刊本的地方志。据巴兆祥教授所著《东传方志总目》统计，日本现藏浙江旧志共352种，多孤本、善本，如嘉靖《湖州府志》、嘉靖《武义县志》、嘉靖《永嘉县志》、万历补刊隆庆《平阳县志》、崇祯《嘉兴县志》、康熙《常山县志》、康熙《昌化县志》等均为国内所未见。

其次是美国。全美各大图书馆和研究机构所藏浙江原本方志约250～300种，以美国国会图书馆和哈佛大学燕京图书馆的藏品最丰。如

---

①台湾所藏以《台湾地区公藏方志目录》为据，包括民国时期编著的丛书和影印本。

国会图书馆藏孤本乾隆《越中杂识》，善本康熙《乌程县志》、康熙《西安县志》、雍正《义乌县志》、乾隆《濮镇纪闻》等；哈佛大学燕京图书馆藏 2 种明刻本，分别为嘉靖三十九年（1560）刻本《宁波府志》、万历三年（1575）刻本《会稽县志》，乾隆六十年（1795）以前善本有 46 种。此外，斯坦福大学东亚图书馆藏有稀见版本 33 种，其中有孤本万历《两浙海防类考》，善本康熙《嵊县志》、①崇祯《天童寺志》；哥伦比亚大学斯塔尔东亚图书馆藏有嘉庆《桐溪记略》亦系孤本；等等。

　　同时，英国、法国、德国、澳大利亚、韩国、越南甚至拉美地区均藏有一定量的浙江原本方志。陈桥驿先生在《关于编纂〈国外图书馆收藏中国地方志孤（善）本目录〉的建议》一文中就曾大胆推测："拉丁美洲的一个面积仅 5000 余平方公里的小国特立尼达和多巴哥，其首都西班牙港的中央图书馆就藏有汉籍 8000 册。此国位处大西洋与加勒比海的航行要冲，是新大陆发现时代西班牙和葡萄牙商人常到之处，估计其所藏汉籍之中必有明版方志。"②

　　自 20 世纪 90 年代开始，浙江省地方志编纂委员会办公室多次组织人员赴美国、英国、法国、德国、俄罗斯、澳大利亚、新西兰等十余个国家考察境外存藏浙江旧志的情况，已初步查清境外旧藏量 400 种左右，包括 50 余种中国大陆缺藏或不全的孤本、善本。③

境外主要国家浙江旧志收藏数量一览表

国家	收藏数量
日本	352 种
美国	约 250～300 种
英国	73 种以上
法国	68 种以上
韩国	18 种以上

①康熙二十二年（1683 年）本。
②陈桥驿：《关于编纂〈国外图书馆收藏中国地方志孤（善）本目录〉的建议》，《中国地方志》2002 年第 1 期，第 63 页。
③该数据不包括港澳台地区，下不另注。

三、研究缘起与学术史回顾

　　方志是一种具有较高史料价值的地方文献，它综合记述了一个地区自然、政治、经济、文化和社会的历史与现状，兼备存史、资政、育人的功能，因而历为学者所重，尤其是流失境外的珍本方志更是成为聚焦热点。从20世纪三四十年代《东洋文库地方志目录》（1935年）、《美国国会图书馆藏中国方志目录》（1942年）出版以来，域外中国旧志存藏研究呈现出多样的发展脉络和方法类型，也从单纯的"书目编纂"到更为繁复的"探赜索隐"的模式。回顾这一领域的研究，成果颇丰，然而具体到浙江则专题性研究尚付之阙如，具体来看，先行成果主要集中在以下几个方面：

　　第一，研究范式多为著录或概述一域、一馆典藏的中国旧志，即主要以目录、概况的形式展示一地所藏方志（朱士嘉，1942；[1]Yves Hervouet，1957；[2]Andrew Morton，1979；[3]G. William Skinner，1979；[4]山根幸夫，1995；[5]吴文津，1985；[6]李丹，2013；[7]等等）。当然，也有不少学者尝试对这一模式进行突破，如张英聘（2003）从考据学的角度入手，考录了日本现存中国大陆缺、残明代地方志；[8]巴兆祥（2008）从传播学的视角切入，研究中国方志在日流播的轨迹。[9]

---

①朱士嘉：《美国国会图书馆藏中国地方志目录》，桂林：广西师范大学出版社，2014年。

②Yves Hervouet, *Catalogue des monograhies locales chinoises dans les bibliothèques d'Europe*, Paris：MOUTON&CO LA HAYE,1957.

③Andrew Morton, *Chinese local histories in British libraries*, London: The School of Oriental and African Studies, University of London，1979.

④〔美〕施坚雅（G.William Skinner）：《浙江宁绍地区地方志目录》，旧金山：斯坦福大学图书馆，1979年。

⑤〔日〕山根幸夫：《新编日本现存明代地方志目录》，东京：汲古书院，1995年。

⑥〔美〕吴文津：《哈佛燕京图书馆中国方志及其他有关资料存藏现况》，《汉学研究》第3卷第2期（总第6期），方志学国际研讨会论文专号第1册，1985年。

⑦李丹：《美国哈佛大学哈佛燕京图书馆藏中国旧方志目录》，桂林：广西师范大学出版社，2013年。

⑧张英聘：《日本现存中国大陆缺、残明代地方志考录》，《河北大学学报（哲学社会科学版）》，2003年第1期。

⑨巴兆祥：《中国地方志流播日本研究》，上海：上海人民出版社，2008年。

　　第二，研究内容包括旧志的来源、特色及价值。海内外学者根据图书机构公藏的中国旧志，考镜源流（沙其敏，1985；[①]山根幸夫，1985[②]），并着重分析馆藏特色，如美国国会图书馆藏高鸿裁原藏山东方志（潘铭燊，2012），法国国家图书馆藏中国西北地区方志（Joseph Dennis，2012），日本静嘉堂藏浙江"皕宋楼"方志、东京大学东洋文化所藏浙江"东海楼"方志（巴兆祥，2008），等等。另外，范邦瑾还考察了美国国会图书馆藏21种孤本方志（浙江1种），邵东方介绍了美国斯坦福大学东亚图书馆藏10种善本方志（浙江1种），巴兆祥撷取藏于日本各大文库的6种孤本方志进行考述（浙江1种），还有陈桥驿、[③]何剑叶[④]等学者则从旧志利用出发，揭示其在域外中国研究中的学术价值。

　　第三，研究方法除了文献调查法、个案分析法外，实地调查法、比较研究法也被应用于境外旧志存藏的研究。21世纪初，中国地方志指导小组开始重视境外方志资源的调查研究，曾多次组织专业考察团赴欧美等国进行学术访问，形成一系列颇具价值的考察报告（王熹，2006；[⑤]程方勇，2013；[⑥]和卫国，2013[⑦]；等等）；Guy Alitto（1985）[⑧]将西方"地方史"及其史料与传统和中国方志进行比较，就两者之异同做深入考察，认为这种不同表现了根本的文化差异。

[①]〔美〕沙其敏（Melvin P.Thatcher）：《Local Historical Sources for China at the Genealogical Society of UTAH》，《汉学研究》第3卷第2期（总第6期），方志学国际研讨会论文专号第1册，1985年。

[②]〔日〕山根幸夫：《关于江户时代日本输入的明代方志研究》，《汉学研究》第3卷第2期（总第6期），方志学国际研讨会论文专号第1册，1985年。

[③]陈桥驿：《中国方志资源国际普查刍议》，《中国地方志》，1996年第2期。

[④]〔美〕何剑叶：《方志资料在新一代美国中国史学者研究中的利用——以加州大学伯克利校区为例》，《首届中国地方志学术年会暨方志文献国际学术研讨会论文集》，北京：中华书局，2012年。

[⑤]王熹：《中国地方志专业考察团赴北美考察报告》，《中国地方志》，2006年第9期。

[⑥]程方勇等：《中国地方志专业考察团赴新西兰、澳大利亚考察报告》，《中国地方志》，2013年第6期。

[⑦]和卫国等：《中国地方志专业考察团赴美国、加拿大考察报告》，《中国地方志》，2013年第6期。

[⑧]Guy Alitto：《中国方志与西方史的比较》，《汉学研究》第3卷第2期（总第6期），方志学国际研讨会论文专号第1册，1985年。

上述成果对于境外浙江旧志的存藏现况做了非常有益的探索，但从当下"文化浙江"与"数字浙江"建设的背景来看，该研究仍有完善拓展的空间。事实上，广东、江苏等省市早在21世纪初期就开始着手全球范围内的旧志普查与整理，目前已出版的各省市旧志集成包括《广东历代方志集成》（2009年，岭南美术出版社）、《北京旧志汇刊》（2011年，中国书店）、《上海府县旧志丛书》（2015年，上海古籍出版社）、《宁夏旧方志丛书》（2015年，学苑出版社）、《河南历代方志集成》（2016年，大象出版社）、《贵州历代方志集成》（2016年，中国文史出版社）、《四川历代方志集成》（2017年，国家图书馆出版社）、《闽台历代方志集成》（2018年，社会科学文献出版社）、《江苏历代方志全书》（2019年，凤凰出版社）。《山东省历代方志集成》《黑龙江历代方志集成》《陕西历代旧志文库》也在陆续出版中。此外，江苏省方志馆于2016年建成的"数字方志库"，现已有馆藏书目数据库、旧志数据库、新方志数据库、年鉴数据库、中华再造善本数据库、中国历史人物传记资源数据库、中国古籍影印丛书查询数据库7大专题数据库，并且每年根据需求不断更新。可见，悉数历代旧志遗存并使其重现生机，已成为各省市文化建设的题中应有之义。因此，笔者认为在汇通查考现有文献和参鉴兄弟省份经验的基础上，辅以涵盖全球的联机书目数据库（WorldCat）、HathiTrust[①]数字图书馆等互联网手段以及海外各大图书馆、收藏机构的实地查证，全方位厘清境外浙江旧志的存藏现况已然可行。同时，本书也试图进一步缕析辨明与之相关的历史问题，就境外浙江旧志孤本、善本的引回机制与数字平台的创建模式等提出对策建议。

如前所述，有关境外浙江旧志存藏现况的研究，尚无全域性的专题成果，本书的讨论不仅在于廓清存藏数据与流转经历，延续前人境外旧志收藏研究的文脉，更在于省思数字化时代下，如何以一种全球化视角去解读并呈现这笔留存异域的文化遗产之过去、现在与未来。同时，

---

① https://www.hathitrust.org/.

"加强文化典籍整理和出版工作，推进文化典籍资源数字化"①业已成为全国上下积极推进文化强国建设与实现"中国梦"的重要组成部分，而笔者对该问题的关注亦始于此。所以希冀通过更广泛的调查与分析，能够厘正先行研究中的一些舛误，②并对浙江省编制《浙江旧志普查总目》，编修《浙江通志》以及筹建智能型的浙江旧志数据库等工作有所助益。

四、研究主旨、脉络及资料

本书遵循研究基础→初步探索→实证研究→价值阐释→政策建议的研究思路，在综述国内外学者研究成果的基础上，针对目前境外浙江旧志存藏散乱不清的现实，进行文献搜集、实地查证与比对研究，以此获取有效数据，探明分布区域、流转经历，对各地旧志的存藏特点、孤本价值及其研究利用进行考察论述，最后归纳结论，探寻数字化背景下如何做好这部分文化资源的回流与共享。

本书共分六个部分：

首起绪论，主要对历史上的浙江方志遗存进行回顾，在综述浙江方志编修传统与学界研究成果的基础上，系统勾勒浙江旧志总量及国内外庋藏的轮廓，同时阐明本课题的研究缘起、主旨、脉络及资料。

第一章　循本觅迹，境外浙江旧志的存藏概况。首先，通过现有文献的查证比对，锁定境外浙江存藏的三大重镇——东亚、北美与欧洲，重点探讨17～20世纪初浙江方志散失境外的多种形态与流播轨迹，分析历史演进中方志文本的转换与位移；其次，对现存中国方志在全球主要图书机构的收藏情况进行分析，着重提取域外浙江旧志的信息，同时兼记中国港台地区情况，绘制更为完整的空间分布区域图；最后，结合文献与实证研究，确定境外各区域浙江旧志存藏的数量。

---

①https://baike. baidu. com/item/.《中共中央关于深化文化体制改革推动社会主义文化大发展大繁荣若干重大问题的决定》。

②主要为《浙江方志考》《中国地方志联合目录》《中国地方志总目提要》《东传方志总目》《美国国会图书馆藏中国方志目录》等目录、提要中的错讹。

第二章　探赜索隐，境外浙江旧志的类型特点。本章将分区域进行横向对比研究：东亚地区以日本所藏为例兼顾韩国，其特色表现为旧志数量最巨，孤本、善本最多，开展研究最早，且全而深入，但鲜见有关专志的资料；北美地区以美国所藏为例兼顾加拿大，其特色表现为旧志分布较广泛（国会图书馆230种，哈佛大学哈佛燕京图书馆201种，芝加哥大学远东图书馆153种，哥伦比亚大学斯塔尔东亚图书馆107种，斯坦福大学东亚图书馆100种以上），开发利用普遍，数字化和信息共享程度最高（犹他家谱学会缩微胶卷达379种，各大图书馆和收藏机构的数据大部分可免费使用），然缺乏覆盖全美的方志目录；欧洲以英、法所藏为例兼顾其他国家，其特色表现为旧志收藏以原本为主，查询目录较为复杂，均未翻译成中文。

第三章　傲世独立，境外孤本方志的文献考述。本章着眼于个案研究，分别以日本尊经阁文库藏嘉靖《永嘉县志》、日本内阁文库藏顺治《龙泉县志》和《宣平县志》、美国国会图书馆藏乾隆《越中杂识》、日本东京大学东洋文化研究所藏光绪《新市镇再续志》为例，重点考释上述孤本方志的作者史迹、版本源流、体例内容及其在文献学、史料学上的价值与意义。

第四章　古韵流芳，境外浙江旧志的文化效应。本章着力于探索方志文献在流播、存藏过程中所产生的影响，主要从方志收藏中心的形成，东亚各国的方志编修，浙江志人志书的境外传播以及境外旧志的整理、研究和利用四个方面，论述境外浙江旧志带来的文化效应。

第五章　资源共享，境外浙江旧志数字平台的创建构想。作为本书的结论部分，主要在明晰当前境外中文古籍数字资源、浙江旧志数字化现状等问题后，就境外浙江旧志数字平台的创建模式提出一系列对策建议，如通过明确政策支持、整合现有资源、加强海外合作、同建共享平台等方式，逐步建立起覆盖全球的智能型浙江旧志数据库。书后还将分区域附录各地所藏浙江旧志目录，包括港台地区。

最后，需要说明的问题有三：一是，本书所指"浙江旧志"又称浙江原本方志，是为1949年[①]前编纂、刊行的省志、府志、州志、县志、乡镇志、卫所志等，一般不涉及山水志、寺庙志、海防志、金石志、游览志、风土志、艺文志等专志，具体行文中可能涉及个别专志；版本方面也以1949年为下限，包括刻本、铅印本、石印本、钞本、油印本，影印或丛书类主要为清末至民国年间所出版的。二是，本书统计的境外各大图书机构所藏浙江旧志数量，不计重本或不同刊本，如原刊本、重刊本、补编本等，纂修人及内容相同者均以一种计。[②]三是，现已出版的各种目录基本承袭了1942年朱士嘉先生为美国国会图书馆所编的中国方志目录的收录原则，即不收专志，因而本书能统计或者论述的对象也仅限于专志以外的志书，现阶段能看到的专志均为零散信息。由此可见，对流散境外的专志进行系统调查将是下阶段汉籍整理工作不容忽视的一环，亦是笔者今后欲继续在此领域深耕的方向。

---

① 即不包括1950年以后影印、重印、摄影及编纂的志书。
② 如李丹编的《美国哈佛大学哈佛燕京图书馆藏中国旧方志目录》著录浙江旧志208种，但其中有部分为同一种方志的不同版本，笔者以1种计，因此实为201种。

第一章

循本觅迹，境外浙江旧志的存藏概况

　　历史上，浙江是中国地方志编修的渊薮之地，从两汉至民国，纂修的各类方志近1500种，存留下来的亦有619种。然而稍显遗憾的是，经由岁月的洗礼，时间虽使其沉淀出应有的光彩，但那部分经由各种正常或非正常渠道散佚境外的志书，却成为后人心中的隐痛。因此，自始于改革开放的首轮修志起，无论是政府还是学者个人都投入了极大的人力、财力、物力去考察、引回、整理这些流失境外的方志遗珍。至今，于国家层面已经基本厘清了美、日等国的庋藏并出版了相应的中文目录，及至具体省份，则信息仍散乱无章，甚而湮没不彰。基于此，本章通过对现有文献和实地的查考，重点探讨17～20世纪中叶浙江方志流播境外的方式与轨迹，进而缕析东亚、北美与欧洲三大中心浙江旧志收藏的空间分布，最后确定境外各区域浙江旧志存藏的数量与详目。

第一节

流播轨迹

　　地方志作为中华文化的重要载体，以一地一志为基本单位，"横陈百科，纵述史实"，不仅弥补了国史记载时间与空间之不足，而且具有"存史、资政、教化"之功能，因此，历为统治者所重。早在隋唐时期，尚处雏形阶段的地记、图经便随其他典籍东传日本，其后历经千年，陆续有志书经由各种途径流播境外，当然主要集中于东亚地区。19 世纪后，中国的方志编修虽然仍处于繁盛时期，但因为列强的觊觎，大量方志开始流失，所及包括东亚、北美、欧洲等地区。浙江更因其身处江南富庶地，藏书丰饶，而被列为购买乃至侵占的重点所在。清末至民国时期，浙江多处藏书楼遭厄被毁，大量藏书被劫至异国。浙江旧志多舛之流转命运，笔者试图去梳理、还原。

一、东亚地区

【日　本】

　　因地缘关系，历史上日本久为中国文化浸润，流风所及，其中国方志收藏的时间、数量、版本与规模都是其他国家无法比肩的。北京大学中国语言文学系严绍璗教授曾多次赴日考察，认为"到了18世纪，当时清代所保有的文献典籍70%～80%便已经东传日本"。①而这部分域外

―――――――――――

① 严绍璗：《汉籍在日本的流布研究·前言》，南京：江苏古籍出版社，1992年。

汉籍中，历代方志是非常重要的组成部分。

复旦大学历史系巴兆祥教授的研究也表明，地方志东传日本的历史可以追溯到隋唐，但较大规模的东传则始于明末清初，即日本的江户时代。[1]在19世纪中叶以前，地方志流传日本的形式、渠道都较为单一，主要以唐船输出为主，即地方志作为中日间贸易的重要货物输入日本。

从日本现存的古代藏书目录来看，在1639年前后，就有明代刊本的浙江地方志书售至日本的幕府文库和"御三家"文库，如红叶山御文库购有《温州府志》《杭州府志》《衢州志》《吴兴掌故集》《义乌县志》《浙江通志》，尾张藩文库购有《钱塘县志》《西湖志》，等等。据巴兆祥教授的统计，明末清初这一时间段内，有明确纪年唐船输出的方志有104部，而浙江以26部名列首位。1716年，被称为"中兴之主"的德川吉宗入主幕府，迎来了中日方志贸易的鼎盛时期。这一时期是中国清代的康熙晚期，通过唐船输入日本的方志合计521部，以康熙间修或补修的方志居多，其中浙江又以77部居首位。1745年9月，德川吉宗退位后，日本的方志输入虽大不如前，但还是有唐船陆续运去。这期间以康熙和乾隆间编修的方志为主，浙江志书的数量明显下降。1830年后，日本对中国方志的需求进入明显的衰退期。

纵观17～19世纪中叶，有舶载纪年可考的被唐船运到日本的浙江方志多达133部，[2]数量为各省之冠。究其原因，除了地缘导致购买和运输志书的便利之外，明末清初大量浙江的明遗民如朱舜水、陈元赟、戴曼公等东渡扶桑，不仅把中国传统的儒、道、医之学带至东瀛，还将方志这种兼顾学术和实用价值的书籍进一步介绍给将军、藩主，陈元赟甚至为长门藩主毛利辉元纂修了一部带有显著明代简志特点的《长门国志》，以垂示范，流传至今。[3]凡此种种可能都促成了这一时段大量浙江方志输入日本。

---

① 巴兆祥：《中国地方志流播日本研究》，上海：上海人民出版社，2008年，第7页。
② 巴兆祥：《中国地方志流播日本研究》，上海：上海人民出版社，2008年，第16页。
③ 徐鹏：《陈元赟及其〈长门国志〉——兼论明末清初中国方志文化在日流播的另一种可能》，《浙江社会科学》，2014年第9期，第115页。

19世纪中叶以后，随着日本国力的强盛、军国主义者侵华野心的膨胀以及学术研究视野的扩大，日本对中国方志的关注日甚。与此同时，内乱和列强的入侵，致使中国国内兵燹不断，许多藏书楼均遭遇灭顶之灾，大量藏书散出，而日本、美国、加拿大等国家的图书机构和书商乘机大肆收购，致使"善本日渐稀少，书价年年暴涨"，日本人更是不论内容大肆搜书。①而江浙地区又是明清时期中国藏书最盛之地，方志收藏的中心亦在此。当时，战乱导致书籍被焚毁或是盗卖的浙江藏书楼不计其数，知名的如湖州嘉业堂、宁波天一阁等都曾有大量珍藏逸出。同时，因为国际、国内市场的需求，诞生了部分专营方志的特色书店，如民国四年（1915）创立的杭州抱经堂书局就是其中的代表。《抱经堂方志目》表明该书局当时待售的方志多达217种，其中又以绍兴、湖州、嘉兴等地搜求到的浙江志书为多。在此背景下，日本书商的乘虚而入，进一步加快了浙江方志的流失。尤其是光绪三十三年（1907）静嘉堂文库成功收购清末四大藏书楼之一的湖州陆心源"皕宋楼"汉籍，其中大量地方志给日本图书机构、书商以极大刺激，因此来华收购地方志的欲望更为强烈。②

尔后，随着日本侵华的不断深入，其蒐藏中国方志的方式亦"发生了质的逆转"，③即从前期的商贸购买转入乘乱搜集乃至劫掠。而这不仅包括所谓日本"汉学家"与文化机构的查访、搜集，更有专门针对江南地区藏书的夺书机构——"中支占领地区图书文献接收委员会"，负责接收从上海、南京以及杭州三地而来的汉籍。其中，与浙江相关的包括：沦陷后，省立浙江图书馆藏全套地方志近2万册，嘉兴县立图书馆藏部分嘉兴地区方志，以及私人收藏的方志，如衢州余绍宋、桐乡范文治的所藏，均被劫掠一空。此外，江苏省立图书馆因藏有杭州丁氏"八千卷楼"古籍而蜚声海内，当时被劫至日本的浙江善本方志就有明刻本

①〔日〕内藤湖南、长泽规矩也等：《日本学人中国访书记》，钱婉约、宋炎辑译，北京：中华书局，2006年，第191—192页。

②巴兆祥：《中国地方志流播日本研究》，上海：上海人民出版社，2008年，第61页。

③巴兆祥：《中国地方志流播日本研究》，上海：上海人民出版社，2008年，第81页。

《义乌人物志》《续处州府志》，旧钞本《瀫水志》，嘉靖刻本《嘉兴府图记》，万历刻本《钱塘县志》等5部。[①]

毋庸置疑，日本之所以有如此存量的浙江旧志，除去时间和地缘上的因素，主要还在于20世纪初皕宋楼、东海楼两座浙江著名藏书楼的东徙。有关两座藏书楼所藏方志被收购和劫取的过程，可具体参见巴兆祥教授《中国地方志流播日本研究》一书，笔者于此不再赘述。

【韩　国】

在相当长的历史时期内，中国、日本、越南和朝鲜半岛（包括今韩国、朝鲜）均以汉字为官方文字或主要书写记录文字，因此，部分学者提出了以上诸国构成的"东亚国家和地区"以及"东亚文化圈"的概念。[②]基于此，中国与朝鲜半岛的典籍文献交流历史，可追溯至南北朝时期。[③]后历唐宋至明清千余年间，作为古代东亚"朝贡体系"的重要组成部分，朝鲜半岛深受儒家文化影响，相当数量的汉籍通过官方使臣互访、文人士大夫求购以及两国文人之间互赠等多种途径流入朝鲜半岛。[④]

尤其是明清时期，大量朝鲜使团的来华觐见，让更多类型汉籍的流出成为可能。现有的研究也表明，购买书籍是这些燕行使者前往中国最为重要的任务之一。在当时，不仅是译官，包括使行和随行人员都会去北京的琉璃厂书肆，带着需要购买的书目册，不计成本地购入中国的珍本和新刊。而这样的朝鲜使团人数通常在200～300之间，每年出使的次数为7～8次，最频繁的一年（1638—1639）更是达到了13次之多。[⑤]因此，使团的往来，在明清两代汉籍传入朝鲜的过程中扮演了最为重要

---

① 《归还江苏国学图书馆书籍》，"中央研究院"近代史研究所，卷号：32—290。
② 党斌：《韩国现存中国地方志及其特征》，《中国地方志》，2017年第6期，第58页。
③ 《三国史记》《南齐书》《周书》《北史》《旧唐书》等史籍中均有我国经史典籍传入高句丽的记载。
④ 郭美善：《中韩两国的书籍交流考论》，《语文学刊》，2012年第10期。
⑤ 杨雨蕾：《燕行与中朝文化关系》，上海：上海辞书出版社，2011年。

的角色。

与之相对应的是，明清亦是中国地方志编纂的鼎盛时期，其刊印的数量与种类都极为丰富。《内阁访书录》记载，仅浙江就有宋代和明代3种方志（均为乾隆时期刻本）传入朝鲜。

综上可知，浙江旧志流播朝鲜半岛的途径与方式相较于日本，显得更为纯粹。诚然，对于朝鲜半岛中国汉籍的研究，学界一直以来多以韩国为主，历史原因，朝鲜的相关资料尚未公开，因此我们也无从得知。

二、北美地区

【美　国】

沈津先生的《有多少中国古籍存藏在美国东亚图书馆》一文记载，美国各大东亚图书馆所藏中国历史文献、古籍，多在20世纪20年代末至40年代期间收集，50年代初至60年代，又从中国台湾地区陆续买到一些。

这些图书馆的蒐集方式，大致有三种：一是采购，即由专人或设立办事处有针对性地购入，或购自私人大宗收藏，其或在"二战"后，从日本购买中国的珍贵汉籍。如哈佛燕京图书馆当年在北平大量购置图书，如今该馆仍保存着十多箱30至40年代在北平各书店购书的发票；20世纪80年代，美国国会图书馆的善本书库里发现一批近2000种的线装书，其中就有一部分是在1945年以后于日本购买的，那时日本作为"二战"战败国，经济十分困难，很多人以书易米。当时在日本的美军司令部司令官是麦克阿瑟（Douglas MacArthur, 1880—1964），其手下人在日本通过各种手段搜集了1000多种中文古籍，并于50年代初把这些图书全部运到了华盛顿，后来又移交给了美国国会图书馆。①二是捐赠，

①沈津：《有多少中国古籍存藏在美国东亚图书馆》，《文汇报》，2018年7月13日，第W02版。

主要为清末美国驻华外交官在华所得，携回美国后再赠送。如驻华公使柔克义（Willam Woodville Rockhill，1854—1914）①先后向国会图书馆捐赠6000册中文图书。三是交换，主要指美国与清政府间的馈赠和交流。如国会图书馆最早的中文藏书，是1869年美国派遣到北京的使团获得的图书，共计10种，933册；1905年，清廷将在美国圣路易城举办的万国博览会上参展书籍198种，1956册，捐赠给了美国国会图书馆，这部分书籍主要为湖北的出版物。②

具体到地方志，其流播途径或蒐集方式亦是如此。在时间上，美国于19世纪中期已开始搜集中国方志，1842年首任驻华公使顾盛（Caleb Cushing，1800—1879）将1000余册汉籍运往美国。③1879年，国会图书馆购买了顾氏藏书（Cushing Collection），共计237种，2547卷，其中就含有地方志。20世纪30年代，美国利用燕京大学搜集了许多中国方志，"燕京大学还曾出重资收购明清两代的地方志等书，大部分运交美国哈佛大学、国会图书馆等处"。④

以美国国会图书馆为例，其中国方志的收藏主要始于20世纪初美国农业部筹划引进国外树种和农作物，以丰富美国植被这一计划。当时，农业部聘请了冯庆桂博士去国会图书馆查考中文书籍中的相关资料。1913年，冯氏约满返华，国会图书馆便委托他在中国购书，购得各类图书共计17208卷，其中有1000多卷方志，是为美国国会图书馆收藏中国方志之滥觞。⑤

继冯庆桂之后，美国国会图书馆的方志收藏又得益于施永格（Walter Tennyson Swingle，1871—1952）。施氏于1891年进入农业部工作，

①柔克义在1905年6月至1906年6月任驻大清国公使。
②潘铭燊：《国会图书馆早年收藏中国方志述略（1869—1937）》，《走向世界的中国方志文化——国际学术研讨会论文集》，2017年，第1页。
③李泽主编：《朱士嘉方志文集》，北京：北京燕山出版社，1991年，第132页。
④葛鸿年等：《隆福寺街的旧书业》，《文史资料选编》第十五辑，北京：北京出版社，1982年，第248页。
⑤潘铭燊：《国会图书馆早年收藏中国方志述略（1869—1937）》，《走向世界的中国方志文化——国际学术研讨会论文集》，2017年，第3页。

并迷上了中国植物研究。在此过程中，他发现了方志中有关于土壤和植物的记载，认为如果对其进行整理研究，就有可能把中国的柑橘移栽到美国，因而力倡国会图书馆搜集中国方志。1913年至1937年间，施永格数次前往中国和日本，为国会图书馆收集了中文和日文书籍1万册左右，其中包括大量中国方志。①和施永格同时在中国搜购方志的农业部专家还有库克（O.F.Cook），其于1919年在中国华北、华中研究棉花种植，兼为国会图书馆采购方志。

1928年，美国国会图书馆成立东方部，首任主任恒慕义（Arthur William Hummel，1884—1975）和著名植物学家约瑟夫·洛克（Joseph F.Rock，1884—1962）②等乘先驱之余绪，继续大力搜购中国方志。恒慕义到任首年，国会图书馆的方志收藏就增加到1479种。而其在未出任国会图书馆东方部主任前，曾在山西任教达十年之久，因此所购中国方志偏于北方，尤其是山西的方志。1934年，恒慕义亲自到中国搜集了300多种方志，后来又在日本访求，获得数种珍贵版本。③此外，恒慕义还委托洛克搜集中国方志，洛克于20世纪20至40年代先后在中国西南地区生活了25年，他为国会图书馆所搜得的千余卷中国方志以西南地区为多，特别是四川、云南等省。1933年，国会图书馆经王文山介绍，从山东聚文斋书店购得一笔富藏，即为高鸿裁原藏的山东方志共118种、784卷，此为海内外山东方志最全者，弥足珍贵。其他中国著名的藏书楼，如抱经楼、稽瑞楼、铁琴铜剑楼等收藏的一些方志，也流入了美国国会图书馆。通过种种努力，至1937年，美国国会图书馆收藏的中国方志总数已达到2465种。

哈佛燕京图书馆所藏中国方志始于1930年其前身——汉和图书馆的收藏。20世纪上半叶，中国大陆正处于内忧外患的多事之秋，大量古籍

---

①范邦瑾：《美国国会图书馆藏中国孤本方志、图说举要》，《首届中国地方志学术年会暨方志文献国际学术研讨会论文集》，北京：中华书局，2012年，第410页。
②约瑟夫·洛克同时也是西方研究东巴文化的鼻祖。
③邱顾、沈津：《美国国会图书馆藏中国方志简述》，《走向世界的中国方志文化——国际学术研讨会论文集》，2017年，第9页。

藏书散出，方志作为研究中国的一手资料，成为当时海外各研究机构的热门之选。1935年，首任馆长裘开明先生提交《哈佛图书馆的中国地方志》报告，[①]论述中国地方志的特点及重要性，要求哈佛燕京学社图书馆委员会增加购买这类文献的经费，获得通过。此后一段时期，哈佛燕京通过多种途径，包括向国内书肆直接征集购买，委托北平燕京大学图书馆、文献专家（主要是洪业、顾廷龙两位先生）代为选购等方式，大量收购中国方志，"哈佛燕京等处，凡方志书只要为其目录所无者，任何高价，均必购置"，[②]可见该馆当时在中国购置方志的力度。从30年代中期开始，哈佛燕京图书馆的方志藏量由678种急速递增至1949年的2869种，与今日2922种已相差无几。在此期间，亦有部分中国方志购于日本。"二战"结束后，日本坊肆多现中文善本，裘开明馆长不仅自己到日本，还通过书商邮购、托人代购等途径，购得为数不少的汉籍，其中就有地方志书。1949年后，因为政治因素的影响，该馆原本方志的数量所增甚少，由此开始转向缩微方志和影印方志丛书的收藏。

耶鲁大学是美国首家收藏东亚语言书籍的大学。最早有据可查的中文藏书是耶鲁学院图书馆于1849年从中国购买的90多册汉籍。卫三畏（Samuel Wells Williams，1812—1884）[③]在广州担任传教士期间，曾参与这批书籍的运输。1878年，第一位毕业于美国大学的中国留学生容闳将他的私人藏书全部捐赠给母校耶鲁大学，这批捐赠由1280册以清代刻本为主的各种图书组成，包括儒家经典、官方史书、文学作品、字典等。[④]1884年，卫三畏去世后，其子也将其私人藏书捐赠给了耶鲁大学，从而进一步增加了东亚图书馆的中文馆藏。在这些捐赠的中文图书中，地方志是其不可或缺的组成部分。

加州大学伯克利分校为美国西部"中国研究"的重镇，庋藏汉籍的

---

① 程焕文：《裘开明年谱》，桂林：广西师范大学出版社，2008年，第128页。
② 谢兴尧：《书林逸话》，见《堪隐斋随笔》，沈阳：辽宁教育出版社，1995年，第28页。
③ 1877年，耶鲁大学设立了中卫教授席位，由在华传教士、学者和外交官卫三畏担任首任。
④ 李唐：《耶鲁大学东亚图书馆藏原版旧方志综述》，《首届中国地方志学术年会暨方志文献国际学术研讨会论文集》，北京：中华书局，2012年，第433页。

历史源远流长。1886年，著名英籍汉学家傅兰雅（John Fryer，1839—1928）执教于此，1896年其将在华所搜集的2000余种明清刻本悉数捐赠给伯克利，遂开该校收藏中文图书之先河。20世纪初，华人学者江亢虎（1883—1954）继傅氏之后任教伯克利，也将个人收藏的1600种中文古籍全部捐赠给伯克利，为该校于1947年正式成立东亚图书馆打下了基础。①该馆成立后，还购得日本著名的三井文库之全部收藏（中、日、韩文书籍10余万种），其中包括宋、元、明、清善本多种，尤其是来自浙江著名藏书楼嘉业堂收藏的刻本和稿、钞、校本，均属难得一见的珍品，其中自然少不了浙江的原本方志。此后数十年间，伯克利加州大学东亚图书馆的善本汉籍还来自东南亚等地的海外收购，该校历史学家以及校外友人裴德士（William B. Pettus，1880—1959）、蒋邵禹等人的捐赠。

克莱蒙特学院联盟图书馆共藏有148种中国原本方志，作为北美一所中小型图书馆，实是一笔不小的收藏。其源流与20世纪上半叶美、英等国的十几个教会联合筹办的机构——华文学校有关。该校主要为在华外国人士进行汉语与文化的培训。1907年，基督教男青年会北京分会干事裴德士主持该校工作以后，学校蓬勃发展，后曾并入燕京大学，又独立出来。裴氏曾在欧洲接受过严格系统的汉学训练，因此为学校图书馆搜集了大量"汉语言文字、文学、艺术、历史方面的典籍，其中包括各省、府、州、县的地方文献"。②抗日战争爆发后，裴德士争取到美国国务院和远东舰队的支持，将这部分图书资料分批转移至美国，最后收藏在克莱蒙特学院联盟图书馆。由于学校位于北平，这笔收藏以华北各省方志为主，浙江的仅2种。

---

① 王熹：《中国地方志专业考察团赴北美考察报告》，《中国地方志》，2006年第9期。
② 邹秀英：《克莱蒙特学院联盟图书馆藏原版旧方志简介》，《走向世界的中国方志文化——国际学术研讨会论文集》，2017年，第59页。

【加拿大】

加拿大的汉籍收藏在"二战"以前主要有两处：一为麦吉尔大学的葛思德（Guion Mooer Gest, 1864—1948）藏书（Gest Collection），一为多伦多大学的慕氏藏书。葛思德藏书于1937年被美国普林斯顿大学收购，因此主要以多伦多大学的慕氏藏书享誉于世。

慕氏藏书源于山东蓬莱人慕学勋（1880—1929）的私藏。慕氏曾在北京德国公使馆担任中文秘书17年，一生搜集古籍甚富，民国间曾出版过《蓬莱慕氏藏书目》。慕学勋去世后，其所藏4万余册古籍于1933年被加拿大中华圣公会河南主教怀履光（Rev.William Charles White，1873—1960）收购，并于1935年连同怀履光另外收购的1万册图书，[1]共计5万册图书一起运至加拿大多伦多，藏于当时隶属于多伦多大学的皇家安大略博物馆，建立了安大略省的第一个中文图书馆。后来，慕氏藏书被一分为二，一部分留作皇家安大略博物馆远东图书馆藏书，另一部分则归于多伦多大学。[2]1961年，多伦多大学以此为基础正式建立东亚图书馆，其时藏书约6万册。[3]之后，该馆又从卡内基和麦伦基金会得到了中文古籍的捐赠，进一步丰富了藏书。1987年，香港郑裕彤先生捐赠1.5亿港元来扩建和整修东亚图书馆，改进设备，增加藏书。1991年7月，该馆更名为郑裕彤东亚图书馆。

英属哥伦比亚大学亚洲图书馆的特藏主要为蒲坂藏书、庞塘镜藏书。蒲坂藏书原为澳门姚钧石收藏，共约4.5万册。1959年在亚太基金会（Asia Pacific Foundation）和科尔纳（Walter Koerner）博士的支持下，由著名华裔学者何炳棣作为协调人购入。所藏地方志245册，以广东为最，其中约有50种山志。庞塘镜藏书由庞氏后人于2000年捐赠，其中

---

①从1933年到1935年，怀履光收购的书主要为山东与河南两省的方志以及当时出版的中国美术和考古书。此外，怀履光在中国传道期间还搜集了5000余帖拓片和版刻，也一并加入这批书运往加拿大。

②程焕文：《〈加拿大多伦多大学慕氏藏书目〉序》，《图书馆杂志》，2017年第11期，第92页。

③程焕文：《加拿大多伦多大学东亚图书馆藏中文古籍善本提要序》，《加拿大多伦多大学东亚图书馆藏中文古籍善本提要》，桂林：广西师范大学出版社，2009年。

有无方志尚不明晰。

从上述可知，北美地区中国方志的传入约始于19世纪中叶，而盛于20世纪初至中叶。其方志购置的地点较东亚和欧洲更为广泛，包括了从日本、中国台湾、中国香港、中国澳门等地输入；蒐集方式涵盖了采买、捐赠以及官方交换等。北美作为除日本之外的第二大收藏大户，具体分布及数量将在下两节中予以重点论述。

三、欧洲地区

欧洲素为传统汉学研究重镇，汉籍流入历史颇为久远，数量不可小觑。钱存训先生曾在《欧美各国所藏中国古籍简介》一文中提到，自从16世纪许多欧洲国家向东方拓殖以来，探险家、商人、宣教士先后来到中国，开启了中西交通之门。这些人为了增进对中国的了解，开始搜集图书带回本国，作为教学或研究之用；或加以翻译，作为有关中国著述的参考资料。譬如16世纪两度来到中国的西班牙传教士马丁·德·拉达（Matin de Rada, 1533—1578），在他的报告中就说到搜集中国书籍的情形，门类繁多，如历史、地理、天文、历书、医药、建筑、占星术、音乐、传记以及地方志。其中有地方志8种，述及有关金银的记载。这些书籍被带回欧洲，至今还有一些在西班牙、葡萄牙等国的修道院或者图书馆中可以找到。[1]可见，中国方志在欧洲最早的落脚点应是在南欧地区，但随后的历史发展表明，这一中心至19世纪已转至西欧。

---

① 〔美〕钱存训：《东西文化交流论丛》，北京：商务印书馆，2009年，第92页。

【英　国】

据《1877年版大英博物馆馆藏：中文刻本、写本、绘本目录》①著录，大英博物馆在1877年前馆藏的汉籍文献就多达2万余种，法、德、荷、意、俄、瑞典、瑞士等国亦有不同数量的汉籍保存至今。②就汉籍流入的途径而言，大英博物馆的前期收藏主要由其东方写本与印本部的首任主任道格拉斯（Robert Kennaway Douglas，1838—1913）主持，包括采买雍正铜活字《古今图书集成》，接收王韬捐赠的200余种典籍，以及搜求太平天国与义和团文献等。牛津大学的中文藏书始于1604年，全部为私人捐赠。稍后又有伟烈亚力（Alexander Wylie，1815—1887）和巴克豪斯（Edmund Backhouse，1873—1944）两人于20世纪初所赠约3万册藏书，这成为牛津大学所藏中文古籍的基础，其中方志就有1670种。③此外，牛津大学图书馆现收藏的20万种汉籍中还有一部分是从东印度公司购买所得，应该也会有方志在内。④当然，英国所藏中国方志的来源绝不止前文所提到的方式，据朱士嘉先生所记："《筹办夷务始末》提到1840年英国侵略军在宁波向居民勒索方志，宁波天一阁所藏个别方志不可能不被掠夺。"⑤

---

① 〔英〕道格拉斯(Robert Kenn away Douglas)：《1877年版大英博物馆馆藏：中文刻本、写本、绘本目录》，重庆：西南师范大学出版社，2010年。该目录亦有《续编》，编于1903年，著录了1877之后入藏大英博物馆的汉籍，包括萨道义(Eenest Satow)捐赠的刻本与朝鲜刻本，戈登指挥的"常胜军"与太平天国军队作战的相关文献，以及西方著作的中译本等。
② 据相关资料显示，法国国家图书馆、法兰西学院图书馆、东方语言学院图书馆所藏汉籍总计约10万册，德国柏林图书馆约50万册，荷兰莱顿大学汉学研究院图书馆约30万册。
③ 〔美〕钱存训：《东西文化交流论丛》，北京：商务印书馆，2009年，第98页。
④ 冯东：《世界各地图书馆收藏整理中国地方志的现状及启示》，《新世纪图书馆》，2012年第4期，第25页。
⑤ 李泽：《朱士嘉方志文集》，北京：北京燕山出版社，1991年，第133页。

【法　国】

　　法国东方语言学院于1872年开始大量收集中文图书，主要是广东、上海、北京等大城市的地方文献，这些书籍通过个人捐赠给该院图书馆，构成其中文古籍的主要来源。1927至1929年一名中文教师让·波维（Jean Bovai）捐赠了大量中文图书，其中有不少地方志。不过，法国庋藏中国方志的大宗仍是其国家图书馆，藏有中国明清原本方志600余种。美国学者戴思哲（Joseph Dennis）曾于2010年受法国国家图书馆之邀，为之编写新编方志目录提要。据其调查，这些方志的来源90%以上是法国汉学家伯希和（Paul Pelliot，1878—1945）所收集。①1900年，伯希和被法国印度支那殖民政府总督派往北京考察，在那里开始收集中文书籍，但不幸的是这些书籍在义和团围攻法国使馆时被烧毁。1901年，他受聘河内远东学院教授，经常到中国搜集图书。1906年，伯希和带领探险队进入中亚和中国，在1908年5月结束敦煌的工作离开时，带走了藏经洞内诸多敦煌文献，其中就包括著名的《沙洲图经》和《西州图经》。之后，伯希和又到达西安花了一个月时间搜集书籍和古董。仅几个月，包括伯希和在内的两支探险队为法国收集到近3万卷中文图书，并由其同事带回巴黎。除此以外，法国国家图书馆还藏有20余种18和19世纪收藏的中国方志，多为传教士带回。1928年，法国巴黎高等汉学研究所委托东方语言学院图书馆员柯乐蒂·贺涅女士到中国采购书籍，"最优先采购的是丛书与方志两大类，……当时购入的书共有三十二箱，由法国海军舰船负责运送回国"。②

　　揆之上述，地方志作为汉籍的重要组成部分，其进入欧洲的途径、方式不外乎上述所列，且欧洲开始流入中国方志的时间早于北美地区，但大量搜集地方志也主要集中于19至20世纪中叶，浙江旧志的流播轨迹概莫能外。

---

① 〔美〕戴思哲：《法国国家图书馆藏中国西北地区地方志》，《首届中国地方志学术年会暨方志文献国际学术研讨会论文集》，北京：中华书局，2012年，第455页。
② 田涛主编：《法兰西学院汉学研究所藏汉籍善本书目提要》，魏丕信序，北京：中华书局，2002年。

第二节

空间分布

随着20世纪30年代境外地方志整理、研究热潮的掀起，全球中国方志收藏的空间分布日渐明晰，除了东亚、北美、欧洲等传统收藏富区外，澳大利亚、越南、新加坡甚至拉美地区等都有一定藏量分布。本节主要通过对现存中国方志在全球主要图书机构收藏情况的统计分析，着重提取域外浙江旧志的信息，同时兼记港台地区的存藏情况，进而绘制更为完整的空间分布区域图。

一、东亚地区

【日　本】

如前节所述，日本因其庋藏中国方志时间之久，数量之巨，版本之优，规模之大，而备受学界瞩目。而浙江又是日本所藏旧志最丰的省份，在其国内各大图书机构均有分布。

从20世纪30年代开始，日本的部分收藏机构就陆续出版了中国方志的相关目录，如：1935年，岩井大慧编的《东洋文库地方志目录》，共收方志2550种；1955年，日本天理图书馆编的《中文地志目录》，共收方志1430种；另外，东洋文献中心联络协会也于1964年出版了《中国地方志联合目录》。

1969年，日本国立国会图书馆参考书志部编《日本主要图书馆、研究所所藏中国地方志总目录》出版。该目录收录国会图书馆、东洋文库、静嘉堂文库、内阁文库、①宫内书陵部、尊经阁文库、东京大学东洋文化研究所、京都大学人文科学研究所、天理图书馆、大阪府立图书馆、爱知大学图书馆、蓬左文库、东北大学附属图书馆及九州大学附属图书馆14家收藏机构，计1万种以上志书，包括丛书、影印及缩微胶卷。

与此同时，日本所藏中国明代方志数量可观，1962年东洋文库研究员山根幸夫编的《日本现存明代地方志目录》（1971年完成增补本出版），收明代方志299种，以江苏、浙江、福建三省为最。1995年，又出《新编日本现存明代地方志目录》，新编目录收录了国会图书馆、宫内书陵部、京都大学人文科学研究所、天理大学图书馆、静嘉堂文库、尊经阁文库、天理图书馆、东洋文库、内阁文库、东京大学东洋文化研究所、蓬左文库馆12家机构所藏中国明代方志715种，按明代地域南北直隶和十三布政司依次编排，其中浙江75种。

2008年，复旦大学历史系巴兆祥教授出版专著《中国地方志流播日本研究》，该书系研究日本藏中国方志的集大成者，下编《东传方志总目》收录了日本53家图书机构与文库收藏的方志4025种，其中浙江352种。这53家图书机构不仅包括了《日本主要图书馆、研究所所藏中国地方志总目录》所收的14家机构，而且基本涵盖了日本国内其他文库、高校图书馆和行政区的公立图书馆，甚至私人藏书，如早稻田大学中央图书馆、神户大学图书馆、宫城县立图书馆、仙台市民图书馆、林出贤次郎家族、野村荣三郎家族等等。据笔者统计，53家机构中东洋文库（225种）、国立国会图书馆（121种）、天理图书馆（105种）三家所藏的浙江旧志数量均逾百种。

【韩　国】

韩国现已出版的中国方志目录，或出版时间较早，或记录版本较

---

① 1971年并入日本国立公文书馆，下不另注。

杂，或研究成果仅现"冰山一角"，因而分布及数据均不完整。笔者选取三个具有代表性的截面予以呈现，希望能勾画出韩国浙江旧志存藏分布的轮廓。

1985年，台湾学者宋晞据韩国汉城大学图书馆编的《汉城大学校所藏中国明清时代地方志目录》及尹源镐的调查统计，指出韩国共藏有中国方志271种，296部。其中，以山东97种居首，辽宁18种次之，河北16种第三，江苏15种第四，浙江12种第五，察哈尔11种第六，其余各省均在10部以下。[①]上述志书主要藏于汉城大学图书馆、汉城大学奎章阁、韩国国立中央图书馆、高丽大学图书馆、延世大学图书馆、成均馆大学图书馆、东国大学图书馆、韩国精神文化研究院图书馆、岭南大学图书馆、全南大学图书馆10家图书馆，从数据来看，应多为原本方志。

1987年，韩国汉城大学吴金成教授编《国内所藏中国地方志目录》，该目录主要收录了韩国国立中央图书馆、高丽大学图书馆、西江大学图书馆、延世大学图书馆、韩国精神文化研究院图书馆、庆熙大学图书馆、东国大学图书馆、汉城大学图书馆、梨花女子大学图书馆9家图书馆收藏的中国明、清及近现代以来各类方志共1064种，该数据包括四库、丛刊及影印本。其中，浙江计48种，原本方志15种。

2011年，韩国国立中行图书馆研究所金孝京博士应邀参加首届中国地方志学术年会，并在大会上以"韩国国立中央图书馆藏中国古籍概况及地方志资料介绍"为题，介绍了该馆所藏3.4万册中国古籍文献概况，指出该馆所藏中国方志的实际数量为51种，包括总志4种、通志8种、府县志32种、山水志4种、乡镇志2种、卫志1种，计616册，均为单行刊本。从刊刻时间来看，为清以后刻本，刊行于乾隆年间的有3种；从行政区划来看，涉及含台湾在内的17个省市地区；从版本来看，仅该馆所藏而韩国其他机构未藏者就有21种。其中，有3种浙江旧志为吴金成所编目录未收。

上述三份目录，在收录机构、统计时间方面均有所不同，因此无法

[①]宋晞:《方志学研究论丛》(修订版)，台北:台湾商务印书馆，1999年，第95页。

准确推算韩国庋藏中国方志的总数及分布，但可以肯定的是，应在1094种以上，相应地，浙江旧志也应在18种以上。其分布与日本的全域性有所不同，韩国主要集中在首尔地区。

二、北美地区

【美　国】

美国大约从19世纪中叶便已开始搜集中国方志。当时，从中国和日本购置的地方志运至美国后，大部分藏于国会图书馆和哈佛燕京图书馆。因此，若论美国原本方志收藏的大宗，当数上述二者。

1939年9月，朱士嘉应美国国会图书馆之聘，前往华盛顿着手查阅该馆所藏中国方志。经过三年的努力，完成了《美国国会图书馆藏中国地方志目录》的编辑任务，并于1942年由美国政府印刷局据编者手抄本付诸石印。该目录著录中国方志2939种，浙江的230种。后来，国会图书馆又编有《续编》，著录方志300余种，多数是从日本和世界其他各国拍摄的胶卷。[①]至今，美国国会图书馆已收藏了近4000种中国方志，其中包括缩微、影印及部分新方志。

二是哈佛大学哈佛燕京图书馆。该馆的方志收藏一直为人称道，目前可以查到的各种数据，主要来源于两份资料：一为第二任馆长吴文津在《汉学研究》第3卷第2期上发表的《哈佛燕京图书馆中国方志及其他有关资料存藏现况》一文，[②]文中对哈佛燕京图书馆所藏方志进行了全面分析比对，共计3858种（原本方志3241种，胶卷及复制本617种），在欧美地区排第二位，仅次于美国国会图书馆。但该数据包括了1949年之后的影印本、整理古旧方志与1985年前出版的国内与台湾地区的新修

---

① 李泽：《朱士嘉方志文集》，北京：北京燕山出版社，1991年，第133页。
② 吴文津：《哈佛燕京图书馆中国方志及其他有关资料存藏现况》，《汉学研究》第3卷第2期（总第6期），方志学国际研讨会论文专号第1册，1985年，第369—378页。其后，还有沈津和Hilde De Weerdt的两篇文章介绍哈佛燕京图书馆的馆藏方志。

方志。另一份为2013年出版的《美国哈佛大学哈佛燕京图书馆藏中国旧方志目录》。该目录是李丹于2011年在哈佛燕京图书馆访学时所做，以该馆编目系统中1949年以前编纂出版的中国旧方志书录为基础，加以整理编辑而成。较之吴文津的数据，李丹的数据按照旧志的存在形式分为3种：原本方志、缩微方志、影印方志，统计的类型更为清晰、完整，共计原本方志2922种，缩微方志441种，大型影印方志丛书4521种。其中，浙江的原本方志208种，①缩微方志52种，位列河北、山东、山西、河南、江苏、四川之后。

较之日本中国方志收藏的全域性分布，美国的分布虽然也遍及较广，但主要集中在除国会图书馆外的各大高校东亚图书馆，如哥伦比亚大学斯塔尔东亚图书馆、芝加哥大学远东图书馆、耶鲁大学东亚图书馆、斯坦福大学东亚图书馆、匹兹堡大学东亚图书馆、华盛顿大学东亚图书馆、密歇根大学东亚图书馆、康奈尔大学华生图书馆、加州大学伯克利分校东亚图书馆、爱荷华大学图书馆等等。这些高校图书馆均藏有数量不等的中国原本方志，其中自然不乏浙江的。

另有值得一提者是美国犹他州家谱学会，该学会馆藏的中国方志有5000多种，其中浙江计379种，省志15种，府志48种，其他316种，为全美所藏最全者，但绝大部分为缩微方志。

【加拿大】

加拿大的中国方志收藏虽然数量不少，但分布却并不广泛，主要集中在多伦多大学郑裕彤东亚图书馆的慕氏藏书和英属哥伦比亚大学亚洲图书馆的蒲坂藏书、庞塘镜藏书。慕氏藏书的目录有两种：一种是慕学勋自编自刊的《蓬莱慕氏藏书目》，2005年商务印书馆出版的《中国著名藏书家书目汇刊》（近代卷）第31册有收录。另一种是义理寿（Irvin

---

①除去同一方志的不同版本，实为201种。

V. G. Gillis, 1875—1948)①编的《多伦多大学中文图书馆目录》（*The University of Toronto Chinese Library*），包括慕氏藏书和怀履光藏书，稿本藏于东亚图书馆，并未刊行。蒲坂藏书则有严文郁编的《蒲坂书楼藏书目录》稿本5册，藏于亚洲图书馆，未见刊本。庞塘镜藏书因为仅捐赠了其收藏的一部分，数量不多，所以未见详目。以上三大藏书，由于地缘的关系，其旧志主要以山东、河南、广东为主，浙江原本方志应不会很多。

总之，北美地区约有90个规模大小不同的东亚图书馆，其中都可能有浙江旧志的分布。

三、欧洲地区

欧洲藏有浙江原本方志的数量，仅次于日本、中国台湾和美国，其收藏分布信息主要源于两份目录：一为1957年出版，由吴德明（Yves Hervouet）编的《欧洲各国图书馆所藏中国地方志目录》（*Catalogue des monograhies locales chinoises dans les bibliothèquebs d'Europe*）。该目录著录英国、法国、德国、意大利、荷兰、丹麦、奥地利、瑞典、比利时、梵蒂冈10个欧洲国家以及英国大英博物馆、剑桥大学图书馆、牛津大学图书馆、戴维德中国艺术基金会、皇家亚洲文会图书馆、伦敦大学东方与非洲研究院、法国国家图书馆、东方语言学院图书馆、哈比斯（M.L. Hambis）图书馆、法兰西学院汉学研究所、吉美博物馆、罗都先生（M.R. des Rotours）图书馆、亚洲学会、德国国家博物馆、西德图书馆、中国语言文化研究会、巴伐利亚州立图书馆、东亚研究所、荷兰莱顿大学、丹麦皇家图书馆、意大利维托里奥·艾曼纽国家图书馆、梵蒂冈图书馆、瑞典远东古物博物馆、奥地利国家图书馆、比利时卢万大学图书馆25家机构收藏的中国旧志，共计2590种，包括丛书中单独刊行的方志在内，除

---

① 为20世纪初美国驻华使馆海军武官兼情报人员，因其对中国文化的兴趣和中国古籍的爱好，义理寿相继促成了莴思德藏书和慕氏藏书西移加拿大，并亲自为这两宗藏书编纂了目录。

去重本，还有1434种，①其中浙江原本方志91种。

一为1979年出版，由安德鲁·莫顿（Andrew Morton）编的《英国各图书馆所藏中国地方志总目录》（*Chinese local histories in British libraries*）。该目录著录英国大英图书馆、牛津大学图书馆、剑桥大学图书馆、伦敦大学东方与非洲研究院、利兹大学图书馆、爱丁堡大学图书馆等机构所藏中国旧志2516种，包括胶卷和丛书中的方志在内。其中浙江的196种（包括缩微胶卷和1949年后出版的丛书），原本方志72种。

除英、法两国外，德国、荷兰、丹麦、捷克等国家都有一定量浙江原本方志的分布，笔者将在第二章第三节《欧洲所藏浙江旧志》中予以进一步记述、讨论。

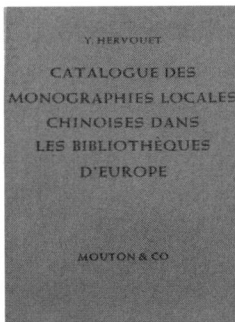

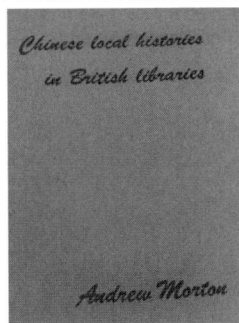

四、中国港台地区

历史的原因，我国港台地区各大图书馆、博物馆及研究机构收藏的旧志数量蔚为可观。尤其是台湾，其收藏的方志种类多、版本早、珍贵罕见，极具文物和文献参考价值，所藏浙江原本方志的孤本、善本存量是除大陆、日本外收藏最丰的地区。

【香　港】

截至当前，香港地区尚未出版专门的地方志联合目录，可供查寻的资料主要源于《香港中文大学图书馆善本书目》《香港大学冯平山图书馆藏善本书录》《香港所藏古籍书目》等。笔者以贾晋华主编的《香港

---

①宋晞：《方志学研究论丛》（修订版），台北：台湾商务印书馆，1999年，第75页。

所藏古籍书目》为据，同时参阅其他目录进行整理。该书目共收录香港中文大学图书馆、香港大学图书馆、香港浸会大学图书馆、香港岭南大学图书馆、香港科技大学图书馆、香港城市大学图书馆、香港理工大学图书馆、香港珠海书院图书馆、香港中央图书馆、香港新亚研究所图书馆、香港中山图书馆等11家图书馆所藏中文古籍7386种及丛书子目18718种。

《香港所藏古籍书目》共收录浙江原本方志22种（包括专志），均为清代刻本，以光绪年间刻本为主。

香港主要图书馆藏浙江旧志一览表

序号	书名	编著者	刊行时间	卷/册数	收藏地点	备注
1	乾道《临安志》	周淙撰	光绪二十年(1894)杭州孙氏寿松堂刻本	3卷 1册	香港中山图书馆	
2	咸淳《临安志》	潜说友撰、汪远孙校补	道光十年(1830)汪氏振绮堂刻本	96卷札记3卷 24册	香港中山图书馆	
3	光绪《嘉兴县志》	赵惟崙修石中玉、吴受福纂	光绪三十四年(1908)刻本	37卷首2卷末1卷 24册	香港大学图书馆	
4	光绪《兰溪县志》	秦簧、邵秉经修，唐壬森纂	光绪十五年(1889)刻本	8卷首1卷附补遗1卷 4册	香港大学图书馆	存卷3,5上,5中,8,补遗
5	淳熙《严州图经》	陈公亮撰，校字记(清)袁昶撰	光绪二十二年(1896)桐庐袁氏浙西村舍刻浙西村舍汇刊本	3卷附校字记1卷 2册	香港中央图书馆	
6	光绪《严州府志》	吴世荣续修，邹柏森等续增纂校	光绪十六年(1890)鹤山增刻本	38卷首1卷 20册	香港大学图书馆	
7	光绪《处州府志》	潘绍诒修，周荣椿等纂	光绪三年(1877)刻本	30卷首1卷末1卷 28册	香港大学图书馆	
8	康熙《衢州府志》	杨廷望纂修	光绪八年(1882)刘国光刻本	40卷首1卷 12册	香港大学图书馆	
9	嘉定《剡录》	高似孙撰	同治九年(1870)剡县官署刻本	10卷 2册	香港中文大学图书馆	
10	《重修南海普陀山志》	秦耀曾纂	道光十二年(1832)刻本	20卷 4册	香港大学图书馆	

序号	书名	编著者	刊行时间	卷/册数	收藏地点	备注
11	《天台山记》	徐灵府撰	光绪间遵义黎氏日本东京使署影刻古逸丛书本	1卷 1册	香港中文大学图书馆	
12	《广雁荡山志》	曾唯辑	乾隆五十五年（1790）刻本	28卷首1卷末1卷 8册	香港大学图书馆	
13	《西湖志》	李卫等修，傅王露等纂	雍正十二年（1734）两浙盐驿道刻本	48卷 20册	香港大学图书馆	
			雍正十三年（1735）刊光绪四年（1878）杭州浙江书局印本		香港大学图书馆 香港中央图书馆	
14	《艮山杂志》	翟灏撰	光绪二十二年（1896）钱塘丁氏嘉惠堂刻武林掌故丛编本	2卷 附录1卷 2册	香港中文大学图书馆	
15	《东城杂记》	厉鹗撰	嘉庆二十五年（1820）钱塘汪氏刻本	2卷 1册	香港新亚研究所图书馆	
16	《龙井见闻录》	汪孟铜纂	光绪十年（1884）钱塘丁氏嘉惠堂刻本	10卷附宋僧元净外传2卷 4册	香港大学图书馆	
17	《北隅掌录》	黄士珣撰	道光二十五年（1845）杭州汪氏振绮堂校刻本	2卷 2册	香港中央图书馆	
18	《西湖游咏》	田汝成、黄省曾撰	光绪二十年（1894）钱塘丁氏八千卷楼重刻本	1卷 1册	香港中山图书馆	
19	《西湖遗事诗》	朱彭撰	光绪二十年（1894）钱塘丁丙福州重刻本	1卷 2册	香港中山图书馆	
20	《鸳鸯湖棹歌》	朱彝尊撰	乾隆四十年（1775）刻本	5卷 3册	香港中文大学图书馆 香港大学图书馆	中大4册
21	《句余土音》	全祖望撰	宣统三年（1911）上海国学扶轮石印本	1卷 1册	香港大学图书馆	
22	《西泠仙咏》	陈文述撰	光绪八年（1882）杭州西泠丁氏翠螺仙馆刻本	3卷 2册	香港中文大学图书馆	

【台　湾】

台湾地区于 1956 年由正中书局出版了
《台湾公藏方志联合目录》。该目录由"中央"
图书馆编，收录了"中央"研究院史语所、台
北"故宫博物院"、"中央"图书馆、"内政部"
图书馆、"交通部"档案室、"中央"党部图书
室、"中央"日报资料室、台湾大学图书馆、
台湾省立台北图书馆、台湾省文献委员会、台
湾省立师范大学图书馆11家藏书。"凡例"中
明确以现存台湾者为限，著录起自宋高宗绍兴
四年（1134）迄1954年，以单行本为限，收入
丛书者不录，总计3530种，基本上较为全面
地反映了台湾地区公藏地方志书的概貌。

1981年，"中央"图书馆对其进行增订，
编辑说明中明确了此次增订增加的内容："由
本馆代管前北平图书馆所藏明代方志三百六十
一部，行政院大埔书库处增本馆方志二百一十

九部，及国父纪念馆附设孙逸仙图书馆所藏方志一百五十余部，经详加
核对，汰其重覆者，于此两馆一库，得新增编目，计四百一十九部。另
复编入学生书局影印本二十二部，成文出版社影印本一百二十七部，总
数则达五百六十部之多。"①而"成文"与"学生"的影印本仅附列于原
书目之下。按增订本统计，有浙江原本方志269种，其中明代刊本
38种。

1985年，由王德毅主编，台湾汉学研究资料及服务中心编印的《台
湾地区公藏方志目录》更为全面地整合了之前出版的各类目录，共收录

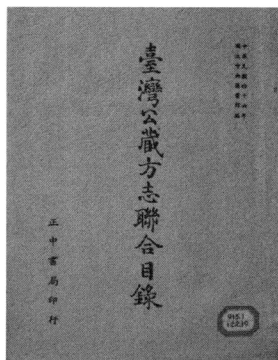

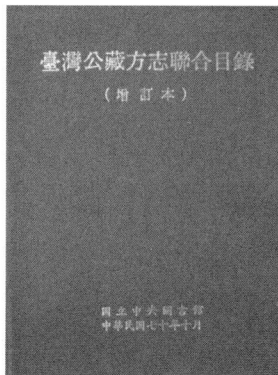

---

①"中央"图书馆:《台湾公藏方志联合目录》(增订本),《编辑〈台湾公藏方志联合目录〉
　增订版之说明》,1981年。

台湾地区 12 家图书馆的馆藏方志 4530 种，78878 卷，[①]其中通志 322 种，府志 445 种、州志 394 种、县志 3155 种，其他（包括道志、厅志、市志、镇志、关志等）118 种。该目录著有浙江旧志 364 种，8201 卷，宋代刊本 1 种，明代刊本 42 种。同时，该目录以中国方志为主，兼收外国人编纂被译成中文者，并附有日文编纂的台湾各地方志，为其特色。

2012 年，浙江省人民政府地方志办公室主任潘捷军研究员率团访问台湾，获赠《中国台北"故宫博物院"所藏浙江省旧志目录》，计浙江原本方志 202 种（详见附录），其中明代刊本 25 种，是为台湾地区藏浙江旧志最丰最佳之机构。

五、其他地区

除却日本、美国、英国、法国等中国方志庋藏大户外，还有澳大利亚、越南、新加坡、俄罗斯等国家可能会藏有浙江的原本方志。

澳大利亚国立大学太平洋研究院远东史研究系曾于 1967 年出版过一部《中国方志目录》，由唐纳德·莱斯利（Donald Leslie）和詹瑞姆·戴维德森（Jeremy Davidson）编写。但该目录是一部"目录的目录"，它根据中、日、欧、美等国家和地区出版的中国方志目录汇编而成，收有 111 种资料，对每种加以简介，其中既有专著也有论文。书后附图书馆和研究机构、地名、主题、人名、引用期刊和著作索引。因此，对于澳大利亚全境的中国方志收藏情况仍是一个未知数。但不可否认的是，澳大利亚国立图书馆、澳大利亚国立大学、墨尔本大学、悉尼大学等均非常注重远东研究，尤其是中国的研究，所以，对浙江旧志的收藏应该只是数量多寡的问题。

越南由于地缘和历史上曾使用过汉字的关系，其收藏中国方志是必然的。陈益源在《清代越南使节在中国的购书经验》一文中提到，越南

---

① 其统计方法是不计重本或不同版本，纂修人及内容相同者均以一种计，舆图及见于丛书中之方志亦收录，方志残卷亦多另计为一种。

使节汝伯仕在《粤行杂草编辑》中抄录了一份光绪九年（1883）广州一家书店的销售清单——《筠清行书目》，该书目凡1672笔，其中属于浙江的方志就有14种，分别为《普陀志》《杭州府志》《嘉兴府志》《灵隐志》《西湖志纂》《两浙海塘通志》《天台山志》《两浙盐法志》《永嘉志》《天台方外志》《南屏净慈寺志》《钱塘志》《剡录》《浙江通志》。①可见，在清末主要城市的书肆中，要购买浙江的地方志书还是相对较为容易的。但目前对越南所藏中国方志的整理研究尚付之阙如，浙江部分的存藏情况更无从知晓。

新加坡是一个多元文化的移民国家，其中华人占人口总数的74.2%。从19世纪开始，由于当时的中国正处于内忧外患之中，人民饱受战争、饥荒与贫穷之苦，在不得已的情况下，广东、福建、海南等东南沿海省份的部分人不得不背井离乡，漂洋过海到"石叻"（新加坡）谋生。在此期间，许多新加坡华侨往来于国内和南洋间，于途中购买家乡方志带至异国以解乡愁。宋晞的《方志学研究论丛》记载，新加坡的两所大学都藏有中国地方志——新加坡国立大学和南洋理工大学，前者所藏超过100种。至于宋晞书中提到蒋振玉编的《新加坡大学中文图书馆目录》，因国内图书馆未藏，笔者亦未找到新加坡友人相助，故而留下遗憾，相信定不乏浙江的旧志。

有关俄罗斯中国方志收藏的相关资料非常稀少，仅朱士嘉先生曾提到过："沙俄和其他七个帝国主义国家，于1900年掠夺我国的《永乐大典》，我国方志不可能不是他们掠夺的对象。关于这些情况，只有将来深入调查才能有所了解。苏联甚至于在我国解放初期，也弄走了许多方志。"②可见，这一历史上与中国亦有着千丝万缕联系的大国，藏有的原本方志是定不会少的。

---

①陈益源：《越南汉籍文献论述》，北京：中华书局，2011年，第7—37页。
②李泽：《朱士嘉方志文集》，北京：北京燕山出版社，1991年，第133页。

第三节

存藏数量

地方志卷帙浩繁，内容丰富，是世界文献中当之无愧的瑰宝。最新的研究显示，流传至今的中国旧志数量有近9000种，其中宋代以前3种，宋代28种，元代9种，明代942种，清代6000余种，民国1100余种。[①]由于其独特的价值，方志流传十分广泛，世界上许多国家和地区的图书馆都有数量不等的收藏。除中国大陆外，台湾地区4530种，香港地区1700余种（多影印本和胶卷），日本4025种，美国4000余种，欧洲2500余种。据朱士嘉先生研究所得，"散失于国外的方志，以日本为最丰富，其中不少明刻和清刻孤本。美国约有四千多种，仅次于日本，其中孤本约一十二种，但是了解还不完全"[②]。

浙江作为自古以来方志编修的渊薮之地，现存旧志数量全国排名第二，计619种。浙江图书馆藏有原本370种，而境外各大图书收藏机构有原本近400种，其中包括孤本15种以上[③]，以日本所藏为最。本节着重于梳理各个国家和地区所藏浙江原本方志的数量，版本、特点等将在第二章重点论述。

一、东亚地区

---

① 李丹：《美国哈佛大学哈佛燕京图书馆藏中国旧方志目录》，桂林：广西师范大学出版社，2013年，第2页。

② 李泽：《朱士嘉方志文集》，北京：北京燕山出版社，1991年，第134页。

③ 该数据不包括中国港澳台地区，下不另注。

17—19世纪，日本开始大量搜集中国方志，尤其是清末至民国时期，浙江两大藏书楼的珍藏流失东瀛，使日本成为域外庋藏浙江旧志数量最多的国家。巴兆祥教授对日本国立国会图书馆、东洋文库、国立公文书馆、静嘉堂文库、尊经阁文库等53家图书机构与文库所藏中国方志数量的统计显示，有浙江旧志352种，其中宋代方志15种，元代方志4种，明代方志53种，清代方志239种，民国方志39种，位列国外收藏榜首，且多有国内所不藏或不全的孤本、善本。

日本主要图书馆、文库藏浙江旧志数量一览表

收藏机构	中国旧志数量	浙江旧志数量	主要数据来源
东洋文库	2550种	225种	《东洋文库地方志目录》《东传方志总目》
国立国会图书馆	1509种	121种	《国立国会图书馆汉籍目录》《东传方志总目》
国立公文书馆	693种	97种	《东传方志总目》
东京大学东洋文化研究所	487种	132种	《东京大学东洋文化研究所汉籍分类目录》《东传方志总目》
宫内厅书陵部	39种	12种	《日本主要图书馆、研究所所藏中国地方志总合目录》《东传方志总目》
尊经阁文库	70种	8种	《日本主要图书馆、研究所所藏中国地方志总合目录》《东传方志总目》
静嘉堂文库	512种	80种	《静嘉堂文库汉籍分类目录》《静嘉堂文库汉籍分类目录补编》
京都大学图书馆	352种	32种	《京都帝国大学汉籍目录史部》《东传方志总目》
大阪府立图书馆	164种	29种	《大阪府立图书馆藏汉籍目录》《东传方志总目》
天理图书馆	1430种	105种	《中文地志目录》《东传方志总目》

九州大学图书馆	523种	45种	《日本主要图书馆、研究所所藏中国地方志总合目录》《东传方志总目》

　　对于朝鲜半岛的浙江旧志存藏情况，事实上前两节已经提及。由于朝鲜部分至今没有相关资料公布，因而，笔者只能结合韩国汉城大学吴金成教授编《国内所藏中国地方志目录》以及韩国国立中央图书馆金孝京博士著《韩国国立图书馆馆藏中国古籍概况及地方志资料介绍》一文，对韩国现存中国方志做一估算，共计1094种以上，其中浙江18种以上，且无清以前刊本。

二、北美地区

　　沈津先生在2018年发表的《有多少中国古籍存藏在美国东亚图书馆》一文中，给出了美国各大东亚图书馆庋藏中国古籍（包括地方志）的最新数据，认为美国各图书馆藏中国地方志的总数约在15000种，包含了胶卷、影印、丛刊及新方志，但不知是否计重本。从笔者占有的资料来看，目前美国所藏浙江原本方志在250～300种之间。具体收藏情况如下：

美国主要图书馆藏浙江旧志数量一览表

收藏机构	中国旧志总量	浙江旧志总量	主要数据来源
国会图书馆	2939种	230种	《国会图书馆藏中国方志目录》
哈佛大学哈佛燕京图书馆	2922种	201种	哈佛大学哈佛燕京图书馆在线目录：http://hcl.harvard.edu/libraries/harvard-yenching/《美国哈佛大学燕京图书馆藏中国旧方志目录》
哥伦比亚大学斯塔尔东亚图书馆	1386种	107种	哥伦比亚大学东亚图书馆在线目录：http://library.columbia.edu/locations/eastasian.html *Chinese Local Histories at Columbia University*

收藏机构	中国旧志总量	浙江旧志总量	主要数据来源
芝加哥大学远东图书馆	1543种	153种	芝加哥大学东亚图书馆在线目录：http://www.lib.uchicago.edu/e/easia/《芝加哥大学远东图书馆藏中文地方志目录》
耶鲁大学东亚图书馆	333种	26种	《耶鲁大学东亚图书馆藏原版旧方志综述》
斯坦福大学东亚图书馆	/	100种以上	斯坦福大学东亚图书馆在线目录：http://library.stanford.edu/《浙江宁绍地区地方志目录》

　　说明：后期学者研究中，表格所列各机构数据可能会有所增加，如国会图书馆3750种或4000余种，哈佛燕京图书馆3858种，哥伦比亚大学斯塔尔东亚图书馆1622种，芝加哥大学远东图书馆2700种，等等，但与本书所记原本方志所属范围不同，增加部分应多为影印本和现代大型丛书的丛刊本。因此，笔者注明数据来源，以求原本方志数量。

　　除上述所列外，北美地区主要大学东亚（亚洲）图书馆都相继整理统计出所藏中国地方志的数量，如康奈尔大学120种，华盛顿大学883种，[1]密歇根大学372种，普林斯顿大学168种，匹兹堡大学276种，克莱蒙特学院148种，多伦多大学1200种，英属哥伦比亚大学89种，等等。由于以上数据部分并未言明是否为1949年前刊行的旧志，因而无法列出确切数字，但不可否认的是其中定藏有浙江的原本方志。

三、欧洲地区

　　欧洲地区收藏中国方志的历史早于北美，浙江的旧志可溯源至1840年左右，但在数量上不及日、美两国，方志分布也主要集中在英国（73种）、法国（64种）、[2]德国（8种）、荷兰（8种）、丹麦（4种）5个国

---

①1954年，华盛顿大学获得300种约瑟夫·洛克收集的中国方志。Zhou, Peter X. ,ed . Collecting Asia: East Asian Libraries in North America,1868—2008.Ann Arbor: Association for Asian Studies(2010),170;"The Far Eastern Library ,University of Washington, report prepared by Ruth Krader, Curator of the Far Eastern Library."
②如果加上法国国家图书馆吴德明目录未收的王重民目录中的4种,法国所藏应为68种。

家，共计127种。但该数据是基于《欧洲各国图书馆所藏中国地方志目录》和《英国各图书馆所藏中国地方志总目录》的统计，未必完整。据美国威斯康星大学麦迪逊分校历史系戴思哲（Joseph Dennis）副教授2011年统计，法国国家图书馆藏有中国明清原本方志600余种（不包括重印本），其中又以西北地区方志最多。该馆现有5种可供查询的目录①之一王重民目录显示，计有32种浙江旧志，②而《欧洲各国图书馆所藏中国地方志目录》则只收录了28种。可见仅法国国家图书馆所藏浙江原本方志的数量就已经被低估了。

欧洲主要图书馆藏浙江旧志数量一览表

收藏机构	中国旧志总量	浙江旧志总量	主要数据来源
大英图书馆	1750种	44种	《欧洲图书馆藏中国地方志目录》《英国各图书馆所藏中国地方志总目录》《欧美各国所藏中国古籍简介》
牛津大学Bodlein图书馆	1670种	11种	
剑桥大学图书馆	302种	34种	
伦敦大学东方与非洲研究院图书馆	1139种	21种	
爱丁堡大学图书馆中文部	268种	7种	《英国各图书馆所藏中国地方志总目录》爱丁堡大学图书馆中文部编 *Catalog of Chinese Book*
法国国家图书馆	629种	34种	《法国国家图书馆藏中国西北地区地方志》《欧洲图书馆藏中国地方志目录》https://www.bnf.fr/fr
法兰西学院汉学研究所	500种	30种	《欧洲图书馆藏中国地方志目录》

此外，钱存训先生的《中国书目解题汇编》载，德国莱比锡大学藏

---

①有关法国国家图书馆藏5份目录的具体情况，可参见本书第四章第一节。
②〔美〕戴思哲：《法国国家图书馆藏中国西北地区地方志》，《首届中国地方志学术年会暨方志文献国际学术研讨会论文集》，北京：中华书局，2012年，第458、460页。王氏目录为王重民所编伯希和搜集图书的目录；此外，还有一份古恒目录（Maurice Courant），是为伯希和收集方志以前法国国家图书馆所藏中文图书目录，其中只著录了1种浙江旧志——康熙《浙江通志》，该志在吴德明目录中已收。

有113种中国方志，包括17种《欧洲各国图书馆所藏中国地方志目录》所未收和4种美国国会图书馆未藏的方志；捷克鲁迅图书馆亦藏有部分欧洲其他图书馆所没有的中国方志。虽然不知其详情，但亦不能排除有浙江旧志的可能性。

　　基于上述，欧洲地区现存浙江旧志的数量应在149种[①]以上。

四、其他地区

　　在对全球浙江旧志存藏数量进行统计时，除却上述藏量丰富的地区外，也不应忽视部分可能藏有少量中国方志的国家，比如新加坡藏有一百种以上，俄罗斯应该藏有部分原本方志，甚至陈桥驿教授提到的拉美地区也可能会有明代刊本的志书。此外，据《中国地方志专业考察团赴新西兰、澳大利亚考察报告》，澳大利亚和新西兰的方志收藏以新志为主，旧志多在20世纪50年代后购于港台地区，数量不多。上述这些被提及的国家都可能有个位数乃至十位数的浙江旧志藏量。

---

①该数据主要基于《欧洲图书馆藏中国地方志目录》《英国各图书馆所藏中国地方志总目录》两份目录合计143种（除去重本），再加上法国国家图书馆吴德明目录所未收的王重民目录中的6种，共计149种。

第二章

探赜索隐，境外浙江旧志的类型特点

中国地方志的编修代有庚续，有着千年的历史，在"体国经野"的传统社会中，方志以其繁多的种类、丰富的数量以及无所不包的海量信息成为官员、儒家士大夫乃至寻常百姓都颇为关注的史籍。与此同时，作为中华典籍的重要组成部分，早在隋唐时期，方志就已经传入日本，其后历宋元明清及至民国，东西方各国无不通过诸多方式甚至不合法的手段大肆搜集、掠夺中国的志书，以致地方志遭受书厄，浙江尤甚。现存境外的近400种浙江旧志，遍布东亚、北美、欧洲及其他地区，涵盖了省志、府志、州志、县志、乡镇志、卫所志以及山水志、寺庙志、海防志、游览志、风土志、艺文志等多种类型的专志；版本方面有宋本、元本和50余种明代刻本，乾隆六十年（1795）以前的善本也有200余种。本章将着重剖析境外浙江旧志存藏的类型特点和版本情况，以期进一步厘清境外图书机构收藏的特色。

第一节

东亚所藏浙江旧志

    东亚是境外收藏浙江旧志数量最丰之地区，其中主要是日本的藏量，一骑绝尘，竟能与浙江图书馆所藏相颉颃，[①]且在版本上有过之而无不及。由于数量、地缘以及政治、文化等诸多因素，有关中国在日方志的相关研究已较为深入，包括日本、中国的学者在内，在近一个世纪的时间里，整理编著了各种馆藏性和全域性目录，并对这部分藏书的传播途径、版本源流、流布特点等做了一定的探讨与研究。据巴兆祥教授《东传方志总目》统计，在4025种中国方志[②]中有孤本179种，[③]国内残缺而在日本全帙的善本71种，以内阁文库和东洋文库所藏珍本为多。

【日　本】

    最新的研究资料显示，在日浙江旧志共计352种，包括省志10种，府志66种，州志/厅志/县志240种，乡镇志34种，其他2种。除了数量上的绝对优势，日本所藏浙江旧志多为稀见版本，此其最大特点。其中有宋刻本2种，钞本4种；元刻本1种，钞本4种；明刻（钞）本52种；

---

①浙图370种，日本352种。

②主要为总志、通志、府志、州志、厅志、县志、乡镇志、卫所志，不收录专志。所著版本均为1949年以前刊行的刻本、铅印本、石印本、钞本、稿本、油印本、影印本等，包括丛书。

③最新的研究成果显示，这一数据可能会减少。以浙江为例，笔者在整理研究过程中发现，原来计为孤本的成化《湖州府志》、崇祯《义乌县志》、顺治《龙泉县志》均成为善本，在日成化《湖州府志》最后被证实是弘治《湖州府志》（参阅沈慧相关研究），而崇祯《义乌县志》和顺治《龙泉县志》都在国内发现残本。

乾隆六十年（1795）以前善本189种，国内许多公立图书馆都难以望其项背。

日本主要图书馆、文库藏稀见浙江旧志一览表

序号	书名	版本	收藏机构	备注
1	咸淳《临安志》	100卷，潜说友纂，咸淳四年（1268）修，咸淳刻本	静嘉堂文库、东京大学东洋文化研究所（存卷84—85）	宋刻本
2	淳熙《严州图经》	残3卷，陈公亮修，刘文富纂，宋淳熙十二年（1185）修，淳熙刻本	静嘉堂文库	宋刻本
3	嘉定《剡录》	10卷，高似孙纂，嘉定七年（1214）修，影写元刻本，存6卷	静嘉堂文库	元刻本
4	康熙《昌化县志》	10卷，谢廷矶纂修，康熙二十二年（1683）修，钞本	国立公文书馆	孤本
5	成化《湖州府志》	24卷，劳钺修，王珣续修，弘治四年（1491）续补成化十一年（1475）刻本	静嘉堂文库	弘治《湖州府志》浙江图书馆有藏，台湾"中央图书馆"存卷6、7，卷18至22
6	嘉靖《湖州府志》	16卷，张铎修，浦南金纂，嘉靖二十一年（1542）刻本	东洋文库、静嘉堂文库	上海图书馆存卷4、5、10、11
7	崇祯《乌程县志》	12卷，刘沂春修，徐守纲、潘士遴纂，崇祯十一年（1638）刻本	国立国会图书馆	孤本
8	光绪《新市镇再续志》	4卷，费梧纂，光绪二十八年（1902）年修，钞本	东京大学东洋文化研究所	孤本
9	崇祯《嘉兴县志》	24卷，罗炌修，黄承昊纂，崇祯十年（1637）刻本	宫内厅书陵部	孤本
10	万历《严州府志》	25卷，杨守仁修，徐楚纂，万历六年（1578）刻本，有残缺	宫内厅书陵部	国家图书馆存卷1至11、卷13至21、卷24至25；天一阁博物馆存卷5、6，卷9至11，卷17至19；上海图书馆藏二部，皆有残缺
11	康熙《建德县志》	9卷，戚廷裔修，马天选等纂，康熙二十三年（1684）刻本	国立公文书馆	国家图书馆缺卷6、7

序号	书名	版本	收藏机构	备注
12	康熙《嵊县志》	10卷,蒋炜修,姜君献纂,康熙二十三年(1684)刻本	国立公文书馆	孤本
13	万历《金华县志》	10卷,凌尧伦等纂,明万历二十六年(1598)修,钞本	东洋文库	台湾"中央"研究院历史语言所有藏
14	崇祯《义乌县志》	20卷,熊人霖纂修,崇祯十三年(1640)刻本	国立公文书馆	原国内仅浙江图书馆存卷1至8,卷11至14,卷20;后于20世纪50年代在山东安丘县发现完帙,但亦有部分残缺,与公文本可参校配补
15	康熙《永康县志》	10卷,徐同伦修,俞有斐纂,康熙十一年(1672)刻本,缺卷9第55、56页	国立公文书馆	孤本
16	嘉靖《武义县志》	5卷,黄春补刻增修,嘉靖二年(1523)刻本	宫内厅书陵部	孤本
17	正德《兰溪县志》	5卷,王俍修,章懋等纂,万历四十二年(1614)年补刻正德本,卷三人物志记载至嘉靖元年止	国立公文书馆国立国会图书馆	浙江图书馆残存正德五年刊本卷3至5
18	天启《江山县志》	10卷,张凤翼修,徐日葵纂,天启三年(1623)修,钞本	宫内厅书陵部	台湾"中央"图书馆存卷1至8
19	康熙《常山县志》	15卷,杨溁纂修,康熙二十二年(1683)修,钞本	宫内厅书陵部	孤本
20	崇祯《开化县志》	10卷,朱朝藩修,汪庆百纂,崇祯四年(1631)刻本	国立国会图书馆	孤本
21	嘉靖《永嘉县志》	9卷,图1卷,程文箸修,王叔果纂,嘉靖四十五年(1566)刻本,有补刻,卷五秩宦志记至万历十年(1582)	尊经阁文库	孤本
22	康熙《平阳县志》	12卷,金以埈修,吕弘诰纂,康熙三十三年(1694)刊本	国立公文书馆	国家图书馆有残缺
23	隆庆《平阳县志》	8卷,朱东光修,侯一元纂,隆庆五年(1571)修,万历四十二年(1614)补刊本	宫内厅书陵部	台湾"中央"研究院历史语言所藏有传钞本;浙江大学图书馆藏有崇祯补刻本

境外
浙江旧志存藏现况研究

序号	书名	版本	收藏机构	备注
24	成化《处州府志》	18卷，郭忠修、刘宣纂，成化二十二年(1486)刻本	国立国会图书馆	天一阁博物馆存卷1、2、5、6，卷9至12，卷16至18；上海图书馆存卷3、4；国家图书馆存卷3、4，卷7至10，卷13至18
25	顺治《龙泉县志》	10卷，徐可先修，胡世定纂，顺治十二年(1655)刻本，有残缺	国立公文书馆	北京大学图书馆存残本
26	顺治《宣平县志》	10卷，侯杲修，胡世定纂，顺治十二年(1655)刻本	国立公文书馆、天理图书馆	孤本
27	《天台山记》	1卷，唐代徐灵府纂，钞本	国立国会图书馆	南京图书馆藏日本影刊旧卷子本

资料来源：《中国地方志流播日本研究》《方志学研究论丛》《朱士嘉方志文集》《陈学文集》

从以上表格中可以发现，日本藏稀见浙江旧志中除了有3种宋、元刻本外，还有孤本12种，另有3种中国大陆无藏，国内无全帙的善本8种，成化《湖州府志》则是被国内学者证实为弘治《湖州府志》。其中，要特别予以说明的是《天台山记》。洪焕椿《浙江方志考》载，唐代曾修过两部《天台山记》，一为道人徐灵府（钱塘天目山人，今临安）所纂，一为僧人释神邕所纂，后者久佚。现存日本国立国会图书馆的《天台山记》钞本出于日本钞胥之手，为徐灵府纂。该志在国内早已失传，目前所见为晚清著名散文家、外交家黎庶昌出使日本时访得京都帝国大学图书馆藏本（该本系京都大原三千院旧藏钞本），收入其所辑《古逸丛书》（影印本），后各本均从《古逸丛书》出，因此也为孤本。

第二个特点是对某种志书不同版本的全面蒐集。如雍正《浙江通志》，在1949年前曾刊行过乾隆元年刻本、嘉庆七年校补本、光绪五年墨润堂校刻巾箱本、光绪二十五年浙江书局刻本、民国二十五年上海商务印书馆影印本等5个版本，日本就藏有乾隆元年、嘉庆七年、光绪二十五年以及民国二十五年4个版本。再如著名的"临安三志""四明六志"等，莫不如此。

日本所藏多种版本浙江旧志一览表

书名	版本
乾道《临安志》	8种：明代钞本、清乾隆年间刻本、道光三十至光绪元年(1850—1875)《粤雅堂丛书》本、光绪四年(1878)《式训堂丛书》本、光绪九年(1883)《武林掌故丛编》本、光绪七年(1881)竹书堂重刻本、光绪二十年(1894)孙氏寿松堂刻本、民国二十六年(1937)《丛书集成初编》铅印本
咸淳《临安志》	5种：宋代咸淳刻本、旧钞本、清道光十年(1830)汪氏振绮堂刻本、同治六年(1867)补刻本、光绪十七年(1891)补刊本
嘉定《赤城志》	4种：明弘治十年(1497)刻本、天启六年(1626)补刻本、清嘉庆二十三年(1818)刻《台州丛书乙集》本、道光元年(1821)重刻本
嘉定《剡录》	4种：影写元刻本、清道光八年(1828)刻本、同治九年(1870)刻本、光绪间《邵武徐氏丛书》本
雍正《浙江通志》	4种：清乾隆元年(1736)刻本、嘉庆十七年(1812)刻本、光绪二十五年(1899)刻本、民国二十五年(1936)上海商务印书馆影印本
淳熙《严州图经》	3种：宋淳熙刻本、清光绪二十二年(1896)《渐西村舍汇刻》本、民国二十六年(1937)《丛书集成初编》铅印本
乾道《四明图经》	3种：钞本、清光绪五年(1879)《宋元四明六志》校刻本、民国二十五年(1936)浙江图书馆印本
延祐《四明志》	3种：旧钞本、清光绪五年(1879)《宋元四明六志》校刻本、民国二十五年(1936)浙江图书馆印本
至正《四明续志》	3种：旧钞本、清光绪五年(1879)《宋元四明六志》校刻本、民国二十五年(1936)浙江图书馆印本
雍正《宁波府志》	3种：清雍正八年(1730)刻本、乾隆六年(1741)补刻本、道光二十六年(1846)重刻本
大德《昌国州图志》	3种：钞本、清光绪五年(1879)《宋元四明六志》校刻本、民国二十五年(1936)浙江图书馆印本
宝庆《会稽续志》	3种：明正德五年(1510)刻本、清嘉庆十三年(1808)刻本、民国十五年(1926)影印嘉庆刻本

资料来源：《东传方志总目》

　　第三个特点是就日本各大图书机构的收藏质量而言，浙江旧志的孤本、善本主要集中在东京地区的静嘉堂文库、国立国会图书馆、国立公文书馆、宫内厅书陵部、东洋文库、尊经阁文库等机构，只有顺治《宣平县志》在天理图书馆有藏。

【韩　国】

虽然同属于"东亚文化圈"，但相较于日本的藏量，韩国各大图书机构收藏的中国方志相对少很多，据吴金成教授的《国内所藏中国地方志目录》统计，共有1064种。就刊本年代而言，元代1种，明代10种（钞本2种），清顺治年间3种，康熙年间27种，雍正年间12种（钞本2种）。[①]此外，2011年韩国国立中央图书馆金孝京博士统计该馆所藏中国方志的数量为51种，多出吴氏目录30种，因此，韩国庋藏总量应在1094种以上。

《内阁访书录》载，朝鲜自正祖时期从中国购买的图书中已有部分方志文献，其中嘉泰《会稽志》、宝庆《会稽志》、成化《杭州府志》3种属浙江，[②]惜该书并未言明上述方志版本，推算应属乾隆时期刻本。然查阅现行相关目录，仅嘉泰《会稽志》、宝庆《会稽志》在梨花女子大学、韩国精神文化研究院藏有四库本，未见成化《杭州府志》，不知何故。

《国内所藏中国地方志目录》收录浙江旧志共49种，包括四库、丛刊和影印本，吴金成误把吉林省的《西安县志略》归入浙江，因此实际应为48种，其中原本方志15种，最早为乾隆四十九年（1784）刊行的乾隆《杭州府志》。加之金孝京《韩国国立中央图书馆藏中国古籍概况及地方志资料介绍》一文中新增的《明州阿育王山志》、乾隆《温州府志》、《浙江全省舆图：水路道里记》3种，共计18种。乾隆二十七年（1762）刊行的乾隆《温州府志》为韩国现存最早的浙江旧志刊本。

---

① 党斌：《韩国现存中国地方志及其特征》，《中国地方志》，2017年第6期，第60页。
② 参见《内阁访书录》，《朝鲜时代书目丛刊本》第1册，北京：中华书局，2004年。

韩国主要图书馆藏浙江旧志一览表

序号	书名	编著者	版本	卷/册数	收藏机构
1	《西湖志》	李卫等	光绪四年（1878）刊本	48卷 20册	首尔大学奎章阁图书馆
2	雍正《敕修浙江通志》	李卫、嵇曾筠、傅王露等	乾隆年间四库全书本	280卷首3卷	梨花女子大学、韩国精神文化研究院
			光绪二十五年（1899）重刊本	120册	首尔大学图书馆
3	乾道《临安志》	周淙	光绪九年（1883）《武林掌故丛编》本	3卷 1册	首尔大学奎章阁图书馆
			乾隆年间四库全书本		梨花女子大学、韩国精神文化研究院
			光绪四年（1878）刊本		国立中央图书馆
4	淳祐《临安志》	赵与䔍、陈仁玉	光绪九年（1883）《武林掌故丛编》本	6卷	首尔大学图书馆
			光绪七年（1881）刊本	4册（缺本）	国立中央图书馆
5	咸淳《临安志》	潜说友	道光十年（1830）刊本	100卷	首尔大学奎章阁图书馆
			同治六年（1867）刊本	24册	国立中央图书馆
			乾隆年间四库全书本	100卷	梨花女子大学、韩国精神文化研究院
6	至元《嘉禾志》	单庆、徐硕	乾隆年间四库全书本	32卷	梨花女子大学、韩国精神文化研究院
7	嘉定《赤城志》	陈耆卿	乾隆年间四库全书本	40卷	梨花女子大学、韩国精神文化研究院
8	嘉泰《会稽志》	施宿	乾隆年间四库全书本	20卷	梨花女子大学、韩国精神文化研究院
9	宝庆《会稽续志》	张淏	乾隆年间四库全书本	8卷	梨花女子大学、韩国精神文化研究院
10	乾隆《杭州府志》	郑沄、邵晋涵等	乾隆四十九年（1784）刊本	110卷首6卷 48册	首尔大学图书馆

序号	书名	编著者	版本	卷/册数	收藏机构
11	光绪《杭州府志》	王棻、吴庆坻等	光绪二十四年(1898)原序本	178卷首8卷　80册	首尔大学图书馆
12	同治《湖州府志》	宗源瀚、陆心源等	同治十三年(1874)刊本	96卷首1卷　40册	首尔大学图书馆
13	《塘栖志》	王同	光绪十六年(1890)刊本	8册	国立中央图书馆
14	嘉泰《吴兴志》	谈钥	民国三年(1914)重印本	20卷　4册	首尔大学图书馆
15	《南浔志》	周庆云	民国十一年(1922)刊本	60卷首1卷　16册	国立中央图书馆
16	《明州阿育王山志》	郭子章撰，祁承爜校	未详	6册	国立中央图书馆
17	乾隆《温州府志》	李琬、齐召南	乾隆二十七年(1762)刊本	16册	国立中央图书馆
18	《浙江全省舆图：水路道里记》	宗源瀚	光绪二十年(1894)刊本	不分卷10册	国立中央图书馆

　　资料来源：《国内所藏中国地方志目录》《韩国国立图书馆馆藏中国古籍概况及地方志资料介绍》。

第二节
北美所藏浙江旧志

　　北美地区尚无涵盖全域的中国方志联合总目，只有9部美国图书馆收藏1949年前出版的中国方志目录在20世纪后半叶出版，包括美国国会图书馆（1942）、康奈尔大学（1964）、华盛顿大学（1979）、密歇根大学（1968）、匹兹堡大学（1969）、芝加哥大学（1969）、加州大学伯克利分校（1980）、爱荷华大学（1985）和犹他家谱学会（1987）。[①]哈佛燕京图书馆虽然在前期没有出版相关目录，但发表了三篇重要论文阐述其馆藏方志的数量和珍贵价值，并最终于2011、2015年先后出版了中国旧方志目录和善本方志书志，成为目前北美整理中国方志最全面和深入的图书收藏机构。此外，哥伦比亚大学[②]和耶鲁大学[③]均有专门的论文对其所藏做简要介绍；加拿大多伦多大学和英属哥伦比亚大学，有馆藏早期中文图书目录与古籍善本提要等涉及部分方志内容。

　　除上述所列纸质文本外，北美地区（主要是美国）的图书收藏机构在中国方志的数字化和信息共享方面也做出了诸多努力，现大部分图书馆都能通过网上搜索引擎检索到这些志书的存藏及版本信息。从2000年开始，北美各大图书馆都加入了"北美网上在线目录"工程，使用者可以随时随地在网上查阅自己需要的信息。

[①]李唐：《耶鲁大学东亚图书馆藏原版旧方志综述》，《首届中国地方志学术年会暨方志文献国际学术研讨会论文集》，北京：中华书局，2012年，第435页。

[②]Chu Shih-chia（朱士嘉）："Chinese Local Histories at Columbia University"，Harvard Journal of Asiatic Studies，vol. 8，No. 2，1944，pp.187-195.

[③]李唐：《耶鲁大学东亚图书馆藏原版旧方志综述》，《首届中国地方志学术年会暨方志文献国际学术研讨会论文集》，北京：中华书局，2012年。

基于上述，本节选取部分北美图书馆所藏浙江旧志做统计分析，并就其版本、特色等做进一步阐述。

【美国国会图书馆】

美国国会图书馆收藏中国方志的信息主要来源于朱士嘉编的《国会图书馆藏中国方志目录》。截至2019年，该目录共出版过3次，分别为1942年美国政府印刷局据编者手抄本付诸石印，1989年由中华书局再版，2014年广西师范大学出版社又再版。国内两次再版均按首版影印未做改动，笔者此次据学界研究最新成果，对浙江部分的错讹纠误后附录于书后。该目录由时任中国驻美大使胡适题书签，东方部主任恒慕义序和编者自序列于卷首。书末附有中文笔画索引和英语拼音索引，便于中外读者检索。

国会图书馆收藏有2939种，56989卷中国原本方志。这些方志始于北宋神宗熙宁九年至民国三十年（1076—1941），修于宋代的有23种，元代的有9种，明代的有68种，清代的有2376种，民国的有463种。从各省数量来说，河北282种，山东279种，江苏、四川均252种，山西234种，浙江230种。此外，陕西、江西、广东、湖北、安徽各省亦不在少数。台湾学者宋晞在总结该馆馆藏方志特色时，认为：一是乡镇志多为他馆所罕见，二是不少清代方志出自著名学者所纂修。[1]此言不虚。

国会图书馆所藏230种浙江原本方志中，有省志7种，府志44种，州志/厅志/县志153种，乡镇志27种；就刊刻时间来看，仅《海盐县图经》1种为明天启四年（1624）刻本，其余均为清代和民国的刻本。其中值得注意的孤本、善本不少：乾隆五十九年（1794）钞本《越中杂

---

[1]宋晞：《方志学研究论丛》（修订版），台北：台湾商务印书馆，1999年，第73页。

识》为海外孤本；康熙二十二年（1683）续修刊本《山阴县志》，国内仅上海图书馆有藏；雍正五年（1727）刊本《义乌县志》，国内上海图书馆藏有残本（缺卷一），日本东京大学东洋文化研究所有全帙。另如康熙《乌程县志》、康熙《西安县志》，国内收藏的为一般刊本，而美国国会图书馆则是抱经楼卢氏藏书本。

同时，还有部分稀见山水志、寺庙志、游览志等，为《美国国会图书馆藏中国方志目录》所未收。如：《雪庄西湖渔唱》七卷题词一卷，清乾隆刻本，国内仅复旦大学、辽宁图书馆、南京图书馆有藏；《问水漫录》四卷，清乾隆四十九年柚堂刻本，国内仅苏州图书馆、杭州图书馆、嘉兴市图书馆有藏；《兰亭志》十一卷，清乾隆凝秀堂刻本，国内仅上海图书馆有藏。[①]

【哈佛大学哈佛燕京图书馆】

哈佛燕京图书馆所藏中国方志数量虽然没有国会图书馆多，但就其浙江原本方志而言，并不逊色。同时，该馆历任馆长都非常重视中国方志的收藏和研究，因此，在整理、开发、利用方面在北美乃至全球都首屈一指。

截至2011年，哈佛燕京图书馆收藏有2922种，30230册原本方志（包括善本764种），441种缩微方志，4521种大型影印方志丛书。在2922种原本方志中，有明代刊本32种，清代刊本2305种（顺治至乾隆732种），民国585种。从各省数量来说，河北279种，山东275种，山西239种，河南224种，江苏210种，四川209种，浙江208种。[②]陕西、江西、湖北、广东各省也都在百种以上。

该馆收藏的浙江原本方志，有省志4种，府志/州志/厅志34种，县志151种，乡镇志16种；就版本类型而言，有刻本、铅印本、石印本、

①邱颀、沈津：《美国国会图书馆藏中国方志简述》，《走向世界的中国方志文化——国际学术研讨会论文集》，2017年，第12页。

②除去同一志书的不同版本，应为201种。

排印本、钞本等，其中明刻本2种，分别为明嘉靖三十九年（1560）刻本《宁波府志》、明万历三年（1575）刻本《会稽县志》；乾隆六十年（1795）以前善本46种。

上述数据，大部分基于李丹《美国哈佛大学燕京图书馆藏中国旧方志目录》的统计，但该目录未包括山、水志，寺庙、名胜等专志，稍显遗憾。2015年，李坚、刘波编的《美国哈佛大学哈佛燕京图书馆藏善本方志书志》出版，其中收录49种浙江善本方志，笔者从中遴选了7种或刊行年代较早，或国内收藏机构较少，或部分国内目录著录有误的，以示读者。

哈佛燕京图书馆藏部分浙江善本方志一览表

书名	纂修者	版本	卷数	备注
嘉靖《宁波府志》	周希哲等修，张时彻等纂	嘉靖三十九年（1560）刻本	42卷	明刊本
万历《会稽县志》	张元忭、徐渭纂	明万历三年（1575）刻本	16卷	明刊本
乾隆《杭州府志》	邵齐然、郑沄修，汪沆、邵晋涵纂	乾隆四十九年（1784）刻本	110卷首6卷	《中国地方志联合目录》著录"郑沄修，邵齐然等纂"，误，邵齐然系乾隆四十三年（1778）修志总裁，时任杭州知府。
康熙《萧山县志》	刘俨续修，张远继纂	康熙三十二年（1693）刻本	21卷	《中国地方志总目提要》云此康熙三十二年（1693）刊本与康熙十二年（1673）邹勤修二十一卷本为同一书，误。美国国会图书馆藏本选举纪事至康熙四十一年（1702），疑与此本同为康熙四十一、四十二年（1702、1703）增补本。
康熙《石门县志》	邝世培续修，徐原等增修	康熙刻雍正增补刊本	12卷	《中国地方志联合目录》《中国地方志总目提要》均未著录此雍正年间增刊本。
康熙《山阴县志》	高登先修，沈麟趾等纂，丁弘补修	康熙刻雍正增补刊本	38卷	国内仅上海图书馆、天一阁博物馆、中山大学图书馆藏此雍正二年（1724）增刻本。
康熙《上虞县志》	郑侨修，唐徽麟等纂	康熙十年（1671）刻，康熙四十一年（1702）补刊本	20卷首1卷	《中国地方志联合目录》《中国地方志总目提要》均未著录此康熙四十一年（1702）补刊本。

资料来源：《美国哈佛大学哈佛燕京图书馆藏善本方志书志》。

【斯坦福大学东亚图书馆】

该馆前身为胡佛研究所，至今未有所藏中国方志目录出版。但在1979年曾出版过由著名人类学教授威廉·施坚雅（G.William Skinner, 1925—2008）编著的《浙江宁绍地区地方志目录》。该目录还引发了一段中美学者国际交流的佳话，即施坚雅教授将目录寄于陈桥驿教授后，陈先生见其中有《越中杂识》（复印本），于是又请施坚雅教授帮忙复印引回此海外孤本，并欣然点校出版。

《浙江宁绍地区地方志目录》著录了胡佛研究所收藏的浙江全省通志、旧宁波、绍兴二府（包括部分台州府）府志和所属各县县志的原本及复制本共230种。[①]据笔者统计，原本方志在100种以上，其中省志5种，府志22种，州志/厅志/县志69种，乡镇志4种，其他志书30种左右。

该目录虽然呈现的仅是浙江部分地区方志的情况，却仍不乏孤本、善本。如：万历三年（1575）刊本《两浙海防类考》为海外孤本；康熙三十三年（1694）刊本《嵊县志》，国内仅有康熙十年刊本；崇祯六年（1633）刊本《天童寺志》，国内仅上海图书馆有藏；康熙二十一年（1682）刊本《象山县志》，国内仅南京图书馆和北京师范大学图书馆有藏；另有黄宗羲辑《四明山志》亦为善本。

【耶鲁大学东亚图书馆】

该馆未出版有关中国方志收藏的相关目录，笔者仅据该馆学者李唐于2011年撰写的《耶鲁大学东亚图书馆藏原版旧方志综述》一文，对其所藏浙江旧志情况做一梳理。耶鲁大学东亚图书馆共藏有浙江原本方志23种，其中通志2种，府志3种，州志/厅志1种，县志7种，卫所志、

---

① 陈桥驿：《从〈越中杂识〉谈浙江的方志》，《越中杂识》，杭州：浙江人民出版社，1983年，第9页。

山水志、寺庙志、书院志等13种；就编修时间来看，明代1种，清代17种，民国8种。由于作者未列详目，所以具体志书及版本详情不得而知。

【哥伦比亚大学斯塔尔东亚图书馆】

该馆所据主要以朱士嘉先生1944年发表在《哈佛亚洲研究杂志》上的文章"Chinese Local Histories at Columbia University"为准。此文是朱先生在哥伦比亚大学读博期间对东亚图书馆所藏中国方志的调查。哥伦比亚大学东亚图书馆共收藏原本中国方志1386种，其中山东最多，计208种。所藏最早的方志为乾道《四明图经》，有《齐乘》《齐河乡土志》《桐溪记略》3种稀见版本。在其庋藏的107种浙江原本方志中，有4种为美国国会图书馆所未藏，分别为《湖墅小志》（高鹏年纂）、《南浔志》（周庆云纂）、《桐溪记略》（程鹏程纂）、光绪《遂昌县志》（胡寿海修，褚成允等纂）。朱先生还指出，嘉庆二年（1797）由程鹏程纂的《桐溪记略》六卷本，系孤本。笔者在查阅国内相关资料后，发现只有同治七年（1868）戴槃纂的《桐溪纪略》，因而该志确为孤本。

【多伦多大学郑裕彤东亚图书馆】

该馆拥有近50万册藏书，收藏中文古籍4000余种，善本主要源于慕氏藏书。据中国社科院文学所吴晓铃先生于20世纪80年代在多伦多大学讲学期间对东亚图书馆慕氏藏书的"几乎全部经眼"，"慕氏书仅记册数，不标种数。例如：宋版五册，元版九十册，明版三千四百十四册；撰者手稿本九册，明稿本和钞本七册，清稿本和钞本三百二十九册。根据我逐橱检查目验，种类约为三百七十八种（与该图书馆统计数字三百七十一种多出七种。然而我的统计也并不够精确，因为有几部清代铜版巾箱本没有计入）"。[1]因此，实际数量可能近400种。同时，据

---

①吴晓铃：《加拿大多伦多大学东亚图书馆所藏蓬莱慕氏书库述概》，《文献》，1990年第3期，第219页。

笔者对《蓬莱慕氏藏书目》的统计，慕学勋收藏的地方志事实上并不多，有浙江方志8种，均为清代及民国刊本（详见下表）。多伦多大学东亚图书馆所藏旧志以怀履光收购的山东、河南方志为主，又多乾隆间刊本，善本方志约200种，5种为稀见版本。

2009年，由余梁戴光、乔晓勤主编的《加拿大多伦多大学东亚图书馆藏中文古籍善本提要》收录了79种该馆所藏善本方志，其中属于浙江的仅有乾隆《海塘新志》、雍正《西湖志》两种，前者在《蓬莱慕氏藏书目》中未见，应为怀履光所收方志中的一种。

加拿大多伦多大学慕氏藏书藏浙江旧志一览表

序号	书名	著注者	版本	卷册	函数	备考
1	光绪《台州府志》	清王舟瑶辑	台州旅杭同乡会印刷，铅印	100卷 60册	六	毛边纸
2	《温州经籍志》	浙江公立图书馆纂	浙江公立图书馆校刊	36卷 16册	一	民国十年刊，毛边纸
3	《西湖志》	清傅王露等奉敕撰	官版初印两浙盐驿道库藏版	48卷 20册	四	雍正九年新纂，毛边纸
			浙江书局重刊		二	光绪四年刻，连史纸，二夹板
4	咸淳《临安志》	宋潜说友撰	清钱塘振绮堂汪氏仿宋本，重雕精刻本	100卷 24册	四	道光庚寅年刊，毛边纸
5	《龙游县志》	余绍宋撰	京城印书局铅印	42卷 16册	二	龙门纸
6	《台州金石录》	清黄瑞编辑	吴兴嘉业堂刊	13卷，台甄5卷，阙访4卷 8册	/	竹纸
7	《浙西水利备考》	清王凤生等	帆影阁刊	1册	一	道光四年刻，绵连纸
8	《永嘉郡记》	宋郑缉之撰，清孙诒让校集	石印本	1册	/	绵连纸

资料来源：《蓬莱慕氏藏书目》

【英属哥伦比亚大学亚洲图书馆】

该馆蒲坂藏书计有线装古籍3200种，45000余册，14万余卷，内有宋元明善本及钞本万册，[1]多半为广东徐信符南州书楼旧藏。蒲坂当中超过1000种书为如今少见存世，其中100多种为孤本，还有为数不少的手批校本以及一些和刻真善本和高丽本。所藏中国方志包括56个地区，245册，以广东为多，同时又有中国境内约50个著名山脉的志书，共计约89种。庞塘镜藏书共有64种，796册，其中多明代善本，多集部（37种）、史部（12种）书籍，多山东学者编著或抄写作品，部分收藏来源于著名藏书楼海源阁。任教于英属哥伦比亚大学的王伊同教授曾编过一份《加拿大英属哥伦比亚大学宋元明及旧钞善本书目》，其中著录了明万历四十七年（1619）刻本的《阿育王山志》，并注明版本情况："十六卷六本，黑口，半页九行十九字，有南州书楼印。"又有清翟均廉撰《海塘录》（朱校钞本）："二十六卷十本，半叶八行二十六字，有南州书楼印。"[2]可见二书均属蒲坂藏书。上述仅为善本，由于尚无全馆性的中文古籍目录公开出版，因而其他浙江原本方志及具体版本、数量仍不明晰。

近年来，随着我国《海外中文古籍总目》项目的推进和国际方志文化交流的深入，北美中小型图书馆所藏的浙江原本方志数量也日渐明晰，如：匹兹堡大学藏有清高鹏年纂的《湖墅小志》四卷，光绪二十二年（1896）石印本和清释显承纂的《参学知津》二卷首一卷，光绪二年（1876）杭州真寂寺源洪刻本；美国圣路易斯华盛顿大学藏有明代释无尽纂的《天台山方外志》，为光绪壬戌（1886）上海集云轩刻本，共八

---

[1]其中约115册为宋、元刊本，3326册明代刊本（1991年，亚洲图书馆又邀请钱存训、潘铭燊两位专家对蒲坂藏书进行再次评估，又辨认出130多册明代刊本图书），9865册清初刊本。
[2]王伊同《加拿大英属哥伦比亚大学宋元明及旧钞善本书目》，《王伊同学术论文集》，北京：中华书局，2006年，第365—366页。

册一函。[1]克莱蒙特学院联盟图书馆藏有乾隆元年（1736）刻本的雍正《浙江通志》和光绪四年（1878）刻本的《西湖志》[2]等等。

从上述北美各图书收藏机构所列可知，美国浙江旧志的存藏分布广泛，数量可观，有孤本3种以上，且数字化程度高，开发利用好；加拿大的收藏机构则相对集中，浙江原本方志的数量相对较少。

---

①李国庆：《北美中小图书馆藏中国方志初探》，《走向世界的中国方志文化——国际学术研讨会论文集》，2017年，第18页。
②邹秀英：《克莱蒙特学院联盟图书馆藏原版旧方志简介》，《走向世界的中国方志文化——国际学术研讨会论文集》，2017年，第58页。

第三节
欧洲所藏浙江旧志

第一章已述及欧洲所藏浙江旧志的流播途径、空间分布与存藏数量，本节将对欧洲各国收藏志书的版本、特点及现有两份目录所收不同旧志予以校核、比对，重点以英、法两国为例，列其详目。

由于《欧洲各国图书馆所藏中国地方志目录》《英国各图书馆所藏中国地方志总目录》均由国外学者所撰，一部为法文，一部为英文，至今尚未翻译成中文出版，且所列志书的收藏及版本情况多用缩写方式记录，给国内读者阅读造成一定的困难。因此，笔者对两份目录的浙江部分进行了翻译整理。同时，就其所列进行核对，其中《欧洲各国图书馆所藏中国地方志目录》收录的91种浙江原本方志，有1种为《英国各图书馆所藏中国地方志总目录》所未收，而《英国各图书馆所藏中国地方志总目录》收录的72种浙江原本方志，有24种为《欧洲各国图书馆所藏中国地方志目录》所未收，另有10种为《欧洲各国图书馆所藏中国地方志目录》未收版本。①

【英　国】

英国是欧洲庋藏中国方志最丰的国家之一，所藏浙江旧志数量亦可观，据笔者统计，综合两大目录英国各图书馆共藏有浙江原本方志73

---

①《欧洲各国图书馆所藏中国地方志目录》所未收的方志或版本多为民国时期刊行的丛书本。

种，均为明清至民国的刻本或铅印本，最早为万历七年（1579）刻本的万历《杭州府志》，其中道光《乐清县志》的刊本著录时间可能有误。需要说明的是，1973年，大英博物馆图书馆与国立中央图书馆、国立外借科技图书馆以及英国全国书目出版社等合并成立英国国家图书馆，即大英图书馆，故而《欧洲各国图书馆所藏中国地方志目录》所列大英博物馆实为当前大英图书馆的收藏。

英国主要图书馆藏浙江旧志一览表

序号	书名	刊行时间	卷数	收藏机构	备注
1	康熙《浙江通志》	康熙二十三年（1684）刊本	50卷首1卷	大英图书馆	/
2	雍正《敕修浙江通志》	乾隆元年（1736）刊本	280卷	大英图书馆	不全
		嘉庆十七年（1812）修补重刊本		爱丁堡大学图书馆	
				大英图书馆	不全
		清光绪二十五年（1899）刻本		利兹大学图书馆、英国戴维德中国艺术基金会	/
		民国二十三（1934）刊本		剑桥大学图书馆、伦敦大学东方与非洲研究院、牛津大学图书馆、利兹大学图书馆	/
		未注		英国皇家亚洲文会图书馆	
3	乾隆《浙江通志考异残稿》	《海宁王静安先生遗书》本	4卷	剑桥大学图书馆、伦敦大学东方与非洲研究院	欧未收
		《海宁王忠悫公遗书》（三集）本		大英图书馆、剑桥大学图书馆	
4	《浙江全省舆图并水陆道里记》	民国四年（1915）杭州武林印书馆石印本（徐则恂修订本）	不分卷	伦敦大学东方与非洲研究院	欧未收
5	《浙江便览》	光绪二十二年（1896）刊本	10卷	剑桥大学图书馆	/
6	《浙江》	民国二十八年（1939）刊本	不分卷	伦敦大学东方与非洲研究院	欧未收

序号	书名	刊行时间	卷数	收藏机构	备注
7	乾道《临安志》	《丛书集成》本	3卷	大英图书馆、剑桥大学图书馆、牛津大学图书馆、伦敦大学东方与非洲研究院	欧未收
		《式训堂丛书》本		剑桥大学图书馆、杜伦大学图书馆、伦敦大学东方与非洲研究院	
		《武林掌故丛编》本		大英图书馆、剑桥大学图书馆、爱丁堡大学图书馆、伦敦大学东方与非洲研究院	
		《粤雅堂丛书》本		剑桥大学图书馆、杜伦大学图书馆、爱丁堡大学图书馆、牛津大学图书馆	
8	淳祐《临安志》	《武林掌故丛编》本	10卷	大英图书馆、剑桥大学图书馆、伦敦大学东方与非洲研究院	欧未收,不全
9	淳祐《临安志辑逸》	《武林掌故丛编》本	8卷	大英图书馆、剑桥大学图书馆、爱丁堡大学图书馆、伦敦大学东方与非洲研究院	欧未收
10	咸淳《临安志》	道光十年(1830)重刊本	100卷	剑桥大学图书馆、大英图书馆、伦敦大学东方与非洲研究院、英国戴维德中国艺术基金会	大英图书馆、伦敦大学东方与非洲研究院藏本不全
11	万历《杭州府志》	万历七年(1579)刊本	100卷	大英图书馆、伦敦大学东方与非洲研究院	/
		《中国史学丛书》本		大英图书馆、剑桥大学图书馆、爱丁堡大学图书馆、利兹大学图书馆、牛津大学图书馆	欧未收该版本
12	乾隆《杭州府志》	乾隆四十九年（1784）刊本	110卷首6卷	大英图书馆	/
13	《杭志三诘三误辨》	《武林掌故丛编》本	1卷	大英图书馆、剑桥大学图书馆、伦敦大学东方与非洲研究院	欧未收
		《西河合集文集》		剑桥大学图书馆、伦敦大学东方与非洲研究院	

序号	书名	刊行时间	卷数	收藏机构	备注
14	光绪《杭州府志》	民国十一年(1922)刊本	178卷首10卷	英国戴维德中国艺术基金会	英目录为《中国方志丛书》本
15	万历《钱塘县志》	《武林掌故丛编》本	10卷	大英图书馆、剑桥大学图书馆、爱丁堡大学图书馆、伦敦大学东方与非洲研究院	欧未收该版本
16	康熙《钱塘县志》	康熙五十七年(1718)刊本	36卷首1卷	剑桥大学图书馆	/
17	嘉靖《仁和县志》	光绪十九年(1893)校刊本	14卷	大英图书馆	/
		《武林掌故丛编》本		大英图书馆、剑桥大学图书馆、爱丁堡大学图书馆、伦敦大学东方与非洲研究院	欧未收该版本
18	康熙《仁和县志》	康熙二十七年(1688)刊本	28卷	剑桥大学图书馆	/
19	嘉庆《余杭县志》	民国八年(1919)铅印本	40卷	英国戴维德中国艺术基金会	英目录为《中国方志丛书》本
20	嘉庆《於潜县志》	嘉庆十七年(1812)刊本	16卷首1卷末1卷	伦敦大学东方与非洲研究院	/
21	至元《嘉禾志》	道光十九年(1839)重刊本	32卷	剑桥大学图书馆	欧未收该版本
22	光绪《嘉兴府志》	光绪四年(1879)刊本	88卷首2卷	英国戴维德中国艺术基金会	英目录为《中国方志丛书》本
23	康熙《嘉善县志》	康熙十六年(1677)刊本	12卷	大英图书馆	/
24	绍定《澉水志》	《四库全书珍本》(五集)本	8卷	大英图书馆、剑桥大学图书馆、牛津大学图书馆	欧未收
		《盐邑志林》本	2卷	剑桥大学图书馆、杜伦大学图书馆、牛津大学图书馆	
25	道光《乍浦备志》	道光八年(1828)刊本	36卷首1卷	大英图书馆	/

序号	书名	刊行时间	卷数	收藏机构	备注
26	嘉泰《吴兴志》	民国三年(1914)重刊本	20卷	剑桥大学图书馆	/
27	淳熙《吴兴志续编》	《范声山杂著》本	不分卷	剑桥大学图书馆	欧未收
28	乾隆《湖州府志》	《中国民俗志》(第一辑浙江省)本	50卷	大英图书馆	欧未收该版本,不全,英目录误记为1785年刻本,应为1758年
29	道光《南浔镇志》	《南林丛刊》本	10卷	伦敦大学东方与非洲研究院	欧未收
30	宝庆《四明志》	咸丰四年(1854)重刊本	21卷	剑桥大学图书馆	/
31	开庆《四明续志》	咸丰四年(1854)重刊本	12卷	剑桥大学图书馆	/
32	延祐《四明志》	《四库全书珍本》(六集)本	20卷	大英图书馆、剑桥大学图书馆、牛津大学图书馆	欧未收该版本
33	成化《宁波府简要志》	《四明丛书》(第三集)本	5卷	剑桥大学图书馆	欧未收
34	嘉靖《宁波府志》	《中国民俗志》(第一辑浙江省)本	42卷	大英图书馆	欧未收,不全
35	雍正《宁波府志》	乾隆六年(1741)补刊本	36卷	大英图书馆、剑桥大学图书馆	/
36	乾隆《鄞县志》	乾隆五十三年(1788)刊本 / 道光二十六年(1846)重刊本	30卷	大英图书馆	/
37	乾隆《鄞志稿》	《四明丛书》(第三集)本	20卷	剑桥大学图书馆	欧未收
38	雍正《慈溪县志》	雍正九年(1730)刊本	16卷	利兹大学图书馆	不全
		乾隆三年(1738)补刊本		大英图书馆	/
39	乾隆《镇海县志》	乾隆十七年(1752)刊本	8卷	大英图书馆	/

序号	书名	刊行时间	卷数	收藏机构	备注
40	乾隆《象山县志》	乾隆二十三年（1758）刊本	12卷	大英图书馆	/
41	道光《象山县志》	道光十四年（1834）刊本	22卷首1卷	大英图书馆	/
42	大德《昌国州图志》	咸丰四年（1854）重刊本	7卷首1卷末1卷	剑桥大学图书馆	/
		《四库全书珍本》（五集）本		大英图书馆、剑桥大学图书馆、牛津大学图书馆	欧未收该版本
43	康熙《定海县志》	康熙五十四年（1715）刊本	8卷	大英图书馆	/
44	乾隆《绍兴府志》	乾隆五十七年（1792）刊本	80卷首1卷	英国戴维德中国艺术基金会	英目录为《中国方志丛书》本
45	《绍兴府》	未注明刊印时间	1卷	伦敦大学东方与非洲研究院	欧未收，无任何其他目录可考
46	嘉庆《山阴县志》	嘉庆八年（1803）刊本	30卷首1卷	剑桥大学图书馆	/
47	嘉泰《会稽志》	《四库全书珍本》（七集）本	20卷	大英图书馆、剑桥大学图书馆、牛津大学图书馆	欧未收该版本
48	康熙《会稽县志》	康熙二十二年（1683）刊本	28卷首1卷	剑桥大学图书馆	欧未收，不全
49	《萧山县志刊误》	《西河合集文集》本	3卷	剑桥大学图书馆、伦敦大学东方与非洲研究院	欧未收，英目录误作《萧山县刊误》
50	乾隆《诸暨县志》	乾隆三十八年（1773）刊本	44卷首1卷末1卷	剑桥大学图书馆	/
51	光绪《余姚县志》	光绪二十五年（1899）刊本	27卷首1卷末1卷	英国戴维德中国艺术基金会	英未收
52	嘉定《剡录》	道光八年（1828）重刊本	10卷	伦敦大学东方与非洲研究院	欧未收
53	道光《嵊县志》	道光八年（1828）刊本	14卷首1卷末1卷	大英图书馆	/
54	康熙《新昌县志》	康熙十年（1671）刊本	18卷	大英图书馆	不全

序号	书名	刊行时间	卷数	收藏机构	备注
55	嘉定《赤城志》	《台州丛书》(乙集)本	40卷	剑桥大学图书馆	欧未收，不全
56	康熙《台州府志》	康熙六十一年（1722）刊本	18卷首1卷	大英图书馆	不全
57	康熙《临海县志》	康熙二十二年（1683）刊本	15卷首1卷	剑桥大学图书馆	/
58	万历《仙居县志》	《仙居丛书》本	12卷	伦敦大学东方与非洲研究院	欧未收
59	万历《金华府志》	《中国史学丛书》本	30卷	大英图书馆、剑桥大学图书馆、爱丁堡大学图书馆、牛津大学图书馆、伦敦大学东方与非洲研究院	欧未收，英目录误作1480年刊本，应为1578年刊本
60	康熙《金华府志》	《中国民俗志》(第一辑浙江省)本	30卷	大英图书馆	欧未收，不全
61	嘉庆《武义县志》	道光九年（1829）刊本	12卷首1卷	大英图书馆	/
62	康熙《龙游县志》	康熙十九年（1680）刊本	12卷首1卷	大英图书馆	/
63	嘉庆《常山县志》	嘉庆十八年（1813）刊本	12卷首1卷	大英图书馆	/
64	淳熙《严州图经》	《丛书集成》本	8卷	大英图书馆、剑桥大学图书馆、牛津大学图书馆、伦敦大学东方与非洲研究院	欧未收，不全
		《渐西村舍丛刊》本		杜伦大学图书馆	
65	景定《严州续志》	《丛书集成》本	10卷	大英图书馆、剑桥大学图书馆、牛津大学图书馆、伦敦大学东方与非洲研究院	欧未收该版本
		《渐西村舍丛刊》本		杜伦大学图书馆	
66	乾隆《严州府志》	《中国民俗志》(第一辑浙江省)本	35卷	大英图书馆	欧未收，不全
67	乾隆《遂安县志》	乾隆三十二年（1767）刊本	10卷首1卷	大英图书馆	不全
68	万历《温州府志》	《中国民俗志》(第一辑浙江省)本		大英图书馆	欧未收，不全

序号	书名	刊行时间	卷数	收藏机构	备注
69	雍正《玉环志》	雍正十年(1732)刊本	4卷	大英图书馆	/
70	嘉庆《瑞安县志》	嘉庆十三年(1808)刊本	10卷首1卷	大英图书馆	不全
71	道光《乐清县志》	道光十四年(1834)刊本	16卷首1卷	大英图书馆	国内未见此刊本,有道光六年(1826)刊本,存疑
72	雍正《处州府志》	雍正十一年(1733)刊本	20卷	大英图书馆	不全
72	雍正《处州府志》	《中国民俗志》(第一辑浙江省)本	20卷	大英图书馆	欧未收该版本,不全
73	光绪《龙泉县志》	光绪四年(1878)刊本	12卷首1卷	英国戴维德中国艺术基金会	英目录为《中国方志丛书》本

资料来源：*Catalogue des monographies locales chinoises dans les bibliothèques d'Europe*；*Chinese local histories in British libraries*.

说明：1. 所收资料部分明显错讹已改，存疑处在备注里说明；

2. 备注里"英未收"即为 *Chinese local histories in British libraries* 未收录该志；"英目录为《中国方志丛书》本"即为 *Chinese local histories in British libraries* 所收该志为《中国方志丛书》本，该版本为1966年台湾出版，因此不属于本书所述"旧志"范围；"欧未收"即为 *Catalogue des monographies locales chinoises dans les bibliothèques d'Europe* 未收录该志；"欧未收该版本"即为 *Catalogue des monographies locales chinoises dans les bibliothèques d'Europe* 收录该志，但未收该版本。

【法 国】

法国是欧洲收藏中国方志的大户，宋晞先生曾在《论流传于欧洲的中国地方志》一文中介绍，欧洲地区除法国国家图书馆、大英图书馆和伦敦大学东方与非洲研究院藏有明刊本（共7种）外，[①]其他各图书馆所藏多为清代和民国的版本。[②]因此，无论从数量还是质量来看，欧洲收藏的中国方志都难以与日、美两国相比。但较之1942年的《美国国会图

---

①共7种，其中法国国家图书馆4种，大英图书馆2种，伦敦大学东方与非洲研究院1种。
②宋晞：《方志学研究论丛》(修订版)，台北：台湾商务印书馆，1999年，第164页。

书馆藏中国方志目录》，欧洲所藏方志中有207种是美国国会图书馆未收的，其中70种为法国国家图书馆收藏，33种在法兰西学院汉学研究所，31种在大英图书馆，29种在法国东方语言学院。可见，就总体藏量和版本而言，法国都是当之无愧的欧洲中国方志收藏中心。

据《欧洲各国图书馆所藏中国地方志目录》统计，法国各大收藏机构藏量最富的是法国国家图书馆，计625部，法兰西学院汉学研究所次之，有500部，罗都先生（M.R. des Rotours）图书馆有279部，亚洲学会236部。[1]其中，浙江原本方志64种，[2]均为清至民国时期的版本，以法国国家图书馆和法兰西学院汉学研究所藏为多，乾隆《湖州府志》《遂安县志》的刊本著录时间可能有误。

法国主要图书馆藏浙江旧志一览表

序号	书名	刊行时间	卷数	收藏机构	备注
1	康熙《浙江通志》	康熙二十三年（1684）刊本	50卷首1卷	法国国家图书馆	/
2	雍正《浙江通志》	光绪二十五年（1899）复刻本	280卷首3卷	法兰西学院汉学研究所	/
3	《浙江便览》	光绪二十二年（1896）刊本	10卷	法兰西学院汉学研究所	/
4	咸淳《临安志》	道光十年（1830）重刊本	100卷	法兰西学院汉学研究所 法国国家图书馆 罗都先生图书馆 亚洲学会	/
5	光绪《杭州府志》	民国十一年（1922）刊本	178卷首10卷	法兰西学院汉学研究所 罗都先生图书馆	/
6	光绪《嘉兴府志》	光绪四年（1878）刊本	88卷首2卷	法兰西学院汉学研究所	/
7	嘉庆《嘉兴县志》	嘉庆十七年（1812）刊本	36卷	罗都先生图书馆	/

---

[1]宋晞：《方志学研究论丛》（修订版），台北：台湾商务印书馆，1999年，第75页。

[2]加之吴德明目录所未收的4种，浙江应为68种，因而法国国家图书馆的中国方志总量应是629种。

序号	书名	刊行时间	卷数	收藏机构	备注
8	《梅里志》	光绪三年(1877)刊本	18卷	法兰西学院汉学研究所	/
9	光绪《嘉善县志》	光绪二十年(1894)刊本	36卷首1卷	法兰西学院汉学研究所	/
10	光绪《石门县志》	光绪五年(1879)刊本	11卷首1卷	法兰西学院汉学研究所	/
11	光绪《平湖县志》	光绪十二年(1886)刊本	25卷首1卷末1卷	法国国家图书馆	/
12	光绪《桐乡县志》	光绪十三年(1887)刊本	24卷首4卷	法国国家图书馆法兰西学院汉学研究所	/
13	嘉泰《吴兴志》	民国三年(1914)重刊本 吴兴先哲遗书本	20卷	法兰西学院汉学研究所	/
14	乾隆《湖州府志》	乾隆二十三年(1758)刊本	48卷首1卷	法国国家图书馆	/
		乾隆二十八年(1763)刊本	42卷首1卷	法兰西学院汉学研究所	国内未见此刊本,存疑
15	同治《湖州府志》	同治十三年(1874)刊本	96卷首1卷	罗都先生图书馆	/
16	光绪《归安县志》	光绪八年(1882)刊本	52卷首1卷	法国国家图书馆	/
17	乾隆《乌青镇志》	民国七年(1918)铅印本	12卷	法兰西学院汉学研究所 罗都先生图书馆	/
18	同治《长兴县志》	光绪元年(1875)刊本	32卷	法兰西学院汉学研究所	/
19	同治《安吉县志》	同治十二年(1873)刊本	18卷首1卷	法兰西学院汉学研究所	/
20	光绪《孝丰县志》	光绪五年(1879)刊本	10卷首1卷	法国国家图书馆	/
21	《宋元四明六志》	咸丰四年(1854)年刊本	/	法兰西学院汉学研究所 亚洲学会	/
22	乾隆《鄞县志》	道光二十六年(1864)重刊本	30卷首1卷	法国国家图书馆	/

序号	书名	刊行时间	卷数	收藏机构	备注
23	光绪《镇海县志》	光绪五年（1879）刊本	40卷	法国国家图书馆	/
24	道光《象山县志》	道光十四年（1834）刊本	22卷首1卷	法兰西学院汉学研究所	/
25	康熙《定海县志》	康熙五十四年（1715）刊本	8卷	法国国家图书馆	/
26	民国《定海县志》	民国十三年（1924）刊本	16卷首1卷	法兰西学院汉学研究所	/
27	嘉泰《会稽志》	民国十五年（1926）影印嘉庆重印本	20卷	法兰西学院汉学研究所	/
28	宝庆《会稽志》	民国十五年（1926）影印嘉庆重印本	8卷	法兰西学院汉学研究所	/
29	乾隆《诸暨县志》	乾隆三十八年（1773）刊本	40卷首1卷	法国国家图书馆	完帙为44卷首1卷末1卷
30	乾隆《余姚志》	乾隆四十六年（1781）刊本	40卷	法国国家图书馆	/
31	光绪《上虞县志》	光绪十七年（1891）刊本	48卷首1卷末1卷	法兰西学院汉学研究所	/
32	同治《嵊县志》	同治十年（1871）刊本	26卷首1卷末1卷	法国国家图书馆	/
33	民国《新昌县志》	民国八年（1919）刊本	20卷	法国罗都先生图书馆	/
34	光绪《台州府志》	民国十四年（1925）年重订本	100卷	法兰西学院汉学研究所	/
35	康熙《临海县志》	重刊本（未注明时间）	15卷首1卷	法国国家图书馆	/
36	光绪《黄岩县志》	光绪五年（1879）刊本	40卷首1卷	东方语言学院图书馆 法国国家图书馆	/
37	道光《永康县志》	道光十七年（1837）刊本	12卷首1卷	法国国家图书馆	/
38	康熙《衢州府志》	光绪八年（1882）刊本	40卷首1卷	法国国家图书馆	/

序号	书名	刊行时间	卷数	收藏机构	备注
39	嘉庆《西安县志》	嘉庆十六年（1811）刊本	48卷首1卷	法兰西学院汉学研究所	/
40	康熙《龙游县志》	光绪八年（1882）重刊本	12卷首1卷	法兰西学院汉学研究所	/
41	同治《江山县志》	同治十二年（1873）刊本	12卷首1卷末1卷	法国国家图书馆	/
42	光绪《常山县志》	光绪十二年（1886）刊本	68卷首1卷末1卷	法兰西学院汉学研究所	/
43	景定《严州续志》	四库全书本	10卷	法兰西学院汉学研究所	/
44	光绪《严州府志》	光绪九年（1883）增补本	38卷首1卷	法国国家图书馆	/
45	光绪《淳安县志》	光绪十年（1884）刊本	16卷首1卷	法国国家图书馆法兰西学院汉学研究所	/
46	乾隆《遂安县志》	乾隆四十三年（1778）刊本	10卷首1卷	法国国家图书馆	国内未见此刊本，有乾隆三十二年（1767）刊本，又有光绪十六年及民国十七年重刊本，存疑
47	乾隆《温州府志》	同治五年（1866）补版增刊本	30卷首1卷	法兰西学院汉学研究所	/
48	光绪《玉环厅志》	光绪六年（1880）刊本	16卷首1卷	罗都先生图书馆	/
49	光绪《永嘉县志》	光绪十四年（1888）增刻本		法兰西学院汉学研究所	/
		光绪八年（1882）刊本	38卷首1卷	法国国家图书馆	/
50	嘉庆《瑞安县志》	嘉庆十三年（1808）刊本	10卷首1卷	法兰西学院汉学研究所	/
51	光绪《处州府志》	光绪三年（1877）刊本	30卷首1卷末1卷	法国国家图书馆	/

序号	书名	刊行时间	卷数	收藏机构	备注
52	同治《丽水县志》	同治十三年（1874）刊本	15卷	罗都先生图书馆	/
53	光绪《青田县志》	光绪二年（1876）刊本	18卷首1卷	法国国家图书馆	/
54	道光《缙云县志》	道光二十九年（1849）刊本	18卷首1卷	法国国家图书馆	/
55	道光《遂昌县志》	道光十五年（1835）刊本	12卷首1卷	法国国家图书馆	/
56	光绪《庆元县志》	光绪三年（1877）刊本	12卷首1卷	法国国家图书馆	/
57	康熙《云和县志》	康熙三十一年（1692）刊本	5卷	法国国家图书馆	/
58	光绪《宣平县志》	光绪四年（1878）刊本	20卷首1卷	法兰西学院汉学研究所	/
59	同治《景宁县志》	同治十二年（1873）刊本	14卷首1卷末1卷	罗都先生图书馆	/

资料来源：*Catalogue des monographies locales chinoises dans les bibliothèques d'Europe.*

说明：1. 所收资料部分明显错讹已改，存疑处在备注里说明；

2. 法国国家图书馆王重民目录所记4种吴德明目录未收的旧志，因没有具体详目，此表未列；

3. 本目录《宋元四明六志》以咸丰重刊本计为1种，若分计，则总数实为64种。

【其他欧洲国家】

除去英、法两国，德国、荷兰、丹麦等欧洲国家亦藏有一定量的浙江原本方志，据《欧洲各国图书馆所藏中国地方志目录》统计，荷兰8种，德国7种，丹麦4种，均为清代至民国时刊行的版本。其中，德国国家图书馆藏光绪《上虞县志校续》和荷兰莱顿大学藏光绪《严州府志》，为欧洲其他图书馆未收之版本。

荷兰、德国、丹麦主要图书馆藏浙江旧志一览表

序号	书名	刊行时间	卷数	收藏机构	备注
1	雍正《浙江通志》	民国二十三(1934)刊本	280卷首3卷	德国国家图书馆	/
		光绪二十五年(1899)复刻本		德国中国语言文化研究会	/
				德国巴伐利亚州立图书馆	/
		嘉庆十七年(1812)修补重刊本		丹麦皇家图书馆	残本
		乾隆元年(1736)刊本		荷兰莱顿大学	/
2	《浙江便览》	光绪二十二年(1896)刊本	10卷	德国巴伐利亚州立图书馆	残本
3	咸淳《临安志》	道光十年(1830)重刊本	100卷	丹麦皇家图书馆	残本
4	乾隆《杭州府志》	乾隆四十九年(1784)刊本	110卷首6卷	荷兰莱顿大学	/
5	光绪《杭州府志》	民国十一年(1922)刊本	178卷首10卷	德国国家图书馆 德国巴伐利亚州立图书馆	/
6	万历《钱塘县志》	光绪十九年(1893)校刊本	10卷	丹麦皇家图书馆	/
7	嘉靖《仁和县志》	光绪十九年(1893)校刊本	14卷	丹麦皇家图书馆	/
8	乾隆《乌青镇志》	民国七年(1918)铅印本	12卷	德国巴伐利亚州立图书馆	/
9	雍正《宁波府志》	乾隆六年(1741)补刊本	36卷首1卷	荷兰莱顿大学	/
10	乾隆《鄞县志》	乾隆五十三年(1788)刊本	30卷首1卷	荷兰莱顿大学	/
11	光绪《上虞县志校续》	光绪二十五年(1899)刊本	50卷首1卷末1卷	德国国家图书馆	欧洲独有版本
12	康熙《衢州府志》	光绪八年(1882)刊本	40卷首1卷	荷兰莱顿大学	/

序号	书名	刊行时间	卷数	收藏机构	备注
13	嘉庆《西安县志》	嘉庆十六年（1811）刊本	48卷首1卷	德国国家图书馆	/
14	光绪《严州府志》	光绪二十三年（1897）刊本	38卷	荷兰莱顿大学	欧洲独有版本
15	乾隆《温州府志》	同治五年（1866）补版增刊本	30卷首1卷	荷兰莱顿大学	/
16	光绪《玉环厅志》	光绪六年（1880）刊本	16卷首1卷	德国巴伐利亚州立图书馆	/
17	光绪《处州府志》	光绪三年（1877）刊本	30卷首1卷末1卷	荷兰莱顿大学	/
18	道光《缙云县志》	道光二十九年（1849）刊本	18卷首1卷	德国巴伐利亚州立图书馆	/

资料来源：*Catalogue des monographies locales chinoises dans les bibliothèques d'Europe.*

最后还需指出的是，欧洲虽为收藏浙江原本方志的要地，但较之日本和美国，其所藏稀见版本较少，且在数字化共享平台建设方面相对滞后。①

———————

① 据美国威斯康星大学历史系戴思哲于2017年9月在北京举行的"走向世界的中国方志文化——国际学术研讨会"上报告文章所示，目前他正在和德国马克思·普朗克科学史研究所（MPIWG）合作一个研究项目，即可以搜索明清与民国时期图书馆藏书的数据库。

第三章

傲世独立，境外孤本方志的文献考述

　　从前两章的论述中不难发现，流失境外的浙江旧志有近400种（不包括港澳台地区），且散落于世界各地，其中既有版本众多的名志佳乘，也有不少国内所不见的珍稀孤本。对这部分孤本方志进行研究，不仅能进一步厘清境外浙江旧志的存世形态，还能揭示其学术价值，提供可资查询、利用的线索。本章主要着眼于个案研究，以15种境外孤本方志中的日本尊经阁文库藏嘉靖《永嘉县志》，日本内阁文库藏顺治《龙泉县志》《宣平县志》，美国国会图书馆藏乾隆《越中杂识》以及日本东京大学东洋文化研究所藏光绪《新市镇再续志》为例，重点考释上述孤本的作者史迹、版本源流、体例内容及其在文献学、史料学上的价值与意义。

第一节
嘉靖《永嘉县志》

　　嘉靖《永嘉县志》，程文箸修，王叔果、王应辰纂。嘉靖四十二年（1563）修。现藏于日本尊经阁文库，为增修本，有补刻，如卷五《秩官志》知县列名已至万历十年（1582）。全志共四册，九卷，《千顷堂书目》误作十卷。国内仅部分图书馆藏有缩微胶卷，1999年中国书店将之列入《稀见中国地方志汇刊》（第18册）予以影印出版。2010年，又被收入《龙湾文献丛书》（第一辑），由潘猛补点校，中国文史出版社出版。

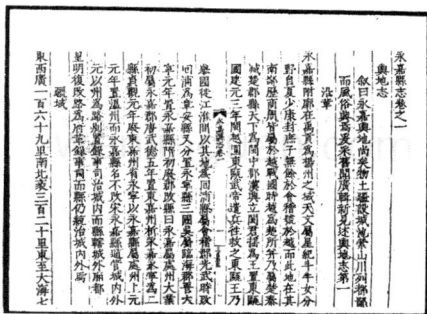

　　《中国地方志总目提要》载："由于永嘉为'附郭邑'，宋元以来都统于府志之中，未有修纂县志之举。明弘治十一年（1498）知县汪循修的《永嘉县志》十六卷到嘉靖时已佚，是志可谓现存最早一部永嘉方志。"事实上，永嘉县有志，最早著录于《文渊阁书目》卷二十新志类，修于正统以前，久佚。后为汪循《永嘉县志》，亦无传本，仅谢铎《桃溪净稿》中录有《永嘉县志序》，得以窥见一斑。因此，嘉靖志确是现存最早的一部永嘉县志。

　　全志共分舆地、建置、食货、秩官、选举、祠祀、人物、外志、杂志9门。框高15.4厘米，宽20.3厘米；每半页10行，每行11字；白口，四周单边，单鱼尾。前有程文箸、王叔果二序，后有王应辰《跋永嘉县志后》，卷首置永嘉县境之图、县治之图。知县程文箸序文载，是志经

"三阅岁，始得受而卒业"，于嘉靖四十五（1566）年刊行。

一、作者考述

程文箸，字景山，又字美中，新安人。民国《重修婺源县志》载其"登进士，除永嘉令……擢陕西苑马寺卿，以疾乞归，结社赋诗，造就后学。著有文集诗集存笥"。①

王叔果（1516—1588），字育德，号西华，永嘉英桥里（今龙湾区永昌镇）人。嘉靖二十九年（1550）进士。雍正《浙江通志》载其"授兵部职方主事，累迁湖广右参议，擢广东按察司副使。归里，遂杜门不复出。既感脾疾，就枕若寐熟者，撼之逝矣，年七十三。著有《永嘉志》《半山藏稿》"。②其弟王叔杲（1517—1600），字阳德，嘉靖四十一年（1562）进士，官至参政，治兵苏、松、常、镇四郡。兄弟二人名字，字形相似，字音相近，后人多有将《永嘉县志》纂者误著为王叔杲者，如《中国地方志联合目录》《稀见中国地方志汇刊》《中国地方志总目提要》《东传方志总目》《方志学研究论丛》等。而洪焕椿先生早在《浙江方志考》中就已纠其讹误，并指出："一九六九年出版《日本方志目录》页五十五著录本志，纂者误王叔果为王叔杲。一九七一年出版《日本现存明代地方志目录》（增补）仍沿其误。"③后陈学文先生亦著文对此有严密的考证。④

王应辰（1505—1566），字拱甫，号吉水山人，别号海坛，永嘉（今鹿城区）人。"少慧负奇气，父翰为纪事序班，好积书，辰取诸书日诵之，潜心师古，不问家人生业，其学靡所不窥，诗文卓然名家，恬养好修，志行超迈，为士林所器重，顾屡试不第，以贡授上海县校官，未

①民国《重修婺源县志》：卷24《人物五·宦绩》，民国十四年（1925）刻本。
②雍正《浙江通志》：卷177《人物五》，中华书局，2001年，第9册，第5023页。
③洪焕春：《浙江方志考》，杭州：浙江人民出版社，1984年，第414页。
④陈学文：《日本所藏稀见的浙江方志》，《陈学文集》，合肥：黄山书社，2011年，第663页。

仕而卒。"①从其生年可知，王氏年长于王叔果，虽仕途受阻，但文名显于世，因而"尝受郡公之命，从事于兹而未就绪，爰相与缱订，别为例，作九志"。②遗憾的是，志稿付梓在即，王应辰却不幸病逝。王叔果有感于"予与王子拱甫同纂邑志，甫脱稿而拱甫下世，伤哉！乃追为之传"，③将王应辰补入县志《人物传》中，并特撰《故上海训导海坛王公墓志铭》记其行状："公讳应辰，字拱甫，别号海坛，世家郡城五马坊，徙居城南之蟾湖，则自公始。以弘治乙丑六月二十九日生公于京邸。屡试顾不举，嘉靖辛酉，乃应贡上春官，廷试，擢上第。乃授上海县儒学训导。间同余纂辑邑志，屏迹山居。时嘉靖丙寅春二月二十五日，得寿六十二。所著语录有《省言》，诗文有《正情集》《简淡集》《旨苕斋诗话》。"④

二、编纂特色

作为现存最早的一部永嘉县志，嘉靖志虽有徇情溢美之弊，却仍不失为一部值得后世取法的志书，尤其在体例、资料及修志模式方面，至今仍有其可资借鉴之处。

1. 体例编排。

嘉靖《永嘉县志》的编排体例，知县程文箸在志序中所言甚明：

夫志以地肇，故首舆地；地有沿革，故次建置；治以生民，故次食货；民非神莫主、非官不治也，故次祠祀、次秩官；于是乎制科立，而贤俊兴焉，故次选举、次人物；即复有当志而非其正者，则以外志、杂志终焉。

夫序者，申厥绪者也，非叙则端弗明；论者，阐厥义者也，非论则

---

①嘉靖《永嘉县志》(点校本)：卷之七《人物》，北京：中国文史出版社，2010年，第142页。
②〔明〕王叔果：《永嘉县志序》，嘉靖《永嘉县志》(点校本)，北京：中国文史出版社，2010年，第3页。
③嘉靖《永嘉县志》(点校本)：卷之七《人物》，北京：中国文史出版社，2010年。
④〔明〕王叔果撰，〔明〕梅鼎祚校：《半山藏稿》卷十六，明万历间刻本，第143页。

微弗显；赞者，敷厥善者也，非赞则美弗彰。九志而三制备，夫然后故实明而鉴省昭矣。①

即为了达到"秩然有序，粲然有文。若斯志也，可以语不朽也"的目的，志书纂修者确立了"九志三制"的体例。"九志"包括舆地、建置、食货、祠祀、秩官、选举、人物、外志、杂志9门；"三制"则指置于志中的叙、论、赞。综观其体例，具有显著的明代方志编修特点。

从门类设置来看，较之前志，虽然弘治志久佚，今人已无法知其详目，但从存留的志序中仍可缕析出该志共设8门（见下表），嘉靖志在其基础上有所参酌、增损，门类更为齐全。同时，嘉靖《永嘉县志》未设艺文志，而是将一地诗文17篇散附于各类目之后，对内容起到了良好的补充作用，其中不乏文天祥、叶适、宋濂、罗洪先等人的名篇佳作。

弘治《永嘉县志》、嘉靖《永嘉县志》篇目对照表

志名	卷数	刊行时间	篇目
弘治《永嘉县志》	16卷	弘治十一年（1498）	建置、沿革、田赋、物产、人才、风俗、诗文、政绩
嘉靖《永嘉县志》	9卷	嘉靖四十五（1566）	舆地志：沿革、疆域、城池、山川、塘埭陡门、津渡桥梁、隅厢乡都、风俗 建置志：公署、恤政、学校、牌坊、坊市 食货志：户口田、贡赋役、盐课 祠祀志：坛、庙、祠 秩官志：官制、宦迹、兵卫 选举志：科第、岁贡、诸科 人物志：附孝友、附翰艺、附耆士、列女 外志：古迹、书目、宅、墓、寺观、仙释 杂志：灾异、遗事

至于体裁方面，"三制"中的"论""赞"，因受到当时学术风气的影响，明代志书多有此例，虽常为后世诟病，然从"为从政者鉴"的角度出发，亦有其价值所在。

嘉靖《永嘉县志》各门以"叙"开头，以"赞"结尾，各目中视内容置"论"。"叙"类似于现代志书的篇下概述，起到"明端"的作用，

---

① 〔明〕程文著：《永嘉县志叙》，嘉靖《永嘉县志》（点校本），北京：中国文史出版社，2010年，第1页。

如《舆地志》下"叙"曰:"永嘉舆地尚矣。物疆土,设城池,萦山川,列都鄙,而风俗兴焉。爰采旧闻,广辑新见。述《舆地志》第一。"①读其可知舆地一门所记内容及采录标准。

志中"论"多系民生,又是"阐义显微"的点睛之笔,集中体现了纂者"是编固政之纪也,岂惟文献攸征哉"②的修志主旨。如在记完塘、埭、陡门等水利设施后,论曰:"永嘉之水唯海最大,其次江,又次则诸溪港焉。地势西高东下,故诸水多自西而东,经络乎原野之间,潴而为潭,流而为渠,汇而为湖,支分派合,虽大小深浅不同,其所以沃土壤,饶百谷,便舟楫,济不通,其利一也。若夫塘埭以捍其羡溢,陡门以时其钟泄,则有成规而存废不一,忧民瘼者尚留心焉。"③短短一百余字,把永嘉全邑的水系特点,水利设施的作用、存废一一点明,供为政者参阅、留意。再如《贡赋役》后论曰:"均徭有银差、有力差。议者无论银、力,酌量役次轻重实计银数,均以定粮派之,不必注定差目,概征其银,官为雇役,使无从私得倍征之利,诚为画一良法。"④贡、赋、役是衡量每一位地方官员政绩的重要指标,如何均衡各方,便于使役,纂者显然给出了积极建议。

"赞"主要用于"扬善彰美",志中"赞"全由骈文写成,如《人物》一门,赞曰"人物肇生,爰子山川。字昔永嘉,儒学之渊。用世修身,代不乏贤。吾从先进,高山仰焉"⑤,全段读来"文采炳焕可诵",表现出明代志书注重文辞修饰的显著特征。

揆度以上记述,全志的体例编排,实不负主纂王叔果"志与史,体殊而用一。是故其事贵核,其辞贵雅,其义贵正而严。匪是则眩众斁观

---

①嘉靖《永嘉县志》(点校本):卷之一《舆地》,北京:中国文史出版社,2010年,第3页。
②〔明〕王叔果:《永嘉县志序》,嘉靖《永嘉县志》(点校本),北京:中国文史出版社,2010年,第3页。
③嘉靖《永嘉县志》(点校本):卷之一《舆地》,北京:中国文史出版社,2010年,第20页。
④嘉靖《永嘉县志》(点校本):卷之三《食货》,北京:中国文史出版社,2010年,第58页。
⑤嘉靖《永嘉县志》(点校本):卷之七《人物》,北京:中国文史出版社,2010年,第146页。

而不足以鉴省，奚取于志哉"①的初衷，重点强调志书应当像史书那样真实可信，有益于政事。当然，后人所指明代方志好"空发议论""言之无物"之弊，亦主要体现在"论""赞"之中。

　　2. **修志模式。**

　　自古以来，官修志书多开馆启局，众手成志，不仅花费巨资，且易受干扰而耗时久远。于此，王叔果在写给程文箸的信中提出了自己的看法："修志情弊不佞颇悉其一，群诸生开馆浪费供馈，耽延时日，而鲜实功，其诸大家各以己私干请而难于拒却。不佞在郢中修《承天府志》，私属之敝同年高鹿坡，不使众知，鹿坡但用一二子侄抄誊，草创供费甚约。且免干聒，不逾时而稿遂具，通计纸扎誊刻诸费一百五十余金，分毫出自敝道，处给不扰有司。若今县志视承天不啻减半。不佞当约拱甫勉卒前业，具稿就正。"②王叔果在任湖广右参议时，曾有过编修《承天府志》的经历，按其信中提议之法行事甚为顺遂，因而欲将之同样付诸县志的缵修。而程文箸确命二王"不启局烦馈，不使众闻知，假馆于白塔僧舍，属儿辈编辑"，③三年始成。

　　嘉靖四十三年（1564），王叔果因风疾辞官回里，有感于"吾乡王文定公，弘治间作郡志，迄今踰六十载，其间人事世变伙矣。虽嗣有纂辑，亦多废而不传。予家食顷暇，惧文献无征，欲有效于乡邦。而友人王拱甫氏则尝受郡公之命，从事于兹而未就绪，爰相与缵订，别为例，作九志"。④在编修过程，王叔果的长子王光蕴作为"儿辈"参与了县志的编辑、誊抄等工作，并因此积累了相当的经验，为其后纂万历《温州府志》《永嘉县志》奠定了基础。可以说，王叔果这种颇具先见之明的修志模式，不仅节约高效，而且贮备了修志人才，堪为一绝。

　　另外，明清时期，载入县志对地方官绅有着不可抗拒的吸引力，而

①〔明〕王叔果:《永嘉县志序》，嘉靖《永嘉县志》(点校本)，北京:中国文史出版社，2010年，第3页。
②〔明〕王叔果撰，〔明〕梅鼎祚校:《半山藏稿》卷十四《与程景山邑侯》，明万历间刻本。
③〔明〕王叔果:《永嘉县志自叙》，明嘉靖四十五年增修本。
④〔明〕王叔果:《永嘉县志自叙》，明嘉靖四十五年增修本。

纂修者利用职务之便"矜其乡贤，美其邦族"已成惯例。值得一提的是，王叔果一族于当地乃是世家巨室，却以"诸人物传予以家世引嫌"为由"属拱甫载笔"，即王叔果为了避嫌，将最易饰美相矜的人物传交由王应辰执笔，以求其志"虽不能成一家言，或亦可免前弊而称实录也"，[1] 此又一后世志者可鉴之处。

三、史料价值

尽管嘉靖《永嘉县志》较之后世志书，在篇幅体例上并不占优势，但作为最早的一部县志，其中所记内容的史料价值弥足珍贵。

1. 盐场资料。

永嘉盐场[2] 是温州最早的盐场，早在唐代即被列为全国重要的盐产区，宋时成为温州四大盐场。延至明代，永嘉场年产食盐定额近二万七千石。同时，作为家乡，永嘉场于主纂王叔果无论是主观的情感所系，还是客观上盐课为地方赋税之重，于情于理，盐场的记述都是嘉靖《永嘉县志》的重要内容。卷三"食货志"，升格设"盐课"一目，详记永嘉场的地理位置、人口盐赋、海盐买卖等，尤其是自成化年间开始的明代盐赋的征收沿革，可给予盐业史研究许多珍贵的数据资料。"盐课"后又附录罗洪先《敕建永场沙城碑记》一文。该文撰于嘉靖十二年（1533）十二月，罗氏《念庵文集》未收。文中对沙城筑堤的规模、造价及资金筹措、修筑过程等均作了详细记载。从碑文内容可见，当时地方士绅在筑堤过程中发挥的重要作用，是社会史、地方史研究难得的资料。

2. 风俗资料。

志中卷一"舆地志"的"风俗"一目完整展现了有明一代永嘉地区的风俗流变："宣德以前弗论，成化、弘治间，役轻费省，生理滋殖，

---

① 〔明〕王叔果撰，〔明〕梅鼎祚校：《半山藏稿》卷十四《与程景山邑侯》，明万历间刻本。
② 简称永嘉场，现称永强，今属温州市龙湾区。

田或亩十金，屋有厅，事高广，间营亭榭花石，以资游观。富室子弟或畜骏马、育珍禽，斗蟋蟀，不事生产作业。正德、嘉靖以来，遂寝贫耗，无高资富人。比年漳贼倭寇猖獗，自坊廓乡村悉被烧劫，重以赋额日增，供亿无算，民不堪命，土田视旧直半减无与售者。闾里困瘁，虽日挞地求其奢靡佚游不可得已然。……顾内鲜积聚而务外饰，宴会丰腆，岁时剧戏，虽中产之家，亦勉强徇俗。嫁娶盛装奁，女生多不收，无嗣者私抱育异姓，卒贻祸衅。婚姻不谛审，轻诺以致讼。"可见，永嘉一地的社会风气已由新朝初定时贵贱有等、淳厚俭朴，士、农、工、商各习其业，官民臣子恪守礼法转而正德、嘉靖后的法网渐疏、民风渐变，其礼法秩序走向衰微。同时，王叔果也直指富室子弟的奢侈无度、不事生产和漳贼倭寇的烧杀劫掠导致田赋日增、田价日减，进而闾里困瘁、民不堪命，然而即便如此，地方上"鲜积聚而务外饰""嫁娶盛装奁"等"华侈相高"的奢靡之风仍甚嚣尘上，因此感叹"此皆俗之流失所当革易者"，并认为"士人辈当分任其责矣"。①

3. 抗倭资料。

嘉靖中叶以来，倭寇常犯两浙，沿海郡县深受其害，尤其是温州，经常成为海盗的袭击目标。据统计，仅嘉靖三十二年（1553）年至四十二年（1563）间，温州遭倭患就有28次之多。而王叔果的家乡永嘉场正是温州的抗倭前沿，其所在的王氏一族，是当地抗倭的主要力量，而组织乡兵的核心人物便是王叔果的季叔王沛及族人王德。嘉靖三十七年（1558），叔侄二人率乡兵迎战倭寇，不幸身亡。嘉靖志《人物传》记录了这两位英雄的生平与抗倭事迹，较之其他史料更为详细。如王沛"嘉靖壬子（1522），倭寇肇乱，慨然谋诸乡族，集兵为守御计。寇尝被创而遁，数年间赖保无虞。戊午（1558），寇势甚炽，率众御于梅头，竟遇害"；王德"嘉靖丙辰（1556），倭扰海乡，主族议集兵待之。戊午夏，贼围郡城，率众往援，行至金岙，贼伏起遇害，时年四十二"。②由

---

① 嘉靖《永嘉县志》(点校本)：卷之一《舆地》，北京：中国文史出版社，2010年，第28页。
② 嘉靖《永嘉县志》(点校本)：卷之七《人物》，北京：中国文史出版社，2010年，第142页。

此可知，在嘉靖初年的抗倭过程中，地方士绅组织乡兵防御取得了一定效果，但在三十余年后，虽王氏家族代有人出，然倭寇势力日炽，甚而官方与民间力量联合都伤亡惨重。也因此，在王沛、王德牺牲的当年，王叔果上疏请筑永昌堡，由其弟王叔杲筹集资金，负责监造，次年落成，成为东南沿海抗倭的重要堡垒。

除此之外，志中《遗事》收录的《倭寇纪略》，不仅分析了从明初起至嘉靖晚期，温州沿海受倭寇侵扰日渐严重的原因，而且详记数次倭患的时间、地点、人数、倭船及抗倭经过与伤亡情况。同时，"秩官"一门中专设"兵卫"，记录了温州卫的沿革、兵制等内容，并对卫所内战船维护、水兵招募等不合理机制导致的"寇弗靖""民役苦"问题提出了质疑。上述内容都是了解与研究明代海防及卫所制的重要资料。

当然，也有学者指出嘉靖志的抗倭史料实为王氏家族史料，是"王叔果对家族的荣誉感的刻意营造。而家族的荣誉主要来自抗倭斗争"，"由于嘉靖以来王氏家族经历了倭患，对于维系家族的凝聚力来说显得尤为必要。就需要县志发挥其溯往示来的作用，即通过对家族世系及先祖事迹的追溯，建立家族的历史传统"，①笔者深以为然。也正是这种基于地方与个人记忆的书写，明代永嘉一域的历史才得以传承，而其亦是地方志的价值所在。

---

① 潘猛补：嘉靖《永嘉县志》点校本《前言》，北京：中国文史出版社，2010年。

第二节
顺治《龙泉县志》、顺治《宣平县志》

明清两代是浙江旧志编纂最为鼎盛的时期，各级各类志书不可计数，其间亦有因战乱、灾疫或者国家政令的实施，而呈现一定的阶段性，如鼎革之际，兵燹频仍、社会动荡，浙江一域付梓的县志就寥寥可数。然而有意思的是，顺治十一至十二年（1654—1655）两年间，地处内陆的处州府却有松阳、遂昌、龙泉、宣平四邑县志共付剞劂，殊为难得。

顺治十年（1653），"莅栝三载"的知府王崇铭命十邑诸令开修县志，松阳知县佟庆年"首慨然倡行之，礼贤选能，鸠工庀材"，[1]延请胡世定主纂其事。其后，遂昌、龙泉、宣平志局继启，全由胡氏一力承当。四部县志除遂昌志已佚外，其余三部均被较好地保存了下来，分藏于国内外各大图书馆或文库。宣平、龙泉二志，因版本稀见，历来被学界视为仅有日本内阁文库藏有孤本，因此并为一处论而述之。

---

①民国《松阳县志》卷首《旧序》，《中国地方志集成》（浙江府县志辑67），上海：上海书店出版社，2011年，第165页。

一、版本及流失日本源流

顺治《龙泉县志》，徐可先修，胡世定纂。《浙江方志考》误记为胡世定、傅梦吁纂，后诸家方志目录多因沿袭用之，然傅梦吁乃浙江按察使司副使，兼布政使司参议分守温处道，实不可能任主纂一职。

《中国地方志联合目录》《浙江方志考》《东传方志总目》等均著录其仅藏于日本内阁文库。如《浙江方志考》载"顺治《龙泉县志》，顺治十二年修，刊本，四册，日本国会图书馆支部内阁文库收藏。上图有胶卷复制顺治十二年刻本"，即该志国内已佚，只有海外孤本。然笔者在爬梳资料时发现，2013年出版的《北京大学图书馆藏稀见方志丛刊》中亦见顺治十二年刊本，将之与内阁文库本比对后，发现北大本残缺较严重，少部分可与内阁文库本互补。因此，藏于内阁文库的顺治《龙泉县志》为域外珍本。

内阁藏本内文有缺页，志前仅存知府王崇铭序及凡例、目录、修志姓氏（部分），分舆地、建置、官师、食货、选举、人物、艺文、壝祀、兵戎、杂志10纲，下设91目。龙泉县志最早见于南宋，明代凡三修，俱佚，顺治志是龙泉现存最早县志。光绪《龙泉县志·例言》云："徐志成于顺治初年，多仍明制之旧""夏志分类简繁无节，前后失宜；徐志稍为订正，亦未详当。"[1]《稀见中国地方志汇刊》收录该志，记"此志多仍万历志而有所订正。今仅见藏日本内阁文库"，[2]并注明缺卷一第二十三页、卷五第十九页、卷六第六十三页、卷七第五十六页、卷八第十三页、卷十第二十页。

2015年，龙泉市图书馆据上海图书馆缩微胶卷，以原书板框和开本尺寸影印，并在文前说明"经查日本原书，版框正文首卷卷端宽13.1厘米，高17.9厘米，卷一页二十三、卷八页十三付之阙如，卷六页六十

[1]〔清〕顾国诏修，张世堉纂：光绪《龙泉县志》，《中国地方志集成》（浙江府县志辑67），上海：上海书店出版社，第665页。夏志指万历《龙泉县志》。
[2]中国科学院图书馆选编：《稀见中国地方志汇刊》（第十九册），北京：中国书店出版社，1992年。

三、卷七页五十六为空白页；且全书改装为一函四册"。① 两个影印本内文缺损页有部分出入，笔者据后者述其版本：白口，四周单边，单鱼尾，每半页9行，每行19个字。

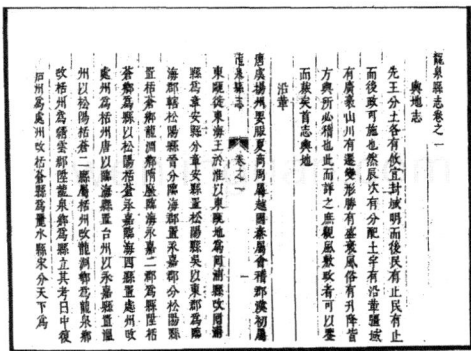

顺治《宣平县志》，侯杲修，胡世定纂。现藏于日本内阁文库。顺治十二年修（1655），《中国地方志联合目录》误记为顺治十三年。国内无藏本，有缩微胶卷和"中国数字方志库"可查阅，《稀见中国地方志汇刊》收录该志。

志前有序、目录、修志姓氏，缺凡例，部分文字漫漶难辨，分舆地、建置、官师、食货、选举、人物、艺文、壇祀、兵戎、杂事志10纲，下设68目。宣平县志最早见于明代，凡三修，存嘉靖志。康熙《宣平县志》章绖跋云："顺治乙未，锡山侯公仙蓓，延荆溪胡世定秉笔，锓板毁于兵燹，通邑迄无藏本。幸前令香山杨公道经吴阊，于残肆售得一册，仅二百余纸。墨涴楮零，且多失简。其间谬戾舛杂，复赘漏遗，讹疑衍冗，皆涉历不久，见闻不真故耳。"② 《稀见中国地方志汇刊》记："清顺治十一（1654）、十二年（1655）年间处州府各县多修志，顺治十二年（1655）宣平知县侯杲于松阳、遂昌、龙泉后亦延请荆溪胡世定主纂。是志以崇祯志为底本而重加编辑，讥前志曰'当日之秉笔，王令君也。王君以历下人，颇具笔藻，遂狎视邑乘，不上宗于诸史之体与从来郡邑志之格，以己臆击断诸口条缪，前后纷错，本门不志而互现于他篇，或记传不存而叠累以歌咏'。"③

_____

① 〔清〕徐可先修，胡世定纂：顺治《龙泉县志》（卷1），日本内阁文库影印本，龙泉市图书馆，2015年。

② 〔清〕章绖：《原跋》，道光《宣平县志》，道光二十年刻本。

③ 中国科学院图书馆选编：《稀见中国地方志汇刊》（第十九册），北京：中国书店出版社，1992年。

因未见日本藏原本，顺治《宣平县志》的版本情况仅据《稀见中国地方志汇刊》影印本略述：框宽18.3厘米，高13.9厘米；每半页9行，每行20个字；白口，四周单边，单鱼尾。缺卷四第一、二、十三、十四页，卷七第三十七、三十八页，卷八第十三、十四页，第九卷第二页。

顺治《龙泉县志》与《宣平县志》是两部在特殊时期纂修的志书，质量平平刊行数又少，因此后世流传并不广泛，且不为藏书家所重，然在清光绪年间仍可见书。具体流失时间不可考，巴兆祥教授《中国地方志流播日本研究》一书及皕宋楼、东海楼等浙江藏书楼相关书目中均未查到二志，推测在清末至民国时期流入日本的可能性最大。

二、作者考述

明清时期县志的主修一般由知县担任，他们负责整个志局的运转，包括经费的募集与筹措，人员的选拔与配备以及志稿的监控与把关，等等。

龙泉县令徐可先，字声服，号梅坡，武进人。丁亥（顺治四年，1647年）进士，授直隶束鹿知县，平定盗匪有功，次年"夏四月奉调任剑川"，①"下车设义勇，膳防兵，严保甲，民始复业。尤加意拊循，革宿弊，戢嚣卒，与之休息"，②"烽鼓稍宁即横经讲解"。③另据徐乾学撰墓志铭，其刚到任时"龙泉盗尤剧，前令不能制。……乃阴以兵法部勒乡勇，摑甲持弓矢，出不意直捣贼巢。贼骇相顾腭眙，叩首愿输王税，不复反君"。④经由七年的平盗安民，龙泉一地不仅"民俗丕变"，而且

---

①剑川即龙泉旧称。
②〔清〕徐可先修，胡世定纂：顺治《龙泉县志》（卷3），日本内阁文库影印本，龙泉市图书馆，2015年。
③〔清〕顾国诏修，张世埆纂：光绪《龙泉县志》，《中国地方志集成》（浙江府县志辑67），上海：上海书店出版社，2011年，第760页。
④〔清〕徐乾学：《诰授中宪大夫直隶河间府知府陞山东提，督学政按察使司副使加七级梅溪徐府君墓志铭》，《憺园文集》，《续修四库全书》（集部，别集类），上海：上海古籍出版社，1995年，第658页。

社会治安"渐次底定，虽深山巨薮，弄兵狐啸者，固所时有，亦迄不能为大患"。[①]知府王崇铭感佩有其守土："我栝东南保障虽与闽之丛菁邻又何虞？"[②]可见，徐可先有着不容置喙的个人能力，因有感于鼎革后的物是人非，希望通过新志的编修，使世人"俯仰曩今，低徊兴废，固知古之剑川已今非昔比，今之剑川亦非昔可比今也"。[③]也正因此，《龙泉县志》成为四志中唯一一部由知县亲裁《凡例》的志书。

宣平县令侯杲，字仙蓓，号霓峰，无锡人。己丑（顺治六年，1649年）进士，"令宣，律己以清，御下以严，捐赎银，除火耗，清山寇，戢强民""栝习停丧、溺女、锢婢三大弊，宣尤甚，侯严申上台，定律禁止"，且由于其请撤防兵，"故独宣无兵扰之苦"。[④]侯杲与徐可先的经历极为相似，两人同出于常州望族，[⑤]同为新朝进士，又同赴处州任职，在宣理政六年，施政方略亦颇相近。所不同的是，宣平乃处州十邑中"弹丸蕞尔地"，却因"居万山中，翼松毗遂倚婺接衢"的地理位置以及"山水明洁，回环颇安""村落鸡犬平旷衍夷，童叟牧樵古朴敦质"的自然风光和淳朴民风，偏安一隅。知县侯杲通过县志的编修，不仅凸显其抚绥整顿的成效，且竭力将宣平营造成一处秩序井然、风俗淳良的"桃源胜境"。无怪乎，傅梦吁（分守温处道副使兼右参议）、赵霖吉（处州府推官）独为《宣平县志》撰序，大赞"宣虽割丽水之一隅哉，大有桃源风味""宣可仙可佛可高士可文雄"。[⑥]

顺治时期处州府的四部县志，均由胡世定主纂。胡世定，江苏荆溪（今宜兴）人，号荆溪，又号秋水伊人、荆溪伊人。爬梳两地史料，仅

---

① 〔清〕徐可先：《原序》，光绪《龙泉县志》，《中国地方志集成》（浙江府县志辑67），上海：上海书店出版社，2011年，第663页。

② 〔清〕王崇铭：《序》，顺治《龙泉县志》（卷3），日本内阁文库影印本，龙泉市图书馆，2015年。

③ 〔清〕徐可先：《原序》，光绪《龙泉县志》，《中国地方志集成》（浙江府县志辑67），上海：上海书店出版社，2011年，第663页。

④ 〔清〕侯杲修，胡世定纂：顺治《宣平县志》（卷3），日本内阁文库本，中国数字方志库。

⑤ 徐可先是徐乾学的宗兄，而侯杲则出于无锡侯氏，是著名园林"亦园"的主人，二人后分别官至河间府知府与礼部郎中。

⑥ 〔清〕傅梦吁：《叙》，顺治《宣平县志》，日本内阁文库本，清顺治十二年刊本。

有其主纂的四部县志序言及散落志中的几首诗词，透出少许信息。据此推测，胡氏在功名上可能并无多获，为生计奔波于江浙，以修志为业。幸运的是，龙泉、宣平二邑令在修志一事上，不仅顾及同僚，且念及同乡之谊，一并将县志交于胡世定。

顺治时期处州府四志纂修人员关系图

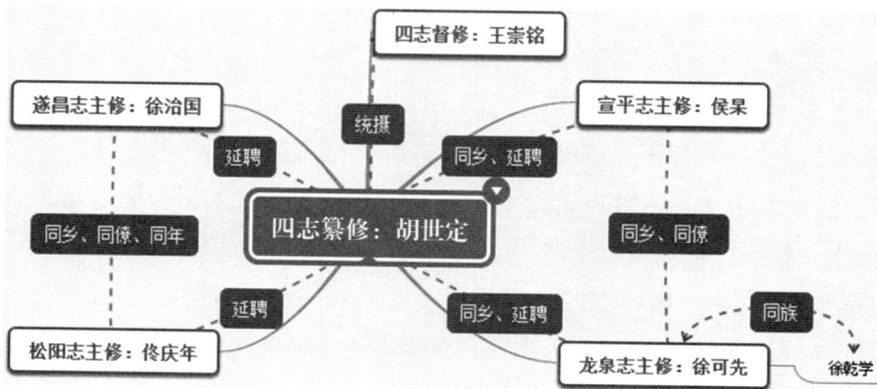

当然，要在短时间内修出多部县志，洵非易事，因此胡世定在两年间"以小舆奔命往返者，凡四五，今秋始告厥成"。①其在《宣平县志序》中详述了二载修四志的始末："余不敏，承志役凡三，于宣且四矣。松志自隆庆以迄于今，板湮败无存，搜取纸得二三事已而，修之为时颇多而颇艰。遂幸存板乃简其目为七，又以天时地利人和分其修，贯天时有几何而以什之一与什之三与七者，侔也。龙志为稍正，但于所当载与不当载亦有遗漏与浮溢。三邑之殚精瘁神者，松为最，遂次之，龙又次之，今宣之局又一变。宣志于修甚近，丙子迄今仅二十暮耳，而事则多未备。"②清晰道出了四志缵修的先后与难易。

除上述主修、纂修外，两部县志还有着分工明确的督修、校修人员（见下表），总体上较为完整地承继了明代官修志书的模式。

---

① 〔清〕胡世定：《增修遂昌县志旧序》，康熙《遂昌县志》，《中国地方志集成》（浙江府县志辑68），上海：上海书店出版社，1993年，第18页。
② 〔清〕胡世定：《序》，顺治《宣平县志》卷首，日本内阁文库本，顺治十二年刊本。

顺治《龙泉县志》《宣平县志》编修人员一览

志书	人数	任职	身份	姓名	籍贯
《龙泉县志》（缺页）	31	主修	龙泉县知县	徐可先	武进
		协修	教谕举人	施春锦	开化
			训导贡生	李文徵	长兴
		纂修	/	胡世定	荆溪
		校修	/	熊开世等21人	不详
			督梓吏书	叶弘俊等5人	不详
			梓人	朱□□	不详
《宣平县志》	40	督修	分守温处道副使兼右参议	傅梦吁	关东
			处州府知府	王崇铭	阳城
			处州府同知	刘进礼	锦州
			处州府通判	彭应震	灵宝
			处州府推官	赵霖吉	睢州
		主修	宣平县知县	侯杲	无锡
		纂修	/	胡世定	荆溪
		校修	/	郑有哲等19人	不详
			监理善士	郑如春等6人	不详
			监梓吏书	郑廷桢等8人	不详

三、编修意义

　　由前文可知，龙泉、宣平二志在编纂时间上虽有先后之分，但在修志过程中必有借鉴甚至套用之嫌。胡世定在二志前志的基础上"稍为订正"，分别为之置纲目体十卷篇目，且卷名如出一辙（见下表），仅在目中根据资料做内容上的增删。同时，在检阅志稿时亦可发现，部分目录所列与内文并不一致，如《龙泉县志》卷五《选举志》前记徵辟、恩荫、武科三目，而内文则为选贡、应例、省祭出仕、省祭、恩利封赠、任子等目。由此，就质量而言两志难称佳构。

顺治《龙泉县志》《宣平县志》篇目对照表

顺治《龙泉县志》	顺治《宣平县志》
卷之一　舆地志：建始、分野、疆域、形胜、景物、风俗、岁占、山、岩、岭、峰、涧、川、溪、潭、滩、湖、池	卷之一　舆地志：总图、建始、分野、疆域、形胜、景物、风俗、山、岩、岭、峰、洞、溪、川、湾、潭、坑、浦、源、泉
卷之二　建置志：城池、城门、县各署、书院、义塾、社学、分司各公署、乡、都、图、里、隅都、铺舍、府、门、堂、楼、阁、坊、桥、渡、堰、渠、市、街、井塔、仓	卷之二　建置志：城池、城门、县署、县各署、公署、儒学、学田记、社学、乡、隅都、亭、坊、桥、市井
	卷之三　官师志：令、丞、簿、尉、学、政绩
卷之三　官师志：令、丞、簿、尉、学、政绩	卷之四　食货志：户口、土产、竹、木、花、果、草、畜、禽、兽之属、鳞、介、虫、货、新颁赋役全书
卷之四　食货志：户口、土田、土贡、财赋、里税粮、额徵、物产、矿冶	卷之五　选举志：科目、贡监、辟举
卷之五　选举志：进士、乡举、岁选、徵辟、恩荫、武科	卷之六　人物志：忠义、孝友、经济、宦绩、尚义、文学、隐逸、闺操
卷之六　人物志：元勋、理学、忠义、孝友、经济、宦绩、笃行、文学、隐逸、艺术、闺操、流寓	卷之七　艺文志：赠叶真人越州都督制、御制御书太子题额、唐御制像赞、勑封叶真人、真人祖碑、真人父碑、隐难、石楼隐难记、□德祠碑铭、重修章□庙记、忠义贞烈蔡公俨传、贞烈妇蔡□姜包氏传、肯堂朱公祠堂碑铭、栗山风木序、□令云翼生祠碑记、孝子郑邦□□子汝富纪并歌、王□妇戴氏守志、本府□□宣平县事葛公永□德□□□□、邑公德政碑记、谷先生去思碑
卷之七　艺文志：宸翰、记述、题咏、训诫	
卷之八　埋祀志：庙祠、寺观、坟墓	卷之八　埋祀志：坛壝、庙、祠、寺观、院、庵、堂、塚
卷之九　兵戎志：兵防、武功、大事	
卷之十　杂志：方术、仙释、灵异、机祥	卷之九　兵戎志：兵备、武功、防官、大事
	卷之十　杂事志：祥灾、灵异、仙释、古迹

但正如前文所提到的那样，由于处鼎革之际，顺治一朝编修的地方志无一不着上乱世的痕迹，如卷帙少、错漏多、散佚早，甚至是未刊行或修了一半，于战乱中成志已属不易。彼时志书编修的意义，更在于地方秩序的恢复与重建，龙、宣二志亦是如此。

1. 有助于赢取民心，上抚士绅，下安百姓。

明清时期，待县志启动后，邑令往往要"爰迓贤轨，集绅士，登父老而榷诹之"，[①]旨在交好士绅耆老，以便在经费、人力和舆论上获得他们的支持与肯定，但清初地方官员的这一举动或许蕴含了更多的深意。在动乱时期，地方士绅出来维护一方安全的现象并非个例，如明末山西

---

① 〔清〕徐治国：《邑令辅圣徐公修遂昌县志旧序》，康熙《遂昌县志》，《中国地方志集成》（浙江府县志辑68），上海：上海书店出版社，1993年，第17页。

于成龙筑堡"千家保聚"，而"栝郡群山叠崿，界于闽越，土著与异籍错杂。兵防其最急者，昔惟郡置，协各邑屯一二十戍卒而已。是以烽烟数起，控制维艰"，①如此情况下，"无论是农民军还是清军，与这些地方士绅的关系是合作还是敌对就变得十分重要了"。②而知县借助修志，在长达数月甚至更长的时间内，"与众分勤，亦与众分荣"，使士绅父老对"明"与"清"的界限模糊在了重塑乡梓秩序与文化的焦虑和关怀上。

此外，在修志、读志的过程中，新朝官员们也能进一步了解地情、民情，"上布皇仁，下达民隐"。如鼎革初期，清军粮饷仰赖地方的补给，顺治《龙泉县志》载"邑有秋米，旧以溪谷险阻征解折色，年来兵兴需饷，抚征本色，民堪苦之，侯力申复旧折""日尝禁私派及金点收头，交际科里长大户买米送兵营四欵"，③县令徐可先体恤百姓的做法不仅赢得了民心也解决了军粮问题。类似记录在《宣平县志》中亦有不少。休养生息、轻徭薄赋的传统理想不断被提及、演绎和流传，显示出新王朝迅速恢复地方秩序的能力与信心。

2. 有助于移风易俗，上兴文教，下革宿弊。

明清的鼎革易代，使士大夫们普遍认为风俗是社会治乱的根本原因，直接关系到国家、天下的命运，所谓"正风辨俗古为治乱大要也"。④其时，二县"儒术稍衰""俗尚禨鬼巫"，停丧、溺女、锢婢三大宿弊一直为人诟病，政府定律禁止，收效甚微。而经由县志的编修，把硬性的律令化为柔性的训诫、乡约、箴言，用更为通俗易懂的语言刻于亭石、祠堂，所及甚广。

---

① 〔清〕曹抡彬：《雍正旧志序》，光绪《处州府志》，《中国地方志集成》（浙江府县志辑63），上海：上海书店出版社，2011年，第4页。

② 赵世瑜：《社会动荡与地方士绅——以明末清初的山西阳城陈氏为例》，《清史研究》1999年第2期。

③ 〔清〕徐可先修，胡世定纂：顺治《龙泉县志》卷3，日本内阁文库影印本。

④ 顺治《松阳县志》卷一《风俗》，《中国地方志集成》（浙江府县志辑67），上海：上海书店出版社，2011年，第23页。

"政有似缓而实不容不急者，今日之学校与声名文教也。"①实际上，县志编修本身即是兴文教的表现，其过程中无论是教谕、训导、儒学生员的参与，还是对书院、义塾、社学的记录与书写，都从更深层面反映出士绅阶层对社会变迁的看法及其自身心态的变化，亦是政府重视文教的有力佐证。还需注意的一点是，"凡例"中对人物入志的严格规定，"评隲各类俱有衰弃，独人物之品目，一遵府志，不敢别立品汇。几有增入者，悉准□舆论采之，公评宁以严而见憎，断不滥而取诮"②"至新增者，俱月旦公确，始收入册，不敢阿徇"。③这种审慎定义的是新道德评判体系下的典范，如针对明末清初盛行于各地的烈女殉节，新朝的统治者显然更愿意看到的是仰事俯育、孝慈兼至的寡妇，而非弃一家老小于不顾的烈妇。由此可以发现，在才女文化并不兴盛的处州府，两部县志并未沿用传统的"列女"彰显一地的女教，而是设"闺操"宣扬更为有利于秩序重建的女性美德。

3. 有助于恢复生产，上进赋贡，下复营建。

"邑自程煌之乱，屡罹兵燹，人民遁徙，所见败郭颓山，炊烟数缕而已。"④战后的颓败与萧瑟是留给地方官员最大的难题，只有招徕人丁，新垦田亩，才能重兴农事，万象更新。而二邑修志，即在于昭告离人可以返乡，重整家园。美国史学家魏斐德（Frederic Evans Wakeman，1937—2006）认为，清初的改革，特别是赋税制度方面所取得的巨大成功，是使中国比其他任何国家都更快地摆脱17世纪全球性经济危机的重要原因之一。⑤这一研判在两部县志的编修中亦可见斑豹，如"食货志"详记当地的户口、土田、物产、矿冶以及税粮、额徵等以备查征，顺治

①〔清〕佟庆年：《顺治佟序》，民国《松阳县志》，《中国地方志集成》（浙江府县志辑67），上海：上海书店出版社，2011年，第166页。
②〔清〕侯果修，胡世定纂：顺治《宣平县志》卷首《凡例》，日本内阁文库本，中国数字方志库。
③〔清〕徐可先修，胡世定纂：顺治《龙泉县志》卷1，日本内阁文库影印本。
④光绪《龙泉县志》卷八《政绩》，《中国地方志集成》（浙江府县志辑67），上海：上海书店出版社，2011年，第760页。
⑤〔美〕魏斐德：《洪业——清朝开国史》（增订版），新星出版社，2017年，第676页。

《宣平县志》还收录了《新颁赋役全书》，将新朝赋税改革的细则告知于民；又如《风俗志》附以《田家五行》的"占候杂占之大略，于分野气候之后，任斯责者或有取焉。则凡所以备旱潦，御凶荒，捍寇盗，趋吉而避凶者，无一之不至焉"。①明清志书中的风俗一门除了一般性的衣食住行、岁时礼节外，常记有气候、风信、潮汐、占验等项，因为这些内容关乎农业社会的人伦生息、生产作业以及政事运作，②有助于战后百姓趋利避害，更好地恢复生产生活。

《建置志》是对县域内公共空间和设施存毁情况最全面和权威的记录资料，它们的盛衰兴废昭示了一地的繁荣与败落，也喻示着一地的风尚与文化。在频繁的战乱一次次动摇地方秩序后，县志的编修会给这些亭塔祠庙、桥路塘堰带来重生的机会。为了将自己的善举载入志书，明清时期的江南官绅们或捐俸或募资或倡导，直至完成上述工程的修缮或重建。

由是观之，顺治龙、宣二志的编修不仅让各类资源聚集一处，共同致力于战后社会的恢复与重建，而且民心、风俗与生产也得益于此，进而使地方百姓逐渐形成对新的王朝与文化的认同。

---

① 〔清〕徐可先修，胡世定纂：顺治《龙泉县志》卷1，日本内阁文库影印本。
② 洪健荣：《清修台湾方志"风俗"门类的理论基础及论述取向》，《中国历史学会史学集刊》，2000年，第32期。

第三节
乾隆《越中杂识》

乾隆《越中杂识》，现藏美国国会图书馆。《美国国会图书馆藏中国方志目录》著录："越中杂识二卷，清悔堂老人辑，乾隆五十九年（1794）辑，钞本，八册。是志以乾隆绍兴府志为蓝本。卷二书目碑版。"①1980年3月，由原杭州大学（现为浙江大学）陈桥驿教授通过美国斯坦福大学施坚雅（G. William Skinner，1925—2008）教授复制引回。②陈先生读后，因感此书价值远比其"原来所估计的要大得多"，③遂不仅以诸篇专文予以介绍，且点校整理，交付梓行，④成为改革开放后"方志还乡"的重要成果之一。2009年，由绍兴丛书编辑委员会编，中华书局出版的《绍兴丛书》（第二辑史迹汇纂）收录了影印本乾隆《越中杂识》。

全志凡2卷，共246张，528页，

乾隆钞本《越中杂识》中的《绍兴府境全图》及《越中图说》

---

① 朱士嘉：《美国国会图书馆藏中国方志目录》，桂林：广西师范大学出版社，2014年。

② 具体引回过程可参见陈桥驿教授《绍兴地方文献之稀见钞本》《乾隆钞本〈越中杂识〉》等相关文章。

③〔清〕悔堂老人：《越中杂识》，陈桥驿《从〈越中杂识〉谈浙江的方志（代前言）》，杭州：浙江人民出版社，1983年。

④ 1983年1月，由浙江人民出版社出版。

楷书端钞，字迹工整，据陈桥驿教授考证"出于一人手笔"。①书高25.6厘米，宽14厘米，每页10行，每行24字，书眉宽4.2厘米，底边宽2厘米，版心上写书名，中写门类，下写页码。卷首有序2张计4页，《绍兴府县全图》1张计2页，图名上方有"美国国会图书馆藏"矩形藏书章，无其他收藏和转移痕迹。又有《越中图说》1页，为《绍兴府县全图》文字说明。因成书于乾隆年间，避康熙（玄烨）讳，凡"玄"字皆作"元"，标点本已改回。②

对于该志作者悔堂老人，陈桥驿教授直言"仅在序言中略知梗概，其真姓实名和生平详细事迹尚待进一步查考"，③然此后20余年，问题一直悬而未决。2002年，南京师范大学的陆林先生在《文献》第2期上发表了《由稀见方志〈越中杂识〉作者缘起》一文，经由细密严谨的考证，推断此书作者乃湖州德清人徐承烈（1730—1803）。徐氏，字绍家，一字悔堂，晚号清凉道人、悔堂老人，少时习举子业，弱冠后以贫废学，训蒙于乡里，幕游于岭南。20年后返回乡里，闭门撰述，不求人知。所著今存者《越中杂识》《论古杂存》《听雨轩笔记》等，多以钞本形式流传，且皆以字号相署，可见其人著书实是为"消磨岁月，陶养性灵"。④

该志分上下卷，约15万言。作者在序中言："铁岭李公晓园守越之二年，敦请名流，重修越志，期月而书成。……闲居无事，摘而录之，而稍为增损，并以予昔所流览见闻极真者参记其间。"因而，《越中杂识》是在《绍兴府志》的基础上增损、摘录，辅以作者亲见资料汇集而成的。陈桥驿教授的《绍兴地方文献考录》载，绍兴在康熙年间五修府志，即康熙十二年（张三异修、王嗣皋纂）、十四年（许弘勋等修，已

---

①陈桥驿：《绍兴地方文献之稀见钞本》，《杭州大学学报》（哲学社会科学版），1981年第2期。

②〔清〕悔堂老人：《越中杂识》，陈桥驿《从〈越中杂识〉谈浙江的方志(代前言)》，杭州：浙江人民出版社，1983年。

③陈桥驿：《绍兴地方文献之稀见钞本》，《杭州大学学报》（哲学社会科学版），1981年第2期。

④陆林：《由稀见方志〈越中杂识〉作者缘起》，《文献》，2002年第2期。

佚）、二十二年（王之宾修、董钦德纂）、三十年（李铎修纂）、五十八年（俞卿修，邹尚、周徐彩纂）。陈、陆两位先生均以"铁岭李公晓园"为据，断其为康熙三十年（1691）《绍兴府志》的李铎，而朱士嘉先生则认为是志以乾隆《绍兴府志》为蓝本。那么，《越中杂识》究竟是在哪部府志的基础上纂修而成的呢？考诸李铎，[1]字天民，铁岭人，康熙二十八年由兵部郎中出知绍兴。因此，作者所言"李公"实非李铎。乾隆五十七年（1792）的府志，由李亨特修，平恕、徐嵩纂。李亨特，字晓园，监生，奉天铁岭汉军正蓝旗人，其于乾隆五十五年知绍兴府，五十八年调任杭州，正与《越中杂识》序中所记时间相符。加之，《越中杂识》晚于府志两年成书，且志中记述知府李亨特之事迹尤为翔实，由此，《越中杂识》是基于乾隆《绍兴府志》所纂，则殆无疑义。

乾隆《绍兴府志》《越中杂识》篇目对照表

志名	卷数	编纂时间	体例	篇目	字数
《绍兴府志》	80卷	乾隆五十七年(1792)	纲目体（18纲，120目）	地理、建置、田赋、水利、物产、风俗、学校、武备、职官、选举、祠祀、人物、古迹、陵墓、金石、经籍、艺文、祥异	200万
《越中杂识》	2卷	乾隆五十九年(1794)	平目体（32目）	上篇：山、川、桥梁、田赋、户口、水利、城池、衙署、学校、祠祀、寺观、帝王、名宦、乡贤、理学、儒林、文苑、忠节 下篇：忠节、孝行、义行、隐逸、寓贤、后妃、列女、仙释、方技、古迹、陵墓、碑版、著述、艺文	15万

徐承烈对乾隆《绍兴府志》评价甚高："文简而该，事繁而核，考订极博，体例井然，堪与李敏达公《浙江通志》相颉颃。"[2]然李慈铭在精校此志后，则认为"山川、人物、祠祀等卷，体例错杂，记载疏冗，

---

① 《越中杂识》名宦及大同《铁岭县志》卷十人物有传。
② 〔清〕悔堂老人：《越中杂识·序》，杭州：浙江人民出版社，1983年。

多不胜驳"，并因此著有《乾隆绍兴府志校记》。无论如何，从乾隆府志的卷数、内容和字数来看都是一部众手而成的官方巨制。反观《越中杂识》，仅为一儒士于前志基础上结合其数次流览绍兴之见闻纂成，自然会着上更多主观色彩，也因此保留了许多珍贵史料。[①]概而言之，主要体现在以下两个方面：

1. 补府志之缺略。

乾隆府志有80卷，200万字之巨，徐承烈虽对其颇多赞誉，然志中疏漏处亦不在少数，部分语焉未详的地方在作者看来殊为可惜。如明嘉靖年间知府汤绍恩，在绍执政期间筑塘修闸，被士民立庙奉祀，清雍正间又被"封为宁江伯，勒石三江闸庙中"，[②]其显赫政绩得到了官方和民众的认可，然乾隆府志缺载且未详何故，为此作者做了近五百字的记述，录而补之。又如主修康熙《绍兴府志》的知府俞卿，"按俞公治越，距今已七十年，越人颂其政绩，尚不容口，是可以知其当日之政矣。但府志不载其去任之故，且未入名宦祠，实亦遗事"。[③]此外，由于乾隆府志为时任知府李亨特所修，志中未予记载，而徐承烈纂《越中杂识》时李氏已调任杭州，因此作者不仅在《名宦》中予以立传，还补充了李亨特在任时重修学宫、整理河塘、修葺祠墓、旌表忠孝等诸多举措，赞其"郡人至今谈公德政，不胜屈指，以为俞（卿）太守再见于今云"。[④]

2. 勘府志之讹误。

恰如李慈铭精校后所言，乾隆府志可考之处"多不胜驳"，徐承烈在纂《越中杂识》时，对其发现的错讹——勘误。如对"沈酿埭"的记载，乾隆府志称："太尉郑宏赴洛，亲友饯之，宏投钱于水，依价量水，饮之，各醉而去。"经作者考证后，认为"宏乃汉名臣，非有幻术，盖由樵风泾事而傅会之耳"，此埭实为"昔越王勾践得美酒，不自饮，以

---

① 对《越中杂识》的史料价值，陈桥驿《乾隆钞本〈越中杂识〉》和佘德余《徐承烈与〈越中杂识〉》二文中已提及的内容本文不再赘述。

② 〔清〕悔堂老人：《越中杂识》，杭州：浙江人民出版社，1983年，第51页。

③ 〔清〕悔堂老人：《越中杂识》，杭州：浙江人民出版社，1983年，第57页。

④ 〔清〕悔堂老人：《越中杂识》，杭州：浙江人民出版社，1983年，第59页。

飨士，虑不能遍及也，乃投之于溪，先自酌水，而令士卒共饮之，士气感奋"，令人信服。同样，在记"春波桥"时，乾隆府志"引贺知章'春风不改旧时波'句"，徐氏直言"盖失考也"，指出乃源于陆游"伤心桥下春波绿，曾见惊鸿照影来"之句。又如南宋时的状元王佐，"越人皆称佐为秦桧妻王氏之兄，以奸党目之"，作者在详考陆游《嘉泰会稽志》后，认为"放翁与佐同郡同时，所志当无舛错也"，因此摘录了嘉泰志中王佐的行略，纠其谬传。

除此之外，对于官修志书的流弊，徐承烈也毫不客气地进行指摘，尤其是对名宦、乡贤入志的混乱极为不满："各县名宦、乡贤，姓氏俱详邑志，兹不备载。按府学《乡贤志》称共四百五十三人，而稽其姓名，计四百八十九人，盖刊志时有窜入者矣。明之朱燮元、王毓耆，本朝之吴兴祚均未入祀，未免遗漏。且自明代以来，封翁俱在祀列，不无太滥。当增入甄别为是。"①因此，作者在《越中杂识》的人物遴选过程中遵循史家法度，善恶必书，秉持详今原则，去伪存真。其余诸如《古迹》《碑版》《著述》《艺文》等，也都"昔所流览见闻极真者记其间"。

正因为《越中杂识》出于一介儒生之手有别于官修志书，所以"记载了不少这个地区其他方志文献中所未见的资料"且"论述尤为独到"，②进而显得弥足珍贵。

---

① 〔清〕悔堂老人：《越中杂识》，杭州：浙江人民出版社，1983年，第28页。
② 陈桥驿：《绍兴地方文献之稀见钞本》，《杭州大学学报》，1981年第2期，第63页。

第四节

光绪《新市镇再续志》①

光绪《新市镇再续志》，现藏日本东京大学东洋文化研究所。《中国地方志联合目录》《中国地方志综录》《中国地方志总目提要》《日本藏稀见中国地方志书录》等综合性地方志目录均缺载。《日本主要图书馆、研究所所藏中国地方志总合目录》著录："［仙潭］新市镇再续志4卷，费格等，光绪二十八年（1902）修，在德清县，钞本。"②此外，《浙江方志考》《东传方志总目》③所记较为一致，内容包括书名、卷数、纂修者、版本、成书时间及收藏情况，且无一例外地将纂修者"费梧"误记为"费格"；《湖州方志提要》（2013）增加了修志缘由和篇目，然将"费梧"误记为"费悟"。事实上，陈桥驿先生早在《〈新市镇志〉考录——兼介流落海外的光绪钞本〈新市镇再续志〉》④一文中就指出《浙江方志考》所记作者"费格"之误。

全志凡4卷，计29门，"白口，无栏，无边，无鱼尾，无页码；每半页10行，每行21字；部分页之天头有小字标注"⑤。卷首有《仙潭志余序》《新市镇再续志序》及目录，无凡例，附《仙潭地图》一幅。该志为楷书抄写，观其笔迹非出于一人之手，且漫漶脱字较为常见。1990

---

① 本节系笔者在2017年参加"走向世界的中国方志文化"国际学术研讨会递交的论文《光绪〈新市镇再续志〉考释》一文基础上修改而成。
② 日本国会图书馆参考部编印：《中国地方志总合目录》，1969年，第39页。
③ 该目录系巴兆祥《中国地方志流播日本研究》一书中的"下编"。
④ 陈桥驿：《陈桥驿方志论集》，杭州：杭州大学出版社，1997年，第226页。
⑤ 巴兆祥：《日本藏孤本光绪〈新市镇再续志〉研究》，《中国地方志》2018年第1期，第64页。

年，陈桥驿教授通过其日本好友、东京大学东洋文化研究所所长斯波义信教授复制引回。2008年，新市镇人民政府据此翻印。2015年初，新市镇人民政府又将《仙潭志》《仙潭后志》《仙潭文献》《新市镇续志》《新市镇再续志》《新市镇新志》6志合集出版《新市镇志集成》，内部发行。

一、作者考述及流失日本源流

如前文所述，现有目录或提要对作者名字的著录均有误。有关这位作者，湖州和德清的地方志鲜有载录，民国《德清县新志》的《选举志·乡饮》记民国五年（1916）大宾"费梧，字兰舫，86岁"。笔者在查阅资料时还发现浙江图书馆古籍部藏有民国十四年（1925）第四次重刊的《万应灵方》（铅印本），[①]该书系"以因果报应之说"劝人向善的教化之书，署名"浙湖苕南兰舫氏费梧辑纂"。除此之外，《新市镇再续志》卷四《轶事》末，一则人物记述为后人提供了了解费梧及其家族的相关信息：

费秋宾公，读书君子人也。生平极尽孝友，尝读书至范文正公文，即欲行范文正公事。时即邀族之大房、二房、六房、八房来家同居一室供养之，下擢族之长而贤者咸师之，自己有暇亦教训之。……次子楷民，讳模，恩贡，伙助为节妇请旌者六次，庚申之乱施棺木约二万具有奇……五子名梧，字兰舫，廪贡生，积学秉礼，承父兄志，乐于为善，尝刻著《万应灵方》六本。宣统辛亥国民军起，清帝退位改建民国，五族共和时，年已八十五岁矣。居里中，不闻世事，方修《仙潭镇志》。乙卯二月奉德清县令书，要翌日至德。盖奉总统袁公隆敬老典礼饬令。届巡按使至德邑，下访耆旧，而德绅以兰舫年已八十有五，宜隆典礼……故有大总统颁赐大红缎袍料肉票一纸。

---

①据该书俞樾序："咸丰年间曾刻于武林，旋毁于兵火，同治戊辰又重刻之，迄今二十余年矣。刻既不精，版水漫漶，钟君听泉思欲翻刻，因商诸费兰舫明经。"俞氏作序应为光绪十九年（1893）左右第三次刊印的《万应灵方》，现存版本为民国十四年（1925）由江苏新群印刷所承印。

综合上述史料，费氏生平及其亲友圈约略可见：

1. 费梧出生于一个有着乐善好施传统的士绅家庭，家人与家族在当地都具有良好的声望；其功名是靠"援例捐纳"取得的廪贡，是以志中"贡元"未见其名。

2. "五族共和"（民国元年）时费梧已85岁，据此倒推生年应为道光七年（1827），[①]卒年则不详。[②]

3. 现行文献均以费梧撰《〈新市镇再续志〉序》落款——光绪二十八年（1902）为成书时间，然就"费秋宾"条中所记，"乙卯二月"（民国四年）作为德邑耆旧的费氏因"宜隆典礼"受邀请参加了袁世凯政府举办的敬老典礼；加之该条莫名被置于"百岁妪"后，且文末夹注"钮泽澄《颂清孝廉志》"。可见，著录有误。又，志中"杂记"载录了数起发生于光绪三十年（1904）的"新市大火"；"桥梁"虽"录《仙潭文献志》"，却"因前志所遗增入三之一"，如"菩萨桥"和"利通桥"条下夹注："光绪丁未，钱碰兴云募资重修建之""光绪丁未（卅三年），里人钱碰兴云募资重修建之"。[③]光绪丁未，乃光绪三十三年（1907）。由上可知，该志似在民国四年（1915）或之后成稿更为合理。当然，也不排除现存为民国重钞本，"费秋宾"条及部分内容系后人所加，但从文本脱漏、补遗、修改等情况来看（详见右图），可能性极小。综上所述，笔者认

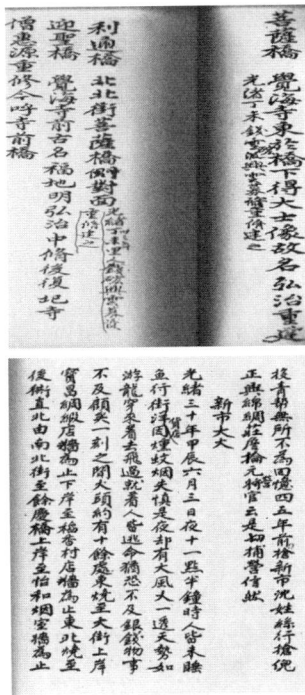

---

① 民国《德清县新志》的《选举志·乡饮》载："民国5年（1916）大宾费梧，字兰舫，86岁。"由此推算，其生年则为道光十一年（1831）。笔者认为应以费梧所慕志为准。

② 浙图藏《万应灵方》中最晚的一篇序言由杨笠耘写于"民国十四年夏闰"，但文中并未言明费梧是否健在。

③ 从夹注的字迹看，与正文不一，应是后来补录的内容。

为光绪二十八年该志的纂辑事宜业已基本告竣，但鉴于费氏年迈，验校、定稿、誊录则在其亲友的协助下缓慢进行着，①其间断少不了增删纠误，因而真正意义上的成书确在民国了。

4.《新市镇再续志》虽为费梧晚年避世所做，然则《〈新市镇再续志〉序》云："自束发受书以志学之后，凡有文人学士顾吾先人之敝庐，评今论古，时聆绪论，其有关于世道人心、风化习俗之端，余闻之无不即书之于册，于是稍稍谙掌故焉。"因而，费氏实是一位留心乡邦文献、熟悉地方逸事的耆绅。

此外，通过爬梳细节，费梧还为我们呈现了一个典型的清代江南地区士绅亲友圈。

费梧亲友圈

姓名	关系	功名及任职	与两书联系
费 模	兄长	同治壬戌科恩贡	入《新市镇再续志》"贡元" 采录"节孝"未请旌者入《新市镇再续志》 撰《万应灵方》"十二味良方药性考"
费燮元	儿子	光绪庚子科恩贡 州判江苏候补	入《新市镇再续志》"贡元""禄仕" 校对《万应灵方》
费鋆圻	孙子	不详	校对《万应灵方》
朱庆熊	业师	道光戊申科岁贡	入《新市镇再续志》"贡元" 采录"节孝"未请旌者入《新市镇再续志》
章乃畬	妻弟	咸丰庚申进士 钦定刑部主事 曾任江南道监察御史等	《重镌〈万应灵方〉序》
俞 樾	同邑	道光庚戌进士 翰林院编修 曾任河南学政等	《重刊〈万应灵方〉全书序》
童宝善	同里	同治□酉科拔贡 曾任华亭、江都知县等	入《新市镇再续志》"贡元""禄仕" 《重刊〈万应灵方〉跋》
钟听泉	同里	酱园坊"钟新泰"老板	重刊《万应灵方》赞助商

资料来源：光绪《新市镇再续志》《万应灵方》。

毫无疑问，如表中所示基于亲友、同乡以及师生之间的相互帮衬、

---

①《万应灵方》就由费梧纂辑，其子费燮元、孙费鋆圻验校成书。

支持，是清代文人作品出版的常见模式，而恰是这种私人化圈子的附带效应，让费梧这样在功名上并无斩获的地方文人仍有心力皓首修志。

按说《新市镇再续志》纂成较晚，与那些成书年代久远的旧志相比理应数量更多，为何现只存孤本呢？首先，由于乡镇志历来未被纳入官修范畴，私撰性质决定了其印量和影响力都无法与官修志书比肩；其次，新市镇前几部志书的纂者多为进士、举人出身，[1]费梧"廪贡"的身份亦会缩小志书流通的范围；最后，《新市镇再续志》成书于鼎革之际，社会动荡，加之纂者老迈无力精修，因此后人还未来得及付梓、重刊，便已流落海外。

那么，《新市镇再续志》又是如何流落至日本的呢？据巴兆祥教授在《日本藏孤本光绪〈新市镇再续志〉研究》一文中考证，该志首页天头上有钤印"东方文化学院东京研究所图书馆之印"，流入日本后应为其所藏。《东方文化学院图书馆原簿》显示，该志入藏时间为1934年10月13日，通过书商琳琅阁输入，价格为10.37日元。另据志中天头，1948年，东方文化学院并入东京大学东洋文化研究所，因而该志后藏于此。

二、文本特色及价值

作为一部地位特殊的志书，《新市镇再续志》计4卷，29门（见下表），楷书抄录，近四万言。将现存的五部镇志归置一处，就编纂质量而言，该志难属上乘之作，但如若剖析文本，从门类、体例、内容等方面进行对比研究，深味之下仍有值得圈点之处。

1. **在门类设置上，体现乡镇志灵活变通的特点。**

自明永乐十六年（1418）颁布《纂修志书凡例》以来，由于乡镇志一直不受政府修志规定的约束，所以多因需设目，《新市镇再续志》也

---

① 如正德《仙潭志》的纂修者陈霆为明弘治十五年进士、顺治《仙潭后志》的纂修者沈戩谷为明崇祯十年进士、嘉庆《新市镇续志》的纂修者沈赤然为乾隆三十三年举人。

不例外，如没有建置沿革、地理星野、户口田赋等府县志常见的门类，却增加了创建、乡约、杂志等内容，使该志兼具可读性和实用性。同时，又因为是"再续志"，所以在篇目上也没有一味求全，而是讲求与前志的衔接与增补。

新市存世镇志篇目对照表

（正德）《仙潭志》	（顺治）《仙潭后志》	（康熙）《仙潭文献》	（嘉庆）《新市镇续志》	（光绪）《新市镇再续志》
卷一 沿革、分野、镇名、至到、形胜、山川（附井泉）、风俗、物产、公署、街坊（关栅附） **卷二** 桥梁、庙祀（祠堂附）、寺观（庵院附）、亭馆 **卷三** 园墓（仓堡附）、甲榜、科贡、名宦、禄仕 **卷四** 寓贵、恩遇、节义、隐逸、方术（道释附）、神异、墨迹 **卷五** 记载诏勅诰表记志书疏 **卷六** 题咏	**卷首** 仙潭后志序、自序、题像、渚椒公传 **卷一** 山川、物产、街坊、桥梁 **卷二** 庙祀、寺观、亭馆、园墓 **卷三** 甲榜、科贡、朝贡、乡试副榜特例充贡 **卷四** 例贡、禄仕、寓贵、恩遇 **卷五** 节义、隐逸、方术、神异 **卷六** 轶事、艺文（文、诗、词） **跋**	**卷首** 凡例、图考、仙潭志序（陈霆）、仙潭志跋（沈戬谷）、仙潭后志序（沈陶）、仙潭后志自序（沈戬谷）、仙潭后志跋（沈泛）、仙潭志余序（陈尚古） **卷上** 地理志沿革、星野、道里、形胜、川泽、街巷、桥梁 **卷中** 风俗志仪礼、节令、乡约、保甲、物产 **卷中** 宫室志公署、第宅、坊表、寺庙、园亭、名胜 **卷下** 职司志巡检、河泊 **卷下** 杂志、墨迹、轶事、异闻、灾祥、立墓、修志始末 **后记**	**卷首** 新市镇续志序、变例赘言 **卷一** 沿革、分野、镇名、至到、形胜、山、川泉（补）、风俗、物产、公署、街、坊、桥梁、寺庙祠庵、园墓、甲榜 **卷二** 贡生、禄仕、孝、义 **卷三** 节妇 **卷四** 节妇、烈妇、贞女、烈女、隐逸、艺术、僧道、碑额、杂记 **卷五至卷八** 艺文补遗	**卷首** 仙潭志余序、新市镇再续志序、目录 **卷一** 图考、仙潭地图、川泽、街巷（关栅附）、桥梁、第宅、坊表、祠庙（楼阁附）、寺院（庵院附）、园亭（名胜附） **卷二** 甲榜、贡元、禄仕、节孝 **卷三** 仪节（即风俗志）、乡约（保甲附）、物产 **卷四** 创建（育婴堂、书院、义塾、同善堂枯骨会、公署）、艺术、杂缀、杂志（墨迹、轶事、粤匪到镇始末、灾祥、杂记、神兵、怪异、唐达劝葬亲社约、修志始末）、题诗词

2. 在体例上，选择适合"小志"的平目体，以达到类目清晰、编纂省事、检索方便之目的。

如前所述，相对于府县志的官府设局，众手成志，乡镇志实属私人著述，一般由地方德才兼备之士承担，在经费和人员都受限的情况下，《新市镇再续志》虽然诸多内容"采程之彭先生所志《仙潭文献》"，却并未沿用程志的纲目体，而是删繁就简，在体例上承接《新市镇续志》的平目体。

3. 在内容上，保存地方史料，延续文化记忆。

在古代，地方文献的传继一般仰赖地方志书的纂修，但方志代有续修，也代有断修，一旦失修，则有关该地的史料和记忆就面临湮灭或中断的危险。如新市镇，自清嘉庆十七年（1812）《新市镇续志》修成之后，近百年来修志一事乏人问津，到费梧修《新市镇再续志》时，已是"几变沧桑，凡公署、第宅、祠庙、寺观大半灰烬矣，数十年后时远年湮，后人欲访闻之何得也？"因此，费氏不顾年迈，一身而任，在两部前志的基础上纂成《新市镇再续志》，承前启后，勾连起新市镇自古而今的文脉与记忆。

其内容上的特色与价值主要表现在以下几个方面：

（1）讲求实用，注意社会、经济内容的记载。明清时期的新市以出产优质的湖丝著名，生丝产量位居湖郡前列。[①]《新市镇再续志》在物产门中就详载育蚕、缫丝的方法，如何辨别、区分蚕丝的优劣，以及优质丝产区的分布等极具实用价值的资料。最有意思的是有关不同等级的湖丝由来自国内外不同地区商人收购的载录：

> 论丝者首及西北两乡，闽粤人收之，以转货海舶，谓之破价，此言乎细者也；南方诸乡所出者，日缫二车，故绪粗而组壮为肥丝，纱罗经用之，建康人收之；东乡之产其最亚也，瘠而黑，多疵类，为细丝，高丽人收之；若公家所赋，又有串五合六荒局之名焉，二蚕者古谓原蚕，育时已交午月，收成难必土人，但以有无视之而已，丝色虽白嗅之如有腥气，诸岛洋人收之。

可见当地出产的湖丝，不论品级都有相对固定的收购群体，且以海外贸易为主。此外，志中还备载当地川泽、桥梁，米价、丝价的涨跌，人工养殖淡水珍珠的方法，乡约、社约等内容，为后人展现了一幅幅清

---

① 彭泽益：《中国近代手工业史资料》，北京：中华书局（第二卷），1984年，第88页。以1878～1879年统计为例，菱湖为1044787公斤，南浔为641494公斤，新市为385355公斤，双林为282985公斤，乌镇为14515公斤。

末新市的日常百态，反映社会经济生活的发展变化。

（2）关注民生，重视荒政、慈善资料的纂辑。尽管明清以来新市因蚕桑丝织业的繁盛，始终维持着雄镇的地位，但面对天灾人祸时的无力与慌乱与其他市镇并无二致，甚而因其"财货之繁，通苏杭之舟楫"①遭受了更为惨烈的掠夺与破坏。如志中设专记《粤匪到镇始末》详细记录了"咸丰庚申七月二十九日，粤寇自塘栖而下至镇，自南栅而来，人家虽皆逃避而杀死者约有百余十人，男女殉难者亦不少，掳掠殆遍"的惨境以及太平军在新市盘踞后横征暴敛、烧杀抢掠的恶行，并"将殉难者诸人以所闻见者录之"。又如在《灾祥》中记载自道光十三年（1833）后新市历次水灾、旱灾、雪灾、火灾、地震、瘟疫及赈饥的情况。尤其是道光己酉年（1849）"大水奇灾"的赈灾内容极为翔实，"初赈一月，每口给钱三百四十八文""恩赈两月又捐廉抚恤一月，然后写疏醵典商贾及大户减数给发又赈一月"。不仅如此，志中对地方慈善事业也给予了较多留意，如《创建》记录了育婴堂、仙潭书院、义塾、同善堂枯骨会等机构的创设时间、捐资人、管办者及规模、运作等。上述内容，清晰再现了清末江南市镇较为完善的救灾、帮扶体系，以及乡绅、商人在地方荒政、慈善事业中的作用。

（3）详制地图，明确地理要素的标注。新市现存的5种志书中，只有《仙潭后志》和《新市镇再续志》附有地图，前者图中标注有山川、街坊、桥梁、寺观、园墓，后者则除山川、水泽等自然地理要素外，标注出了更多的人文地理

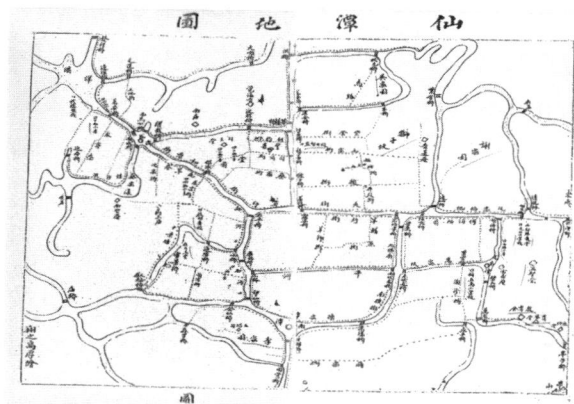

①〔清〕胡道传编，沈戬谷订补:顺治《仙潭后志》,浙图藏光绪二十八年(1902)周衡钞本。

要素，包括街巷、关栅、桥梁、祠庙、楼阁、寺院、庵院、耶稣教堂、学校以及慈善机构等，而其中最为详细的是对桥梁、街巷的标示，与志中内容形成对照，突显了新市"街巷之绣错，泽梁之萦绕"，"其民环水而居"①的特点。附于《仙潭地图》前后的两则图考又用文字点出新市"虽一乡镇，实为江浙两省通衢"的地理位置。然图中有一吊诡处乃所示如慈智女校、镇五高小学校、启明学校等，无一不是新式学校，作者在志中却无只言片语，令人费解。笔者认为最有可能的就是，志书编纂的过程，正是清末民初社会发生巨变之时，作为遗老的费梧对新事物既无力关注也不愿正视，特别是其认定的旧式教育的衰亡，②失落之余只能通过对书院、义塾的记述怀恋过去。有趣的是，绘制地图的"翔之高厚"却是一位心无旁骛的记录者，他仅是本着专业素养精心描画了当时的新市镇，却让我们窥见修志者"私心"之外的社会新象。

（4）备载风俗，地方仪节一览无余。翻阅现存的5种镇志即不难发现，正德《仙潭志》虽设《风俗》，实则多"俗性之良，习染之正，而国家礼义廉耻之教于今日尤深渥也"③等空泛之言；顺治《仙潭后志》未录《风俗》；康熙《仙潭文献》的《风俗志》较详，载冠礼、婚礼、丧礼、祭礼及节令；嘉庆《新市镇续志》因是续志，"前志所云今亦无大异，惟俭变为奢，厚变为薄，其所由来者渐矣，故任之不复附益一字"。④《新市镇再续志》中"风俗志照录《仙潭文献》，添补数则"。事实上，作者仅参照前志，所有礼仪、节令均重新纂写，以增补遗漏、修改舛讹。礼仪方面，如"礼废久矣"的乡饮酒礼，是新市"古风之仅存者，宜表出之"；又如婚礼中加入"迎亲""庙见"，丧礼中加入"厝柩""薄葬"，祭礼中加入"祭神""家堂"和"灶神""土地正神""永灵土主""刘王"四大地方神祇。节庆方面，"市儿竞放风筝以为耍乐"这一习俗正确归至"二月"，"十二月"增录"二十四日扫屋尘，丐者涂抹做

---

① 〔清〕沈赤然纂：嘉庆《新市镇续志》，浙图藏嘉庆十七年（1812）刻本，卷六《艺文》。
② 志中所载的仙潭书院、义塾在地图中并未标注，因此笔者推测其已被新式学校代替。
③ 〔明〕陈霆纂：正德《仙潭志》，浙图藏嘉庆十七年（1812）重刻本，卷一《风俗》。
④ 〔清〕沈赤然纂：嘉庆《新市镇续志》，浙图藏嘉庆十七年（1812）刻本，卷一《风俗》。

鬼判状，嗷舞于市，即古傩也"等内容。另有值得一提的是，节令中俯拾皆是的谚语：

光绪《新市镇再续志》谚语一览表

节令	谚语
二月	蓬开先日草，戴了春不老。
三月	清明不戴柳，红颜成皓首。
五月	夏至日下雨，一点值千金。/高田只怕腰箍爆，低田只怕送时雷。
六月	六月初三晴，钉靴挂断绳。/小暑一声雷，倒转做黄梅。/六月不热，五谷不结。
八月	云掩中秋月，雨打上元灯。/田怕秋旱，人怕老穷。/忌雨秋分，雨偷稻鬼。
十月	十月土梳头，吃饭当一工。

表中共11句谚语，除两句表达人们希望青春不老的美好愿望外，其余都是和气象有关的农谚，可见新市农桑之重。如此鲜活的记述，也呈现给后世读者一种跨越时空的既视感。

（5）笃信因果，于狐仙鬼怪中现文学价值。就个人仕途而言，费梧很难被定义为一位成功者，其地方声望的获得除了得益于家族、亲友外，本身在积学秉礼、乐于为善方面所做的努力不应忽视，《万应灵方》的泽被甚广即是一例。作为由一个个果报故事组成的劝善之书，费氏曾颇用心于谋篇架构和营造打磨，并最终成为备受里人推崇的"无上妙法"，如此便不难解释为什么《新市镇再续志》的《杂记》"怪异"中有诸多"不合志体"之处。倘若抛开成见，把这些小故事作为纯粹的文学作品加以赏析，则处处可见《聊斋志异》《阅微草堂笔记》的影子。其中一篇《寓仙》，洋洋洒洒两千余字，所谈亦是书生与狐仙一家救助与报恩的寻常故事，作者却能造奇设幻、绮丽逶迤，通过心理描写和细节点染塑造出一个个可读可品的人物形象。还有《镜影》《狐精祟》《鬼魅》《棺聚蜈蚣》《狐仙》等数十篇，无不精妙出彩，令人叫绝。

除此之外，即便记述"地震"，费梧也偶有随性之举。

余适晚餐衔杯持螯将入醉乡，有人奔进云："前街家家逐贼"，余曰："安有偷儿如此早动手乎？抑岂有家家齐动手乎？"答曰："各家房屋裂裂有声，箱橱之款叮当不已。行路者辄云头眩，寺中佛像似下坛阶，无物不动。"余曰："汝误矣，此是地震。"后问诸人果是，皆云如移于北。余幸在醉乡，竟不知一切。闻古人云，地动甚者，人立不定，只好卧在空地。

　　这段颇具趣味的对话，如果不说是志中所引用，大约很多人会认为源于文人笔记，估计作者也是一时兴起，用生动的语言记录了地震当时的百态和避灾措施，殊不知按当下新志的编纂标准判定，亦是一则鲜活可靠的口述史料。另据陈桥驿先生考证，志中记载的两次地震，① 《中国地震目录》均未载及，实有补缺之价值。

　　无可讳言，以明清时期官方或史家认定的志书规范来看，《新市镇再续志》也有诸多可笔削处。恰如章学诚在《答甄秀才论修志第一书》所斥，"志乃史体，原属天下公物，非一家墓志寿文，可以漫为浮誉，悦人耳目者"。② 费梧在志序中曾直言其修志的一个重要目的即是为已逝业师朱庆熊和兄长费模"于道光、咸丰两朝历办节孝六次""所结冀入志以永传之"了却心愿。因此，志中《节孝》内容占比庞大，且"孝女"记录的两名女性均为费氏族人，其中16岁早夭的费贵璋系费燮元四女，即费梧孙女；"节烈"又载费家三妇，包括费模继妻姚氏和费桐侧室钱氏，即费梧兄嫂，可谓补全了费氏一门多名"未请旌者"。其实，《贡元》《禄仕》也存在同样的问题，前文提及的同善堂枯骨会"经费始自费家，管办有二万具余。同治以前与同治间费氏一家管办，光绪时归留婴堂代管"，类似记载，不一而足。但正是这些明显的私心，折射出这位耄耋老人复杂的生命体验。"世间富贵本无常，王谢堂前燕子忙。人世莫谈身外事，云今月古梦黄粱。"一首《慨叹》即是最好的证据。纵使政局澜翻、灯火寥落，作者在志书中倾注的只有对古风故物的流连与不舍。

---

① 见卷四《灾祥》，一次为道光十九年九月六日，一次为道光二十六年元月十三日。
② 〔清〕章学诚著，仓修良编注：《文史通义新编新注》（下册），北京：商务印书馆，2017年，第842页。

第四章

古韵流芳，境外浙江旧志的文化效应

　　从17世纪开始，中国的地方志就持续不断地输出，在长达几个世纪的流传过程中，这些方志不仅成为境外政治家、汉学家、科学家研究中国的一手资料，且因为数量可观形成了一系列集藏、学、研于一体的境外方志收藏中心。同时，这些志书也对各国史志编修产生了一定的影响，特别是东亚地区。本章还将重点论述以陈元赟、严辰为代表的浙江志人如何主动在异国交流传播方志文化。最后落脚于梳理、总结境外旧志整理、研究和利用的发展历程，尤其是境外旧志目录的编纂情况及其在中国史研究中的重要价值。

境外收藏中心的形成

在第一章中，已经谈及全球范围内境外浙江旧志的区域分布，经过历史的沉淀，形成了某些具有显著特色的方志收藏中心，它们或以数量见长，或以版本取胜，为多个领域的使用者提供了全方位的资料与服务。本节主要选取日、美、法等国部分庋藏浙江旧志极具代表性的机构，逐一进行介绍。

【日本东洋文库】

日本最大的亚洲研究图书馆，是日本三大汉学研究重镇之一，也是一个把中国与中国文化作为主要研究对象的图书馆兼研究所，位于今东京都文京区。该文库的前身是英国人莫里逊（Geoge Ernest Morrison，1862—1920）创立的莫里逊文库。此人于1897年至1917年的20年间，在中国收集图书文献24000余册，地图画卷1000余份。1917年，三菱财团巨头岩崎久弥成功购入该文库，并把自己的藏书也一同并入，于1918年在东京开馆，供笃学者利用。1924年11月，岩崎建立专门的库房和运营基金，正式设立日本最早研究东洋学的专业图书馆——财团法人东洋文库。1948年起成为日本国立国会图书馆的分馆。至20世纪末，藏书已达95万多册，其中又以中国地方志、家谱、敦煌文书（缩微胶卷和照片）、蒙藏文献为特色。日本近代中国学主要代表人物内藤湖南就曾言："有意识地收集清朝地方志并且目前仍保存完好的单位，在我国，东洋文库可数第一。"①该文库曾于1935年编纂过《东洋文库地方志目录》，其时已有2365种中国方志；至1986年出版《东洋文库所藏汉籍分类目录》时，藏量已达3000多种，其中浙江旧志225种，有嘉靖《湖州府志》和《湖州府志节要》两种孤本，在数量和质量上都堪称日本收藏中国方志的宝库。

【日本国立国会图书馆（National Diet Library,Japan）】

日本最大的图书馆，兼顾为国会提供服务和承担国家图书馆的职能，位于今东京都千代田区。该馆有两个源流：一是设立于1890年，隶属于旧宪法下帝国议会的贵族院众议院图书馆；另一则是设立于1872年，隶属于文部省的帝国图书馆。1947年改称为国立图书馆。其所藏方志主要源于战前的帝国图书馆，因而中国方志收藏尤为齐全，《国立国会图书馆汉籍目录》（1987年）载，该馆收藏有原本方志1528种，其中浙江121种，有孤本崇祯《开化县志》、崇祯《乌程县志》以及成化《处州府志》、正德《兰溪县志》等善本。

【日本国立公文书馆（National Archives,Japan）】

现为日本国家档案馆，位于今东京都千代田区。其渊源可追溯至内阁文库，是为收藏汉、日文古籍的专门图书馆。1948年改组为国立国会图书馆支部，1971年并入日本国立公文书馆，但仍保留"内阁文库"称号。内阁文库的藏书源于江户时代德川幕府建立的红叶山文库（约10万册，汉籍占7.3万余册，多为明版府县志、医书、随笔、诗文集、戏曲小说等）、昌平坂学问所（约11万册，其中汉籍5.9万余册，史地资料也很丰富）、和学讲谈所（主要为日本古典文献）以及医学馆（中国明清

---

① （日）内藤湖南、长泽规矩也等：《日本学人中国访书记》，钱婉约、宋炎译，北京：中华书局，2006年，第89页。

两代医书之精华）的旧藏。其中，地方志、文集和医书是其特藏，且多明清版本。据1956年福井保编《内阁文库汉籍分类目录》统计，藏有中国方志693种，浙江97种，有孤本顺治《宣平县志》、康熙《永康县志》、康熙《昌化县志》、康熙《嵊县志》，善本顺治《龙泉县志》、康熙《建德县志》、崇祯《义乌县志》、正德《兰溪县志》、康熙《平阳县志》，等等，在收藏浙江旧志的质量上可谓独步东瀛。

【日本静嘉堂文库】

"静嘉"取自《诗经·大雅·既醉》，文库位于今东京都世田谷区。1948—1970年间成为日本国立国会图书馆的分馆，后复归三菱财团。静嘉堂文库现完好保存着12万册中国古籍，且多宋元版书，以浙江为例，就有宋版咸淳《临安志》、淳熙《严州图经》，元版嘉定《剡录》、《东京梦华录》。其创始人岩崎弥之助从1892年前后开始搜集中国和日本的古籍，其子岩崎小弥太又扩充了藏书。清末浙江湖州的藏书家陆心源去世后，其皕宋楼所藏宋元版刻本和名人手抄本4146部，43218册，于1907年为岩崎所购，运往日本，成为静嘉堂文库的基础藏书。也因此，地方志成为该文库的特藏之一。除皕宋楼藏书外，静嘉堂还有意识地资助日本学者来中国考察、留学，帮助其搜集汉籍，如被称为日本近代文献学第一人的长泽规矩也，曾于1926—1939年服务于静嘉堂文库，其间多次为之赴中国采购地方志等汉籍。该文库现存有512种中国原本方志，其中浙江80种，就种类而言，有通志1种，府志28种，州志2种，县志42种，乡镇志7种。

在目录编纂方面，该文库将陆心源旧藏编成《静嘉堂秘籍志》（1917），另编有《静嘉堂文库汉籍分类目录》（1930）及其《续篇》（1951）。文库所藏汉籍善本，在1992年出版的《静嘉堂文库宋元版图录》中记录颇详，但全部藏书的新目录仍待编辑。

【美国国会图书馆（Library of Congress）】

众所周知，美国国会图书馆是世界上最大的综合性图书馆，也是全球最重要的图书馆之一，位于华盛顿国会山上。从1800年4月正式开放至今，已经有两百多年的历史。在被誉为"美国国会图书馆宝藏"的亚洲部，又具体分设了中文、日文、韩文和东南亚4个部，是专门收藏与东方文化有关的馆内机构。根据中文部的统计，截至2015年，藏有中国古代的善本书籍5万多册，其中有4000多种6万余册①中国地方志，是除中国国家图书馆、上海图书馆之外的最大收藏，且不乏国内未藏的孤本百余种。其中藏有浙江原本方志230种，孤本有《越中杂识》及其他善本等。从19世纪中叶开始，美国国会图书馆对中国方志的搜集、整理与研究都可谓不遗余力，如早期施永格为其柑橘移栽研究，就数次到中国收集方志，其中应多有浙江的方志。自20世纪上半叶始，国会图书馆陆续聘请国内著名的版本目录学家王重民、朱士嘉、袁同礼等诸位先生赴美整理、编纂所藏中文善本、方志书目。改革开放后，该馆又多次邀请沈津先生为其挑选、整理善本。唯一缺憾是随着地方志数量的不断增加，其相关目录未重新增补修订。

【哈佛大学哈佛燕京图书馆（Harvard-Yenching Library）】

哈佛大学哈佛燕京图书馆是哈佛大学图书馆专门用于收藏东亚文献的分馆，位于哈佛大学剑桥校区神学街2号。该馆始建于1928年，初为哈佛燕京学社汉和图书馆，后于1965年改为现名。1976年，图书馆的管理权由哈佛燕京学社移交哈佛大学图书馆。其所藏东亚文献的规模仅次于美国国会图书馆，现中文文献已超过80万册，其中地方志4000余种②（浙江原本方志201种），有明代刻本32部，为全美之首。其馆藏原本方

---

① 包括1950年以后影印、重印、摄影及编纂志书。
② 该数据包括1950年以后影印、重印、摄影及编纂志书。

志从类型来看，多县志和乡镇志；就时间而言，多民国方志，现存民国方志1100余种，哈佛燕京藏有585种，此外还有14种伪满时期的东北方志。

自1928年建立，裘开明（1927—1965）、吴文津（1966—1997）、郑炯文（1998年至今）三任馆长均为哈佛燕京图书馆的中国文献收藏做出了卓越的贡献。如创馆初期，裘开明先生致力于汉学典籍的搜集，并得北平燕京大学的洪业教授及顾廷龙先生相助，在当地书肆代为选购包括地方志在内的古籍经年，其中颇多善本。"二战"结束后，中文善本屡见于日本坊肆，裘先生亲赴日本又托人代购，有所斩获。旋由日本书商直接邮购者，亦复不少。于是，馆藏中文善本遂蔚为大观，现藏中文善本4000余部，始于南宋，迄至清代，均为裘先生之功。此外，其所创裘氏汉和图书分类法，曾为各国25家图书馆使用。

第二任馆长吴文津先生1965年接掌哈佛大学燕京图书馆后，大力采购中国现代图书，强调近现代史料的收集，特别是社会科学书刊的采购。此外，还多有当代中国资料的收藏，以及推动图书馆自动化等。然其最重要的一项工作实是为该馆物色了许多版本目录学方面的人才，其中以赖永祥先生和沈津先生最为著名。1972年他敦邀赖永祥来馆服务，赖先生曾任台湾大学图书馆学系教授，精通中、日及英文，到燕京后主编《哈佛燕京图书馆中日文典藏目录》，1986年出版，多达72册。沈津受教于国内版本学权舆顾廷龙先生，曾任上海图书馆特藏部副主任，1991年应吴馆长之邀到馆，两年后完成《美国哈佛大学哈佛燕京图书馆中文善本书志》，1999年出版，将哈佛燕京图书馆所藏宋、元、明代刻本1433种详尽著录。同年，又从该馆千余册善本中，精选67种罕见善本，出版了《哈佛燕京图书馆藏中文善本汇刊》，共37册。

现任馆长郑炯文先生师从著名目录学和史学专家钱存训教授，27岁从钱先生手中接任芝加哥大学东亚图书馆馆长一职，后转任加州大学洛杉矶分校东亚图书馆，1998年进入哈佛燕京图书馆至今。郑炯文先生到馆主持工作后，除了收集改革开放后中国出版的大量图书（包括新编方志、年鉴）外，尤其注重对已有馆藏资料的整理和利用。每年哈佛燕京学社、费正清中国研究中心都会邀请几十名中国访问学者赴美做相关研究，近年也会邀请一两名国内著名图书馆的馆员到哈佛燕京图书馆做访学，这些人对该馆中文图书资料多有整理利用，且成果丰硕。如地方志方面 2013 年出版了李丹编的《美国哈佛大学哈佛燕京图书馆藏中国旧方志目录》，2015 年出版了李坚、刘波编的《美国哈佛大学哈佛燕京图书馆藏善本方志书志》以及 2018 年出版了龙向洋编的《美国哈佛大学哈佛燕京图书馆藏中文年鉴目录》，三部书目佳构让海内外学者对哈佛燕京图书馆所藏中国地方志有了更新、更全方位的了解，嘉惠学林。此外，该馆还有《美国哈佛大学哈佛燕京图书馆藏晚清民国间新教传教士中文译著目录提要》《美国哈佛大学哈佛燕京图书馆藏民国时期图书总目》等馆藏史料目录出版。

可以说，哈佛燕京图书馆是当前海外中国方志整理、开发、研究最有成效的一所收藏机构。

【法国国家图书馆（National Library of France）】

法国国家图书馆是法国最大的图书馆，也是世界著名的大型图书馆，位于今巴黎黎塞留（Richelieu）街。其历史可上溯至查理五世（1337—1381）为收藏历代王室藏书而建立的国王图书馆，后经弗朗索瓦一世（1494—1547）在枫丹白露重建，称皇家图书馆。该馆最早的中文藏书是 17 世纪中叶路易十四（1638—1715）的大臣马萨林主教（Cardinal Mazarin，1602—1661）捐赠的 4 种图书，此后不断有传教士特别是耶稣会会士，从中国带回大量中文书籍。其中，最早的地方志是《福州府志》，一份 1742 年所编的目录中有所记载，为巴黎外方教会所得。此外，还有 20 余种方志在 1830 至 1870 年间入藏法国国家图书馆。[①] 当然，对于其收藏的 631 种明清原本方志，主要还是源自 20 世纪初汉学

---

① 〔美〕戴思哲：《法国国家图书馆藏中国西北地区地方志》，《首届中国地方志学术年会暨方志文献国际学术研讨会论文集》，北京：中华书局，2012 年，第 456 页。

家伯希和在中国搜集所得。

　　由于一直以来法国国家图书馆所藏中国方志都没有完整的目录，因此利用极为不便。2010年，美国学者戴思哲受其邀约，为之编写新编方志目录提要，但目前未见公开出版物。戴思哲在《法国国家图书馆藏中国西北地区地方志》一文中介绍，该馆的方志和其他中文善本、敦煌手稿等收藏在巴黎市中心与薇薇安（Rue Vivienne）街很近的黎塞留分馆。之前，可供查阅方志的目录有5种，分别是：①1902年编的古恒目录（Maurice Courant），主要是伯希和收集方志以前的中文图书目录，其中有1684年刻本的康熙《浙江通志》一部；②1913年伯希和列表A与B，是伯希和为法国国家图书馆所收集图书的两张列表，均收有地方志，但由于没有按照书籍类别排列，因此较难查出相关信息；③1935—1939年王重民目录，该目录为王重民所编伯希和搜集图书的目录，每项有中文题名、刊刻年代、大小、卷数及册数，地方志在卷十三《地理》中，其中有浙江方志32种。此外，1957年的吴德明目录和卡片目录，前文已涉，兹不赘述。

　　显然，就整理研究方面而言，法国国家图书馆所藏的中国方志无论是从目录编辑还是数字化情况来看，都有进一步提升的空间。①

①截至2010年，该馆所藏中国方志都还只能看原本，没有数字化资料可供查询。

第二节
东亚各国的方志编修

作为历史上"东亚文化圈"的主要输出国，中国的地方志一直在境外有着广泛的受众，尤其是日本、朝鲜、越南都曾经用汉文编修过本国的地方志书，中国方志编纂的体例、方法等也在这些国家产生了广泛影响。

一、日本

在奈良时代（8世纪），日本就形成了比较完备的地志编纂体制。由于受到中国早期方志——风土记、图经的影响，当时的元明天皇（女帝）下令要求全国各地编纂风土记，内容包括郡乡名称、物产、地名起源、神话历史等。从现存的《常陆风土记》《播磨风土记》《出云风土记》《肥前风土记》《丰后风土记》残本来看，皆是模仿中国地方志而作。[1]可以说，这一时期是日本地志编纂的第一次高潮。

第二次高潮出现在江户时代（17—19世纪），因为实现了相对长时段的和平以及唐船舶载大量中国方志而来，在此情形下，幕府、藩主和个人开始纷纷编纂国史藩志。此期日本编修的地志数量惊人，[2]名称繁多，尤其是全志"大部分是模仿《大明一统志》及其以下郡县地志而编

---

①〔日〕上田正昭：《日本古代文化的探究：风土记》，东京：社会思想社，1975年，第13—65页。

②据称有2400多种。

纂的",①如"随《大明一统志》之例，具考丰后及出云风土记而以编焉"②的《会津风土记》（1666年，保科正之），设封域、风俗、城（封侯附）、郡村（田岛、户口、牛马附）、山川（原、石、湖、泉附）、道路（关梁附）、土产、神社、佛寺、坟墓、人物、古迹；"专仿《大明一统志》之例，而标出各门"③的《雍州府志》（1684年，黑川道祐），设建置门、形胜门、郡名门、城池门、风俗门、山川门、神社门、寺院门、土产门、古迹门、陵墓门；"参考二记及唐土之府志、通志之例"④的《新编武藏风土记稿》（1830年，林述斋），设图说、建置沿革、山川、寺院、神社、任国革表、人物、艺文，等等。其中，《雍州府志》还用汉文编就。据上所述，尽管日本地志的体例、内容不如中国地方志丰富多样，但其基本结构布局和精髓要旨与方志相同。还需特别指出的是，这一阶段编著史志最为出名的是水户藩，其藩主德川光圀对中国文化极为推崇，且历史地理造诣颇深，因受流亡日本的大儒朱舜水（浙江余姚人）的影响，着手纂修《大日本史》，其中的"志"部分即是日本各地的地志，该书持续编纂了249年，到明治三十九年（1906）才完成。

第三次高潮是明治维新以后的近代时期，日本进入了一个地方志与地方史，本国志与异国志并举的时代。1872年，太政官正院同时设立历史课和地志课，前者负责国史、维新史的纂修，后者负责各府县的町村实态调查，以备《皇国地志》的编纂。该志实为仿效中国一统志而作，虽然最后被中止，但因此而编纂的各地志书不在少数。此外，明治时期还是日本大举海外殖民的时代，为了更好地掠夺这些新殖民地资源，明治政府下令调查殖民地的风俗、地理等，在台湾、满蒙、朝鲜等地区都编纂了《临时台湾旧惯调查》《临时台湾户口调查》《台湾土地调查》以及《新满洲国志》《朝鲜地志资料》等报告书和地方志资料。同时，在

---

① 〔日〕岩根保重：《德川时代地志之概观》，第8页。
② 〔日〕古市刚：《前桥风土记·凡例》，《群马县史料集》第一卷，前桥：群马县文化事业振兴会，1965年。
③ 〔日〕黑川道祐：《雍州府志·凡例》，东京：临川书店，1868年。
④ 地志调所：《新编武藏风土记稿·卷首·例义》，《大日本地志大系》，东京：雄山阁，1929年。

日本正式入侵中国前，由东亚同文书院进行的所谓"中国大调查旅行"，集学生三年调查报告而成的《支那省别全志》，于1920年出版。该志用日文写成，18卷，涵盖了当时中国18个省（包括浙江）的详细资料，对其后入侵中国起到了重要的参考作用。1946年，《新修支那省别全志》因日本战败仅出版了9卷。其他由日本人编修的有关中国省市县志的数量也相当可观，如《北京志》（1907）、《白云观志》（1934）、《北京地名志》（1944）等等。

二、朝鲜

如果按照广义的地方志概念，即涉及"地理"方面内容的历代文献均为"方志"的话，朝鲜半岛传入中国方志的历史可以追溯至唐代，当时各种地记、图经随着地图绘制方面的知识一起传至高句丽等国。[①]但从狭义的地方志概念出发，北宋宰相卢多逊出访高丽时，带回了当地人自纂的方志，[②]表明最晚至宋初高丽人已经编出属于其本国的地方志书。就朝鲜半岛方志编纂的发展来看，大致可分为三个阶段：

一是王氏高丽时期（918—1392）。因为建立了统一的高丽王朝，这一阶段的朝鲜半岛相对平稳，与中国五代、宋、元、明等朝代均有官方贡赐和民间商贸等往来。而此时也正是中国方志定型、成熟与发展的时期，如总志方面的《元丰九域志》《舆地纪胜》《大元一统志》以及"临安三志""四明六志"等地方志书。但这一时期仍属朝鲜半岛方志编纂的雏形阶段，且大多亡佚，没有留下可据对比的纸质文本，仅能从现存朝鲜半岛最早的史书《三国史记·地理志》[③]中见其概貌，可知其基本沿用了《汉书·地理志》的编修体例。

二是李氏朝鲜时期（1392—1910）。李氏王朝与中国明清两代关系密切，官方、民间的交流较之前代更为频繁，尤其在晚期更是发展出大

---

①汪前进：《历史上中朝两国地图学交流》，《中国科技史料》，1994年第1期。
②〔宋〕费衮：《梁溪漫志》，太原：山西人民出版社，1998年。
③1145年成书，金富轼编。

量文人学者间的交往。而明清时期也恰是中国修志最为繁盛的阶段，编纂各类方志达7000余种。①这些方志经由各种途径陆续传至朝鲜半岛，进而推动朝鲜王朝方志编纂进入成熟阶级。

此时朝鲜的地方志编修基本沿用了明清的模式。李朝世宗七年（1425），下令各道调查道内各邑的沿革、山川形势、风俗、户口、土产和姓氏等，编纂各道地理志，现存《庆尚道地理志》。另两部该时期编修的著名方志是《平壤志》和《江华府志》。《平壤志》李尹纂，原9卷，宣祖二十三年（1590）成，英祖六年（1730）续5卷，哲宗五年（1854）又续2卷。究其体例多仿明清方志而成，分疆域、分野、沿革、城池、郭坊、郡名、风俗、形胜、山川、楼亭、祠墓、公署、仓储、学校、古迹、职役、兵制、驿递、桥梁、土产、土田、贡赋、教坊、院亭、寺宇、户口、人物、孝烈和古事等29门。《江华府志》全鲁镇纂，2卷，上卷设建置沿革、形胜、姓氏、风俗、山川、土产、城郭、关梁、镇堡、墩台、烽燧、坊里、岛屿、宫殿、府廨、学校、祠坛、亭台、陵墓、佛宇等门，下卷设职制、军制、贡士、名宦、流寓、人物、列女、古迹、事实9门。综观上述两志所记内容几与明清方志无异，所设体例亦是常见之平目体，足可见受中国方志编纂影响之深。此外，李朝时期还仿照一统志编修了《东国舆地胜览》《大东地志》等志，亦有名士私纂的志书，如李重焕《择里志》。另有一部明代朝鲜人（佚名）撰的《朝鲜志》传至中国，清代《四库全书》收录。该志2卷，两万余言，卷首略叙疆域沿革，不标其目，以下分六大纲为经：曰《京都》，曰《风俗》，曰《古都》，曰《古迹》，曰《山川》，曰《楼台》，以所属八道为纬，应是仿明代简志所作的总志。

三是日据时期（1910—1945）。1910年，日本与朝鲜签订《日韩合并条约》，设立朝鲜总督府对其实行殖民统治。日本在统治朝鲜半岛时期，为了全面掌握各地情况，进行了一系列调查并编成志书出版。据傅

---

① 党斌：《朝鲜王朝时期〈择里志〉述略——兼谈中国方志编纂对朝鲜半岛的影响》，《中国地方志》，2019年第2期，第69页。

德华编的《日据时期朝鲜刊刻汉籍文献目录》统计，日据朝鲜时期刊印的各类方志文献多达380余种。[①]这些志书虽非完全成书于日据时期，但仍在一定程度上反映出当时无论是殖民国还是被殖民国对方志编修的态度。

三、越南

同样受中华文化的影响，越南也是一个很早就有修志传统的国家。自12世纪开始，李朝英宗帝（1140—1162）已命群臣编修国家地图并记述其风俗习惯，史载"壬辰十年，宋乾道八年春二月，帝又巡幸海岛，南北藩界，图记风物而还"，[②]后历陈朝、黎朝、阮朝等朝代，越南的地方志编纂逐步发展。

阮朝是越南历史上编纂志书的高峰期，成立初（1806）就曾由黎光定（1759—1813）用汉文修过一部总志——《皇越一统舆地志》。1820年，阮朝国史馆成立后，越南的地方志编修更是得到前所未有的重视。国史官亦编著不少总志，如《同庆地舆志》《大南一统志》等。迨至19世纪末20世纪初，几乎当时越南境内的各省市都编有方志。据统计，存留至今的越南地方志还有国志（类似中国的一统志、总志）66部，省市县社志92部。[③]这部分志书多仿中国地方志而成，且使用汉字或者汉喃字编写。如越南现存最早的地方志是15世纪阮荐（1380—1442）编纂的《南越舆地志》，该志仿照中国《尚书·禹贡》的体例编修，因而又称《安南禹贡》《黎朝贡法》，记述了越南从泾阳王时代建立国家到黎朝的地方沿革。再如著名的《嘉定通志》是一部由阮朝华裔官员兼学者郑怀德（1765—1825）用汉语文言编就的地方志。原书共三卷，包括卷一《星野志》《山川志》《风俗志》，卷二《疆域志》，卷三《物产志》《城池

[①]傅德华：《日据时期朝鲜刊刻汉籍文献目录》，上海：上海人民出版社，2011年。
[②]孙晓主编：《大越史记全书》（点校本），重庆：西南师范大学出版社，2015年，第113页。
[③]［越］阮友心：《越南改革开放后的省市方志编修情况初探》，《首届中国地方志学术年会暨方志文献国际学术研讨会论文集》，北京：中华书局，2012年，第334页。

志》，主要记述了嘉定城及越南南部一带（嘉定城、藩安镇、边和镇、定祥镇、永清镇及河仙镇）的历史沿革、建置、疆域、物产、商业、交通、水利、城镇等情况，以及当地华侨的相关事迹。该志是研究阮朝初年历史及越南南部华侨史的重要史料。

被法侵占期间（1884—1945），越南在20世纪初的40余年时间里，南方约有20个省市编修出版地方志，如《边和市地志》（1901）、《嘉定市地志》（1902）、《龙川市地志》（1905）、《河仙省地志》（1906）等，这些方志大部分用法文编写，甚至由法国公使直接指导编纂。同时期的北方也有私人用汉字或喃字编写志书，如《清化省志》（不详）、①《永安河地志》（1939）、《江北地志》（1943）等。

总之，在古代汉字文化圈辐射范围内日本、朝鲜、越南三国的方志编纂都在不同程度上受到中国的影响，亦随着中国方志的不断发展而日趋成熟，其不仅模仿中国的修志理念而且沿用中国方志的体例、用语等。虽然到后期因为西学的传播在编纂语言、内容上有所变化，但是仍在一定程度上沿袭了中国方志编修的传统。时至今日，日本、韩国、越南等地因为没有国家制度的保障难以连续编修，但还是不断有新编地方文献（主要是地方史）出版。

①〔越〕阮友心：《越南编撰县志的现况——以清化省诸县志书为例》，载中国地方志指导小组办公室编《走向世界的中国方志文化——国际学术研讨会论文集》，2017年，内部编印，第468页。据阮友心考证，20世纪初清化省编撰了多种省志，现存7种，其中两种用法文所纂，分别为 *La Province de Thanh Hoa*, *Le Thanh Hoa*；另外5种分别用汉字或喃字编写，分别是《清化名胜录》《清化纪胜》《清化省志》《清华省图本》《清化观风》。

第三节

浙江志人志书的境外传播

历史上，许多浙江的方志佳构在几个世纪前就传至域外为世人所称道，如著名的"临安三志""四明六志"及《浙江通志》《西湖志》等等，然因为时间久远，这些影响几乎没有留下多少痕迹。幸运的是，在史海浮沉中，仍有浙江明末遗民陈元赟东渡日本为长门藩主纂修《长门国志》以及晚清严辰将光绪《桐乡县志》的编纂体会写成《墨花吟馆辑志图记》一书让人带至日本，请日本、朝鲜文人予以绘图、点评的史迹，让我们得以窥见当时浙江的志人志书是如何将方志文化传播至境外的。

一、志人——陈元赟

17～19世纪中叶是中日方志文化交流史上的鼎盛时期，虽然这一时期两国统治者为确保王朝的长治久安，实行海禁或锁国政策，但基于长期以来对中华文化的仰慕，大批汉籍还是通过唐船持渡到达日本长崎港，其中就包括数量可观的方志，而方志特有的学术和实用价值又使之成为当时幕府、藩主竞相争购的对象。与之相适应的是，日本地方史志编纂受此影响，进入空前繁荣阶段。显然，在现时的相关研究中，书籍交流似乎已被定义为唯一的方志文化传播模式。不过考诸史迹可以发现，在彼时的历史空间里，却真实存在着一位"才学富瞻，通诸技"的浙江学者陈元赟，他于明清之际渡海赴日，曾为萩津长门藩主毛利辉元撰过一部《长门国志》。

陈元赟（1587—1671），原名珣，字义都，号芝山，别署羲都甫、士升、既白山人、升庵、崆峒子、虎魄道人、瀛壶逸士，因居名古屋九十轩町，又署谐音菊秀轩。浙江余杭陈家桥人。"幼聪敏，通经史，多才艺，而应科举辄不第"，遂绝意仕途，"飘蓬无定迹"。[1]此间，为谋生计，曾学过烧陶、医术、日语等技艺，并辑有《珊瑚枕》一卷。27岁，至少林寺习武，同时管理寺内陶器、药材，年余离寺。明万历四十七年（1619）秋，"委身商客而来长崎，患痢日久，腰钞皆空，卒不得返"。[2]两年后，福建总兵使节单凤翔赴日商讨倭寇事宜，邀请陈元赟充当临时译员，在京都三月，得以结识当时的汉学者林罗山、户田花屋、松永尺五等人。单氏无功返国时，亦未随归。虽然陈元赟没有从行的真正原因，现已不得而知，但不难发现，他寓居日本既非躲避明末虐政和动乱，亦非明亡抗清失败逃避迫害，而是与其谋生求业的迫切需要以及"漫游自适，求奇遇、访异人于海外的志愿"[3]有关。万历四十九（1621）冬，陈元赟游学萩津长门，谒见藩主毛利辉元，并用汉文纂成《长门国志》。

《长门国志》又名《萩津长门国志》，原稿本一卷，为陈元赟手抄底稿，现存日本山口县厅，明治二十四年（1891）看雨隐士经校核印入《长周丛书》。长门国，系日本"大名"统治下的藩国，属山阳道，俗称长州，领有安艺、周防、长门、石见、出云、备后、隐歧等地，地在今本州山口、广岛以东，为日本古代连接中国大陆和朝鲜的门户。因此，《长门国志》即相当于中国的地方志。该志撰成于日元和九年（1623），属陈氏寓日初期作品，亦是其现存唯一有案可查的方志成果。[4]全志横

①梁容若：《中日文化交流史论》，北京：商务印书馆，1985年，第232页。
②〔日〕山边松：《升庵诗话后序跋》，1692年，转引自衰尔钜：《陈元赟集》，沈阳：辽宁人民出版社，1993年，第423页。
③梁容若：《中日文化交流史论》，北京：商务印书馆，1985年，第232页。
④根据《中国地方志流播日本》一书所记，尾张藩主德川义直"幼好学，致力于搜集汉籍"，曾在长崎大量收购中国方志藏于文库。而陈元赟在日中后期所仕正是德川义直，由此笔者大胆猜测，陈氏在尾张任儒官期间应该有从事中国方志文化的交流、传播甚至实践活动。

分门类，纵述史实，卷首置《萩津长门国志序》，正文设长门国都志、土俗、太守氏族世代源流、仪表、德行实录、履历事迹6门，后辅以"总论""赞"各一，3000余字。

《萩津长门国志序》为自序，述其"不愧以谫才作志"的缘由及陈氏渡海赴日、游历长门以及纂写志书的时间。《长门国都志》记述内容包括国都的历史沿革、自然地理、山川寺观、古道关隘、物产贸易、历史掌故等，并释明国名取义的源流。《土俗》简叙长门国的地理位置、气候、人民生活、物产、邻地、水质、习俗、文化、宗教、节庆、语言等诸多内容，文字精练，纪录质实。特别值得注意的是，文中还涉及有关俘民的记载，"东去一里余，名松本，朝鲜俘民居之，以甄陶磁器"，这些居民应为万历朝鲜战争①的俘虏，他们的生活状况不仅烘托了长门国人"多善良而礼仪"的民风，更为下文实录太守之德行做好铺垫，且在战争史、移民史方面具重要史料价值。《太守氏族世代源流》首溯毛利氏世系，次述其妻妾子女情状。《仪表》细摹太守神形声貌，"年逾七十，真气愈盛，童颜益春，终日酬对民物，了不作衰态"。《德行实录》备载其"度才量用，礼士尊贤"，"敬远慈旅，薄敛轻刑，视百姓如子，体悉疾苦，轸念灾瘼，救护之无所不至"②的仁睿德行。《履历事迹》则详记毛利家族建国之初的辉煌史迹，继而叙述庆长之役后，"与江户先将军竞宇大坂"的史实；最后阐明"去广岛而迁都长门"的缘由，生动再现了长门国由盛及衰的历史变迁以及日本战国（1467—1573）末年群雄逐鹿的真实景象。"总论"部分以"论曰"标示而发表议论，为《德行实录》《履历事迹》所记之总论。"赞"亦以"赞曰"启，四言韵文，共80字，为颂太守仁德的史赞。

概言之，《长门国志》较好地保存了中世纪日本本州西部政治、经

---

① 万历朝鲜战争，是四百年前发生在朝鲜半岛的一场国际战争。日本史书把万历朝鲜之役分为两次战争，分别叫作文禄之役和庆长之役。朝鲜史书则称之为壬辰卫国战争。整个战争从万历二十年（1592）开始至万历二十六年（1598）结束，历时七年。

② 陈元赟：《长门国志》，1623年，转引自袁尔钜：《陈元赟集》，沈阳：辽宁人民出版社，1993年，第186页。

济、社会、地理、民俗等方面资料，虽然篇幅短小，但体例内容颇具特色：①其一，就记述重点而言，以载地理、人物为主，以人及史；其二，就志书体裁而言，既具备方志特有的志体、述体，又杂糅了赋、论、赞等多种体裁，文学色彩浓郁，呈现出明代志书注重文辞修饰的典型特征；其三，就总体设计而言，受明代尚简志书影响显著，若较之著名的《武功县志》《朝邑县志》，则可发现颇多相类之处。

《长门国志》《朝邑县志》《武功县志》体例内容对照表

类目 ＼ 志名	《长门国志》	《朝邑县志》	《武功县志》
纂修者	陈元赟	韩邦靖	康海
刊行时间	明天启三年(1623、日元和九年)	明正德十四年(1519)	明正德十四年(1519)
卷数	一卷	两卷	三卷
总字数	三千余字	五千七百余字	二万余字
篇目	萩津长门国志序(自序)	康海序、韩邦靖自序	吕柟序
	长门国都志(历史沿革、自然地理、山川寺观、古道关隘、历史掌故)	总志(行政设置、自然地理、历史沿革、人丁户口、文物古迹、商铺学校、古道关隘、山川水系、历史掌故)	地理
	土俗(物产、风俗、赋税)	风俗	建置
	太守氏族世代源流	物产	祠祀
	仪表	田赋	田赋
	德行实录	名宦	官师
	履历事迹	人物	人物
	总论	杂记	选举
	赞	吕柟后序、王道跋	杨武跋

从上述对照表看，在内容载述上，《长门国志》承继二志"以简略为尚"的传统，但文词更事雕琢、简古；在体例篇目上，二志均属平目体，而《长门国志》则融合了平目体和纪传体两种结构，张弛有度；在门类设置上，《长门国志》对二志多有借鉴，同时又根据长门国的实际

---

①具体可参见拙文《陈元赟及其〈长门国志〉——兼论明末清初中国方志文化在日流播的另一种可能》，《浙江社会科学》，2014年第9期。

情况重新整合，重点记录与太守相关的内容，并以此反映一地的历史与现状。

除了亲自纂修《长门国志》外，艺州藩儒黑川道祐修《艺备国郡志》时也曾就修志问题和陈元赟通过信。可以说，陈氏的在日修志的行为，打破了自8～9世纪开始两国之间单向、静态、间接的方志文化传播形式，建构了一种双向互动的交流形态，从而使地方志这种特殊的文化载体在日本衍化出鲜活的生命力。

事实上，在明末清初的东亚历史空间里，不仅书籍不是方志文化交流的唯一载体，《长门国志》亦不是其唯一佐证，那些流落海外的胜国逋臣，在异邦寻求"生"的希望的同时，也把对国家、对民族乃至对家乡的深深思念与想象投射到对已有方志文本的推荐和品评上，如戴曼公就曾将《西湖志》介绍给岩国藩主吉川广家、吉川广正父子，前文述及的水户藩主德川光圀编修《大日本史》也是受到朱舜水的提点，而这些名儒无一不是浙江人。

二、志书——光绪《桐乡县志》

在晚清的浙江修志史上，有一部被俞樾赞为"体大而义精，文详而事覆"的名志——光绪《桐乡县志》。该志的纂修过程颇为特殊，一般明清时期的县志均为官修，光绪《桐乡县志》却"由一人闭户仰屋""积十数年之力，聚百数十种之书，旁征博引，去非求是"①而成，殊为少见。

纂者严辰（1822—1893），号缁生，又作缁僧，浙江桐乡青镇人。道光二十三年（1843）举人，咸丰九年（1859）年进士，授翰林院庶吉士，充武英殿国史馆协修官。后因试赋中使用不恰当文辞，引起慈禧太后不快，成绩由首列降至第十名，改任刑部主事。在朝之时，亦不得

---

① 俞樾:《俞曲园前辈书》,光绪《桐乡县志》,《中国地方志集成》(浙江府县志辑23),上海:上海书店出版社,1993年,第3页。

志，于同治三年（1864）辞归乡里，养老著书。[1]严辰隐居乡里的数十年间，"于邑中嘉惠后学，为民请命之事，知无不为，为无不力"[2]，且尤为重视文教，广建义塾。同治四年（1865）在青镇设立志书院，自任山长。后又任桐溪书院、濮院翔云书院山长多年，实乃桐乡"巨绅"。

同治八年（1869），严辰参加了郑凤锵《新塍琐志》的编写，为其后修《桐乡县志》奠定了基础。光绪十三年（1887）秋，严辰又毕十年之功，独纂光绪《桐乡县志》，全志32卷，首4卷，正文24卷，附补文录4卷。除首4卷外，其后各卷前均置小序。

光绪《桐乡县志》篇目一览表

卷序	篇目
卷首一	诏谕
卷首二	天章
卷首三	恩赐
卷首四	巡跸（行宫大营图、南巡程站图并附）
卷一	疆域志上：沿革、界至、市镇（县镇图附）、都图（全境图附）
卷二	疆域志下：山川、水利、古迹（八景图附）、风俗
卷三	建置志上：城池（城图附）、衙署（县治图附）、仓厫、驿铺、坛庙（祠祀附、城隍庙图附）
卷四	建置志中：学宫（文庙图附）、书院（桐溪、立志两书院图附）、义学（乡约附）、善堂、善会（义冢附）
卷五	建置志下：津梁、寺观、园宅、冢墓、坊表
卷六	食货志上：户口、地亩、钱粮、赋役、漕运、贡丝、部颁新章（桐邑新政附）
卷七	食货志下：蠲恤、减赋、积谷、物产、农桑
卷八	官师志上：职官表
卷九	官师志中：官师志中、新员弁表
卷十	官师志下：名宦录
卷十一	选举志上：科目表

---

[1] 王兴亮：《晚清中外文化交流史上的一段佳话——兼及严辰光绪〈桐乡县志〉的方志理论探讨》，《中国地方史志》，2007年第4期。

[2] 严辰：光绪《桐乡县志·后序》，《中国地方志集成》（浙江府县志辑23），上海：上海书店出版社，1993年，第1046页。

卷序	篇目
卷十二	选举志下：仕进录
卷十三	人物志上：两庑先儒、道学源流
卷十四	人物志中：忠烈（忠义表附）
卷十五	人物志下：宦绩、孝友、经学、文苑、义行、隐逸、耆瑞、方技、寓贤、方外
卷十六	列女志上：忠烈妇女
卷十七	列女志中：节妇（前后录）
卷十八	列女志下：烈女、烈妇、贞女、孝妇、孝女、贤妇、贤母、寿母、寿妇、才媛
卷十九	艺文志：书目、碑碣
卷二十	杂类志：兵事、祥异、补遗、订误
卷二十一	撰述志：文录上
卷二十二	撰述志：文录中
卷二十三	撰述志：文录下
卷二十四	撰述志：文录补（旧志序附）
附四卷	附杨园渊录四卷

由上表可知，光绪《桐乡县志》属于典型的纲目体方志，体例严谨，门类齐全。且严辰志序中言其为修县志，足迹所遍"十八行省，仅少其三，而吾浙十一府、三厅、七十六州县之志，则全备无缺"。对于地方文献的搜集"凡与吾桐有涉者，如《浙江通志》《嘉兴府志》《桐乡县志》《桐溪纪略》《桐溪诗述》《乌青镇志》《乌青文献》《濮川所闻记》《濮镇纪闻》《双溪诗汇》《清江集》《程巽隐集》《李临川集》《张杨园集》《周孟侯集》《冯孟亭集》《程密斋集》《朱氏新安先集》《金氏清芬录》。有雕本，有写本，皆已罗而致矣。而他省、他邑之志，无论足本残编，见则必购取以归。虽无涉于桐，而可以师其意，宗其法，参用其体例也"。①此外，还有邑人著述以及相关备查工具书等，无不收罗靡尽。可见，严辰为了修好此志，可谓苦心孤诣，费思伤神。

而事实也证明，该志确在体例、写法上有过人之处。在体例上，严

---

①严辰：光绪《桐乡县志·前序》，《中国地方志集成》（浙江府县志辑23），上海：上海书店出版社，1993年，第1页。

辰认为"考地球之上有五大洲，中国不及五分之一，岂足当分野之全？"，[1]因而取消分野；以往志中之图均列卷首，而其效仿《平湖县志》的做法，将图分附各门，左图右史，便于观览；又如在《食货志》中添入"部颁新章（桐邑新政附）"，在《官师》一门添设"新员弁表"，表明其对洋务等新生事物的认可与支持。同时，从志书篇幅巨大的《凡例》中即可见纂者于志书谋篇布局的精思，尤其是《建置》《食货》《人物》等志门目的设置均有新见。在写法上，严辰不仅对他人之说都注明资料来源，"各门叙述之后欲参以己意者必加按语以识之"，[2]而且对人物的入志标准、分类都做了严格的限定与区分。其中，尤有新意的是对西方测绘技术的运用，严辰在前序中直指传统地图绘制的弊端："旧志之图既纠纷不可辨识，而度地之法辰实茫然"，为了求得满意之法，他遍访名士，终于寻得湖州徐篆香"用西洋测远镜升高而测之，以勾股算术计镜中目力之所及，定四望之广轮延袤，以合于罗盘之度数，可无毫发爽，不数日而图以成"，因此甚为满意，并赞"徐君之法则如华严楼阁弹指立现，神乎技矣"。[3]所以光绪《桐乡县志》所附地图大部分由现代测绘技术绘成，远非当时他志所能比肩。在修志过程中，严辰还多次向挚友、经学大师俞樾求教，志前所收《俞曲园前辈书》即是一例。

十年间，严辰为修光绪《桐乡县志》四处奔波，耗尽心力，终成佳志。高兴之余，亦希望与同侪分享整个编修过程，于是请外甥沈瑞琳绘图4幅，以图呈现其修志场景：《陔余丛考图》摹其在家中侍奉父母之余，查考入志资料的场景；《瓻酒借书图》录其饮酒著书，往来于上海、杭州、苏州等地，向丁丙等人借阅资料、爬梳剔抉的专注；《蓬窗载笔图》述其在船屋中从事编撰，推窗望海的遐思；《海滨闭户图》画其闭门谢客，以著书为务的艰辛。除此之外，严辰还就修志问题作诗22首，

---

① 严辰:光绪《桐乡县志·凡例》,《中国地方志集成》(浙江府县志辑23),上海:上海书店出版社,1993年,第7页。

② 严辰:光绪《桐乡县志·凡例》,《中国地方志集成》(浙江府县志辑23),上海:上海书店出版社,1993年,第8页。

③ 严辰:光绪《桐乡县志·前序》,《中国地方志集成》(浙江府县志辑23),上海:上海书店出版社,1993年,第2页。

又邀请其挚亲好友、门生故旧为其志书题诗百余首，结集成《墨花吟馆辑志图记》。

《墨花吟馆辑志图记》刊行于光绪十四年（1888）。两年后，严辰请其晚辈、时任清朝政府驻日参赞陈明远将此书携往日本，"分赠海东朋好，并征题咏。当请日本石川君鸿斋绘辑志图四，乞中外同人题词，得十余家"。①他不仅请东瀛文人、学者点评唱和，还请善于绘画的石川英根据原来的四幅图，重绘其事。之后，他把这些作品辑成《海外墨缘》一书。

实际上，主动向海外传播自己作品的举动在当时并非罕见。晚清时期，清政府因推行"洋务"而锁国政策渐有松动，中、日、朝三国的文人唱和尤为活跃。俞樾就曾应日本学人之请，精选日本诗人汉诗著作，成《东瀛诗选》，在日本风靡一时。严辰本人在京任官时与国外学者也有交往，他曾在诗中写道："东海同文止两邦，三韩名士记双双。而今又有才人出，笔力依然鼎可扛。自注：余旧识高丽使臣李藕船、申琴泉二君于京邸。"②因此，严辰对与日、朝官员、学者的交往并不陌生，而且此前其《墨花吟馆诗钞》已传入日本，并有一定影响。

在《海外墨缘》中我们发现，除了石川英之外，应邀作诗的还有日本江都学者向荣，东京学者森大来、籾山逸也、石磏永坂周求是，以及朝鲜学者俞箕焕等人，多是当时日本、朝鲜有影响力的汉文学家。石川英谙于汉学，与黄遵宪多有往来；森大来是为日本翻译《红楼梦》的第一人；籾山逸也擅长汉诗，曾任《国会》《花香月影》编辑；石磏永坂周求是则与李叔同交善。此外，录于书中的另一部分诗作乃当时驻日使馆的官员、外交家所作，亦为精通中日文化的饱学之士。《墨花吟馆辑志图记》能受到以上中外学者的高度肯定，无疑是对光绪《桐乡县志》编纂质量与方法的认可。石川英甚至发出"前身或是生中土，未克金环

---

① 王宝平主编：《海外墨缘》陈明远诗前序，《中日诗文交流集》，上海：上海古籍出版社，2004年，第436页。

② 王宝平主编：《海外墨缘》陈明远诗前序，《中日诗文交流集》，上海：上海古籍出版社，2004年，第456页。

记宿缘"的感叹，并邀请严辰"若爱樱花铺锦地，来游蓬岛玉墙城"。①

　　由是以观，作为一部名志佳乘，光绪《桐乡县志》虽未能全帙赴日为异国学者参鉴品评，然《墨花吟馆辑志图记》也是汲取了该志编修的精髓与经验，其诗其画，无不包含了以严辰为代表的浙江志人所具有的修志气象与追求。

---

①王宝平主编：《海外墨缘》陈明远诗前序，《中日诗文交流集》，上海：上海古籍出版社，2004年，第455页。

第四节

境外旧志的整理、研究与利用

　　《中国科学技术史》的主编英国学者李约瑟（Joseph Needham，1900—1995）曾言："希腊的古代文化乃至近代英国，都没有留下与中国地方志相似的文献，要了解中国文化，必须了解中国的地方志。可以说，中国文化在人类最先发达的少数几个古老文化中，之所以延续至今没有中断，很大程度上得益于这种官修志书的传统。"[①]这一评价很好地点出了地方志在世界文化宝库中的独特地位与价值。随着境外各国收藏及利用中国方志数量的增加，越来越多的研究随之开展，日渐深入。本节主要就这一发展历程和相关成果做一梳理和总结，进一步凸显这些流失境外的中国方志尤其是浙江旧志在汉学研究[②]中的价值与地位。

一、境外旧志目录、提要的编写

【东亚地区】

　　有关境外汉籍目录的编制，最早可以追溯到日本的奈良时代，如吉备真备的《将来目录》著录了他从中国带回日本的汉籍。[③]而真正意义上系统整理馆藏中国方志则始于江户时代。迄今所知最早的方志目录是

[①]〔英〕李约瑟：《中国科学技术史》，北京：科学出版社，1975年。
[②]域外汉学研究包括文学、历史、宗教、艺术和艺术史等人文学科，本节主要以域外的中国史研究为对象。
[③]巴兆祥：《中国地方志流播日本研究》，上海：上海人民出版社，2008年，第230页。

由加贺藩主前田纲纪因幕府要求在1721年编的《府志目录》。其后又有幕府红叶山文库编的《清国地志检目》等。至近代，日本编纂中国方志目录主要为侵华战争和殖民掠夺服务，如《中国府县志目录》（1933）、《满洲地方志综合目录》（1939）、《台湾总督府图书馆所藏支那地方志目录》（1939）、《中国地方志目录》（1942）以及《东洋文库地方志目录》（1935）。"二战"结束后，虽然为战败国，日本国内却一度出现中国方志目录编研的热潮，有1955年天理图书馆编的《中文地志目录》、1950—1964年国会图书馆一般参考部编的《国立国会图书馆藏中国地方志综录稿》、1964年东洋文库编《中国地方志联合目录》、1966年九州大学图书馆编的《九州大学收藏中国地方志目录》。1969年国会图书馆参考书志部又在《国立国会图书馆藏中国地方志宗录稿》的基础上编成《日本主要图书馆、研究所所藏中国地方志总目录》，收录了日本14家收藏机构约2860种地方志。这一时期，还有一部为学者个人编纂的方志目录，如1962年山根幸夫编的《日本现存明代方志目录》（1971年出版增补本），1995年又出《新编日本现存明代地方志目录》，主要为其学术研究服务。20世纪90年代中期开始，日本各大收藏机构就鲜有修订或再版中国方志目录。直到21世纪初，才有复旦大学巴兆祥教授在其专著中附录《东传方志总目》，是目前日本藏中国方志最全的一部目录。

　　日本编纂的方志提要滥觞于江户时代的《大意书》，其中有涉及部分中国方志的简要叙述。之后又有《舶载书目》《经籍访古之》《汉籍解题》《静嘉堂秘籍志》《目睹书谭》《羽陵余蟫》等，但上述均非专门为方志而编的提要，且都成书于20世纪50年代以前。

　　除日本外，同属东亚地区的朝鲜半岛历史上也曾有与中国类似的古代书目编纂，但无专门的方志目录。直至1977年，①韩国著名的汉城大学东洋史和中国明清史专家吴金成教授首编《汉城大学收藏明清代地方志目录》，后于1987年编《国内收藏中国地方志目录》；1993年又编《国

---

①韩国首尔大学图书馆在线目录显示，该目录发表于1977年的《汉城大东洋史学科论集》。

内收藏中国明清地方志目录补》，1998年编《韩国图书馆收藏中国地方志目录》。[1]韩国的相关目录均有吴氏一力承担，其延续性、统一性和严谨性都比较好。

【北美地区】

美国专门著录中国方志的书本目录始于20世纪20年代，是施永格为国会图书馆所藏而编（后有补编），1934年有克莱德（B. A. Claytor）编的 *Official gazetteers of Province，prefecture，and districts of China in the Library of Congress*。1939年国会图书馆又邀请朱士嘉先生编纂《美国国会图书馆所藏中国地方志目录》，并于1942年出版，此后未有新编目录。逮及20世纪60年代初至80年代末，陆续有8个收藏机构出版了书本目录，分别是：康奈尔大学华生图书馆的 *Chinese local Gazetteers（fang chih）in Wason Collection*（1964），[2]匹兹堡大学东亚图书馆的 *The Chinese Local History，A descriptive Holding List*（1969），[3]密歇根大学亚洲图书馆的 *A Checklist of Chinese Local Gazetteers in Asia Library*（1968），[4]芝加哥大学远东图书馆的 *Chinese Local History*（1969），[5]华盛顿大学东亚图书馆的 *A Catalog of Chinese Local Gazetteers of China in the University of Washington*（1979），[6]加州大

---

①1993和1998年编的两份目录笔者请在韩国深造的表弟于首尔大学图书馆查询，均未能找到，颇为遗憾。

②Ma，John T. *Chinese local GazetteerS（fang chih）in Wason Collection*，Cornell University Libraries（Ithaca：1964）.

③Kou，Tomas C T，John W Chiang，Francis Chow.The Chinese Local Histoey，*A descriptive Holding List*（［pittsburgh］，1969）.

④Tang，Raymond N.*A Checklist of Chinese Local Gazetteers in Asia Library*（Ann Arbor：The University of Michigan，1968）.

⑤University of Chicago.Library. Far Eastern Library. *Chinese Local History*（Chicago：University of Chicago Bookstore，1969）.

⑥Lowe，Joseph Dzen－Hsi.*A Catalog of Chinese Local Gazetteers of China in the University of Washington*（Zug，Inter Documentation University of Washington，1979）.

学伯克利分校东亚图书馆的 *A Checklist of Chinese Local Histories*（1980），[①]
爱荷华大学图书馆的 *Chinese Local Histories in the University of Iowa library*
（1985）[②]以及犹他家谱学会的 *A Preliminary List of Chinese Local Histories at the Genealogical Society of Utah*（1987）。[③]其间，有一部区域性的地方志目录，即1979年施坚雅教授编的《浙江宁绍地区地方志目录》，也是海外唯一一份专门针对浙江部分地区旧志的专业目录，是施坚雅与其夫人曼素恩教授在共同致力于汉学研究的过程中为斯坦福大学胡佛研究所藏编制的。2013年李丹编的《美国哈佛大学哈佛燕京图书馆藏中国旧方志目录》出版，这是20世纪90年代以来最新的书本目录成果。

迄今为止，仅有的域外方志提要是2015年出版的《美国哈佛大学哈佛燕京图书馆藏善本方志书志》。该书志是国家图书馆副研究馆员李坚和刘波在美做访学期间为哈佛燕京图书馆所藏的723种善本方志（浙江49种）撰写的提要。收录方志范围为哈佛燕京图书馆藏中国善本方志，刻本一般以乾隆六十年（1795）为时代下限，稿本、某些稀见方志及钞本不在此限。另外，已收入沈津主编的《美国哈佛大学哈佛燕京图书馆中文善本书志》者，不再重复收录。书志在条目撰写中，注意勾勒每部志书在当地方志纂修史中的地位，对于影响较大的知名志书，则对其在方志学上的意义加以归纳；某些具有特殊价值的史料，特为拈出，略加提示；版本考订方面力图厘清哈佛燕京本与其他版本的异同，版本精良者凸显其重要价值。可以说，这是哈佛燕京图书馆百年来持续不断关注中国方志收藏和研究的最新理论成果。

此外，北美地区的图书收藏机构还出版了许多中文善本书目与书志（提要），其中都有地方志的内容。从上述目录、提要的编写情况来看，

---

① Zhang, Fanghua. *A Checklist of Chinese Local Histories*（Berkeley；Stanford‐Berkeley Joint East Asia Center，1980）.

② Felsing, Robert H. Yu, Hui‐hsien. *Chinese Local Histories in the University of Iowa library*（［Iowa City：University of Iowa］，1985）.

③ Church of Jesus Christ of Latter‐day Saints. Genealogical Dept. *A Preliminary List of Chinese Local Histories at the Genealogical Society of Utah*（［Salt Lake City：Genealogical Society of Utah］）.

可以发现一个显著的特点，即虽然北美地区起步比东亚的日本和朝鲜半岛要晚，但从20世纪初期开始至今，他们都非常注重利用华裔和中国国内知名学者一起整理、研究这笔丰厚的文化遗产，并且代有佳作。

【欧洲地区】

早在1877年，大英博物馆就出版了其馆藏20000册汉籍的中文刻本、写本、绘本目录。20世纪初期，法国的部分汉学家又相继编纂中文古籍目录，如高第（H.Cordier，1849—1925）的《中国书目》（1901）、古恒（M.Courant，1865—1935）的《中韩日文书目》（1902）以及伯希和编制的两张图书列表（即伯希和列表A与B，1913）与《梵蒂冈图书馆所藏汉文写本和印本书籍简明目录》（1922）。1935—1939年，王重民先生为法国国家图书馆编辑了更为详细的伯希和目录。1995年，日本京都大学人文科学研究所的高田时雄（Takata Tokio）教授在伯希和原稿的基础上校订出版了《梵蒂冈图书馆所藏汉籍目录补编》。[①]上述目录由于编著时间较早，除高田目录外多为手抄或打字本，且只有小部分内容涉及方志。

20世纪中叶起，欧洲地区的中国方志目录开始出现，如吴德明（Yves Hervouet）的《欧洲各国图书馆所藏中国地方志目录》（1957）和安德鲁·莫顿（Andrew Morton）的《英国各图书馆所藏中国地方志总目录》（1979），但这两份目录也是截至目前欧洲唯一公开出版发行的书本方志目录。

方志提要的编撰在欧洲相对滞后，至今尚无，现仅在《法兰西学院汉学研究所藏汉籍善本书目提要》（2002）、《西班牙图书馆中国古籍书志》（2010）中可见部分方志的条目。

---

①2006年中华书局依据《梵蒂冈图书馆所藏汉文写本和印本书籍简明目录》和《梵蒂冈图书馆所藏汉籍目录补编》两份目录出版了《梵蒂冈图书馆所藏汉籍目录》。

综上所述，地方志作为汉籍的重要组成部分，除东亚地区外，在20世纪前并未引起欧美收藏机构的过多关注，因此也没有相应的方志目录出版。自20世纪20年代起，现代意义上的方志目录编纂在美、日等国相继出现，并产生了诸多有代表性的著作，这些目录多数为著名的汉学家、华裔学者以及国内和港台地区的文献目录学家所编，大部分沿用至今，并对海外汉学研究起到了举足轻重的作用。21世纪始，随着国际学术交流的增多，中外图书收藏机构一起合作的方志书目、书志（提要）陆续出版，其中以北美地区成果最为丰硕。

二、汉学家对中国方志的研究与利用

19世纪之前，东亚地区等国在方志编纂（包括目录编纂）和殖产兴业方面，对中国的地方志多有借鉴和模仿，但域外真正意义上的研究与利用，则兴于19世纪后。

以日本为例，较早利用地方志研究中国历史、经济等问题的是石桥武郎、桑原隲藏。石桥在1901年发表的论文《唐宋时代的中国沿海贸易及贸易港》，取材的方志就有《广东通志》《澉水志》等。桑原1918年撰写的《关于宋末提举市舶使西域人蒲寿庚》，引用了许多福建方志。继其后又有清水泰次、如森鹿三、青山定雄等致力于中国史研究的学者。其中，青山在《唐宋时代的交通和地志地图研究》和《读史方舆纪要索引——支那历代地名要览》[①]等书中，将方志发展史作为研究对象，重点考证了唐宋时期的地方志及其体例、内容与地域分布。青山是这一阶段最具代表性的研究者之一。

20世纪中叶以后，日本新一代汉学家开始崭露头角，波斯义信的《宋代江南经济史》（1968），大量使用浙江杭州、湖州、宁波、绍兴等地区的方志，特别是在对萧山的湘湖水利进行考察时，以《湘湖水利志》《湘湖考略》为中心展开讨论。此外，他还撰有《宁波及其腹地》

---

① 李庆：《日本汉学史》（3），上海：上海外语教育出版社，2004年，第169页。

《长江下游城市化和市场的发展》等文章，无一不使用方志。

此后至八九十年代，日本出现了区域史研究的热潮，涌现出一大批善于利用地方志做研究的专家学者，其中以山根幸夫和森正夫最为著名。山根幸夫作为日本明史研究领域的权威之一，在60年代初就开始编纂日本现存的明代方志目录，并撰写了《关于江户时代日本输入的明代方志研究》，①其晚年的专著《明清华北定期市的研究》（1995）引用地方志多达130余种。森正夫的代表作《明代江南土地制度研究》（1988），也是活用地方志的典范，该书引用了30余种江南各地的方志；而《清代江南三角洲的乡镇志与地域社会》一文（1999），指出建立在市镇功能基础上的乡镇志不同于传统的以行政区划为依托的官修方志，前者具有更为强烈的乡土认同意识，同时，官修志书在采用底层乡镇的有关信息时经常会直接进行加工和编写，论文后附录了200多种明清乡镇志，实在令人叹为观止。此外，如滨岛敦俊的《明代江南农村社会的研究》（1982）、岸本美绪的《明清交替与江南社会》（1999）以及川胜守的《明清江南市镇社会史研究》（1999）都利用了不少浙江的旧志资料。

21世纪以来，日本的中国史研究对地方志的史料价值和地位都有了更为全面、深入的认识和展现。②如松浦章的《明清时代东亚海域的文化交流》（2009），在研究郑和下西洋的随员时，就在天启《海盐县图经》"官师篇第五之下·皇明"条中找到了当时同郑和一起下西洋的武官名字；又在"海宁卫"条中找到了武官的组织及其功绩的相关史料。③小林幸夫的《地方志的编修、刊行与地域社会》（2009），分析了清代中期以后，随着地方官参与的减少，新兴的地方治理者纷纷寻求记

---

① 〔日〕山根幸夫：《关于江户时代日本输入的明代方志研究》，《汉学研究》第3卷第2期（总第6期），1985年，方志学国际研讨会论文专号第1册，第357页。该论文附录了金泽藩主明代购买现藏于尊经阁文库的145种方志，其中以南直隶（37种）及沿海省份如福建（25种）、浙江（19种）为多。

② 具体可参见《中国史动态研究》1999—2009，每年的日本史学界的五代宋元史和明清史研究。

③ 〔日〕松浦章：《明清时代东亚海域的文化交流》，南京：江苏人民出版社，2009年，第39页。

录与本族相关的事情而积极地参与地方志的编纂活动，从而与旧的世家名门产生对立冲突。①

韩国方面必须提及的是汉城大学的吴金成教授，前文已论及他是唯一四次编纂中国方志目录的学者，这与其研究方向——中国明清史有一定关系。他的专著《中国近世社会经济史研究——明代绅士层的形成及其社会经济作用》（1986）、《矛与盾的共存——明清时期江西社会研究》（2018）及对明清时期江南地区市镇、绅士、商人等方面的系列论文都引用了大量方志资料，并因此获得了国际性的声誉。此外，崔韶子、朴元熵、金钟博等人的论著均涉及浙江旧志的使用。总体而言，韩国学者的治史风格接近日本。②

欧美地区对中国方志的研究和利用也可追溯至19世纪，但是若论兴盛则始于20世纪。③1921年，提议美国国会图书馆搜集中国方志的施永格博士发表了一篇专门介绍中国历史文献资料的文章，在正史之外，还特别介绍了中国的方志资源，他谈到综合性的方志不仅有对地图、山川、河流等基本自然地理风貌的记载，以及对当地社会经济（如农业、物产等）的介绍，更重要的是对当地的历史、人物及其著述都有着丰富的记载和详细的说明。他认为这些中国方志对研究中国任何历史阶段的文明都有着很高的价值。④

三四十年代，部分中国学者赴美协助图书机构编著善本书志、方志目录，同时也将自己对地方志的研究发表于当地的学术刊物，较好地推动了地方志在西方的传播，如朱士嘉先生于1942年离开美国国会图书馆后，9月份进入哥伦比亚大学研究院继续深造，其间在《哈佛亚洲研究

①〔日〕渡边美季、阿风：《2009年日本史学界的明清史研究》，《中国史动态研究》，2011年第1期，第66页。
②陈学文：《筚路蓝缕的三十年——明清江南史研究的回顾与展望》，载王家范主编：《明清江南史研究三十年1978—2008》，上海：上海古籍出版社，2010年，第12页。
③由于20世纪以后，西方的汉学研究中心逐渐由欧洲移至北美，因此本节以北美的中国史研究为主要论述对象，旁及欧洲。
④Walter T.Swingle. "Chinese historical source." The America 1 Historical Review, 1921, 26(4), pp.717—725。

学刊》发表了"Chinese Local Histories at Columbia University"（《哥伦比亚大学所藏中国地方志》，1944），[1]文章不仅对哥伦比亚大学图书馆所藏中国方志的数量、版本进行了梳理与统计，而且发现该馆有75种志书是国会图书馆不曾见到的。当然，其最重要的方志研究成果是博士论文 Chang Hsueh—cheng, His Contribution to Chinese Local Historiography（《章学诚及其对方志学的贡献》，1950）。这部论文共有六章，含三个附录和两个表格，共225页。最核心的内容在第二章和第三章，分别为章学诚方志学通论和方志学专论，[2]着重论述了章学诚其人与理论。该论文也是第一次系统地向海外介绍了章学诚及其方志学理论，可惜因时局的关系未能在美出版，至今国内亦无译本。不知十余年后出版的倪德卫（David S. Nivison）的代表作《章学诚的生平及其思想》（1966）是否受到了朱士嘉先生大作的启发。另外，1944年出版的恒慕义《清代名人传略》也引用了84种方志资料。

此后，随着西方学者对中国研究的日益深入，地方志作为一种重要史料，逐渐进入更多汉学家的视域。尤其是从20世纪七八十年代开始，西方学界对中国史的研究兴趣由前期的通史、断代史或纵向的专门史转向对中国社会及其结构和运动，特别是区域研究。在这类研究中，地方志资料得到了前所未有的重视，其优势也开始显现。[3]

就浙江而言，[4]就有哈佛大学包弼德（Peter K. Bol）教授的 *The Rise of Local History: History, Geography, and Culture in Southern Song and Yuan Wuzhou*

---

① ChuShih-chia, *Chinese Local Histories at Columbia University*, *Harvard Journal of Asiatic Studies*, vol. 8, No. 2,（Aug, 1944）pp.187—195.

② 有关这篇论文的具体内容可参看王成志：《朱士嘉先生的史志探索和成就：1939—1950年美国留学和工作时期》，《首届中国地方志学术年会暨方志文献国际学术研讨会论文集》，北京：中华书局，2012年，第941页。

③ 程洪：《地方志在当代海外中国研究中的价值和地位》，《首届中国地方志学术年会暨方志文献国际学术研讨会论文集》，北京：中华书局，2012年，第170页。

④ 其实，对浙江旧志的研究在20世纪70年代就已开始，即前文提及的美国著名人类学家施坚雅教授编纂的《浙江宁绍地区地方志目录》。其著名的宏观区域学说，运用区域系统研究方法来研讨中国近代的政治、经济、文化史，特别是社会史，形成了一个颇具声势的学派，"核心—边缘"理论是其核心内容，该学说在区域史研究领域至今仍有影响。他和夫人曼素恩教授都在区域史研究方面多有建树，也都是方志使用大户。

（《地方史的兴起：宋元婺州的历史、地理和文化》，2001）一文，以宋元时期的婺州为例选取了三种与地方史研究密切相关的资料——地方志、文化地理笔记和文人文集，探讨了如何从社会史和文化史角度看待这三种资料（尤其是方志）在记录地方史方面的客观作用，以及编纂这三种资料的文人对地方历史与文化记录与保存的自觉。①近年来，包弼德还就地方志的相关问题做了更为深入的讨论，比如地方史和地方志中关于"地方"的不同界定，数字人文中的地方志，等等。②

　　另一位在这方面颇有建树的是美国威斯康星大学麦迪逊分校历史系的戴思哲（Joseph Dennis）副教授，③其关于明代方志中自然和社会政治产物的研究，在对16世纪绍兴新昌县志的个案分析中，讨论了地方宗族势力、族群关系对地方志编纂的影响，代表论文是"Gazetteers Writing as a Strategic Act：the Private Purpose of the Wanli Xinchang Xianzhi"（《谈万历〈新昌县志〉编纂者的私人目的》，2000）和"Between Lineage and State：Extended Family and Gazetteers Compilation in Xinchang Country"（《在地区与家族之间：新昌县家庭观念的延伸和地方志的纂修》，2001）。戴思哲还进一步探讨了明代方志出版中的财务问题，④通过对500多种明代府、州、县志的考察，来研究在当时的中国编写一部地方志需要多少原材料、生产设备，需要付给编写人员、工匠、工人多少工资，需要多少交通运输、印刷成本，售出、馈赠的数额等名目繁多的费用计算。

　　美国马里兰洛约拉大学的亚洲史教授萧邦齐（Robert Keith Schoppa）被称为"浙江人"，因为他的中国史研究多数与浙江有关，比如博士论

①Peter K. Bol. "The Rise of Local History：History，Geography，and Culture in Southern Song and Yuan Wuzhou"，Harvard Journal of Asiatic Studies，vol. 61，No.1（June，2001），pp.37—76.

②详见其《从欧美视角看中国地方史研究》《群体、地理与中国历史：基于CBDB和CH-GIS》《数字人文与中国研究的网络基础设施建设》等文章。

③〔美〕戴思哲：《谈万历〈新昌县志〉编纂者的私人目的》，载王鹤鸣等主编《中华谱牒研究》，上海：上海科学技术文献出版社，2000年，第156—162页。

④〔美〕戴思哲："Financial Aspects of Publishing Local Gazetteers in the Ming Dynasty"（《明代方志出版中的财务问题》，2009），《浙江大学学报（人文社会科学版）》，2011年第1期。

文：*Chinese Elites and Political Change—Zhejiang Province in the Early Twentieth Century*（《中国的精英与政治变化：20世纪初的浙江省》，1982），专著 *The Blood Road—The Mystery of Shen Dingyi in Revolutionary China*（《血路——革命中国的沈定一传奇》，1995）等。其中，于2008年出版的 *Song Full of Tears: Nine Centuries of Chinese Life Around Xiang Lake*（《九个世纪的悲歌：湘湖地区社会变迁研究》，2008）一书，主要探讨了浙江湘湖地区从北宋直到现代的社会变迁，并通过发生在湘湖的故事来观察这一特定区域，感受其变化。作者在前言中说："湘湖的故事资料来源主要有以下一些：这里的五位历史学家的记述，历代《萧山县志》，有关湘湖的文献，当地人的随笔，大家族的族谱，还有报刊政府报告等。"其中历代《萧山县志》和有关湘湖的专志是作者最重要的参考资料。而《中国的精英与政治变化：20世纪初的浙江省》更是引用了省志4种，府县志30种，乡镇志12种。①

另外，曾先后在美国斯坦福、华盛顿、耶鲁及康奈尔大学任职的柯慎思（James H. Cole）教授所著 *Shaohsing—Competition and Cooperation in Nineteenth Century China*（《绍兴——中国在19世纪的竞争与合作》，1986）一书，也引用省志1种，府县志10种，乡镇志2种。②

除却上面所举的四位美国学者外，西方汉学界在旧志研究和利用方面比较有影响的还有：

加拿大英属哥伦比亚大学卜正民（Timothy Brook）教授的 *Geographical Sources of Ming-Qing History*（《明清历史的地理资料》，1988）。③该书是一部研究明清历史的工具书，全书共收录900余条书目，主要包括两部分内容：一是路程书（60种），一是地理志和机构志（860种）。④就数

①陈桥驿：《北美汉学家论中国方志》，《中国地方志》1996年第3—4期，第66页。
②陈桥驿：《北美汉学家论中国方志》，《中国地方志》1996年第3—4期，第66页。
③Timothy Brook. *Geographical Sources of Ming-Qing History*. Ann Arbor: University of Michigan Press, 1988.
④卜正民将专志划分为地理志和机构志两种，地理志即记载山川、湖泊、堤岸、岛屿、海塘、水渠、关隘、园林等自然要素的方志，机构志以寺院志、道观志、祠庙志、书院志、名胜志、陵墓志等为主。

量而言，有90%以上的篇幅在介绍地方志书，地理志以山志为最，湖泊、河流次之；机构志以寺院志、祠庙志为多，书院志亦不在少数。按省份来看，所收以浙江（224种）和江苏（153种）两省最丰，约占总数的44%，其中有浙江山志70种、名胜志15种、湖泊志13种、海塘志8种，寺庙志56种、祠庙志32种、书院志9种。①作者认为，这些专志多为当时名士所编且具有一定的专题性，因而比传统的官修志书更为重要。《明清历史的地理资料》所列地理志和机构志基本涵盖了明清时期所有的专志，其价值一方面可补诸多地方志目录之缺，②另一方面也可为明清地方社会史、经济史等研究提供参考。

与此同时，卜正民治史所用材料亦以方志为重，他曾言："我一直使用地方志，而地方志也影响到我。地方志的性质、内容以及编纂者的利益取向，对我选择什么样的历史课题、设定什么样的问题、采取什么样的路径，都起着很重要的作用。"③最直接的体现即是其三部专著 *The Chinses State in Ming Society*（《明代的社会与国家》，2004）、*The Confusions of Pleasure: Commerce and Culture in Ming China*（《纵乐的困惑：明代的商业与文化》，1998）及 *Praying for Power: Buddhism and the Formation of Gentry Society in Late—Ming China*（《为权利祈祷：佛教与晚明中国士绅社会的形成》，1993）。有学者对三书所引志书按照省份、类别进行了详细统计，其中以《明代的社会与国家》引用地方志数量最多，有274种，浙江38种（府志8种、州县志18种、专志12种）；《为权利祈祷：佛教与晚明中国士绅社会的形成》引用地方志186种，浙江45种（府志2种、州县志8种、专志35种）；《纵乐的困惑：明代的商业与文化》引用地方

---

① 刘兴亮：《中国方志"大用户"——加拿大汉学家卜正民》，《中国地方志》，2013年第3期，第54页。

② 中国的地方志种类繁多，现已出版的诸多目录，如收录较完备的《中国地方志联合目录》，包括本书所涉大部分目录，均以行政单位为名的志书为主，即一统志、省志、府县志、乡镇志、村志等，而《明清历史的地理资料》则主要收录了明清时期的专志。

③〔加〕卜正民：《明代的社会与国家》，合肥：黄山书社，2009年，第17页。

志93种，浙江11种（府志3种、州县志3种、专志5种）。①此外，他的多篇论文也大量使用方志，如"Family Continuity and Cultural Hegemony:The Gentry of Ningbo 1368—1911"（《家庭传承与文化霸权：1368—1911的宁波士绅》，1990）、"Native Identity under Alien Rule:Local Gazetteers of the Yuan Dynasty"（《外族统治下的本土认同：元代的地方志》，1997），等等。

美国纽约州立大学奥本尼校区何瞻（Jame M. Hargett）教授在"Song Dynasty Local Gazetteers and Their Place in the History of Difang Writing"（《宋代方志及其在地方志编纂史上的地位》，1996）②一文中详细介绍了宋代出现的几种方志类型及其特征，以及它们从北宋到南宋随着社会、政治、学术的转变而在体例和记录方式上的变化，但这些变化并未改变从早期方志那里继承来的特征与功能，并一直延续至清代。

美国明尼苏达大学范德（Edward L. Farmer）教授在"Picturing Ming China：A Study of Ming Dynasty Gazetteers Illustrations"（《图绘明代中国：明代地方志插图研究》，2000）③一文中通过分析明代地方志的插图来总结探析当时在地方志编纂过程中所透露出来的信息，并以此概括江南地区的社会风貌。作者认为，"方志提供的是自高管理中心向下俯视的视角，而非农村小寨向上看的视角"，方志地图中的图标体现了一种严格的等级观念。

这一阶段始至当下，由于欧美地区对中国方志本身及其史料价值的关注和研究热度不减，因而产生了诸多有关这方面的专著与论文（亦有关注浙江某一地的研究），因篇幅所限，笔者仅就目力所及择其大端罗列于下：④

---

① 刘兴亮：《中国方志"大用户"——加拿大汉学家卜正民》，《中国地方志》，2013年第3期，第52页。

② Jame M. Hargett. Song Dynasty Local Gazetteers and Their Place in the History of Difang Writing，Harvard Journal of Asiatic Studies，1996，5（2），pp.405—442.

③〔美〕范德（Edward L. Farmer）：《图绘明代中国：明代地方志插图研究》，载《中国社会历史评论》第二卷，天津：天津古籍出版社，2000年。

④ 前文已经提及的专著和论文不再重复收录。以下未注明国籍的均为美国。

1. Myers Ramon Hawley："The Usefulness of Local Gazetteers for the Study of Modern Chinese Economic History : Szechuan Province during the Ching & Republican Periods "

2. Donald Leslie，Jeremy Davidson："Catalogues of Chinese Local Gazetteers. Guide to Bibliographies on China and Far East"

3. G.William Skinner（施坚雅）："Modern Chinese Society，an analytical Bibliography"

4. Suzanne Wilson Barnett："Biographical Notices and Modern Education in Local Gazetteers of Nineteenth—Century Foochow"

5. Guy Alitto（艾凯）:《中国方志与西方史的比较》《论目前在西方中国地方史研究的趋势》

6. Melvin P.Thatcher（沙其敏）："Local Historical Sources for China at the Genealogical Society of UTAH"；"Selected Sources for late Imperial China on microfilm at the Genealogical society of UTA"；"Chinese Genealog y and Local Gazetteers for University Student：A Course Preview"

7. 居蜜:《安徽方志、谱牒及其他地方志资料的研究》

8. （法）Pierre—Etienne Will："Local Gazetteers as a Sources for Study of Long—term Economic Change in China：Opportunities and Problems"

9. Ming—ni Wang："A study of the Chinese local gazetteers of Chang Hsueh—ch´eng, 1738—1801, and his methodology"

10. Donald S. Sutton："The Promise of Social History via the Gazetteers：A Survey of Feng—su Sections of Republican Gazetteers at the East Asian Library，University of Pittsburgh"

11. Bangbo Hu（胡邦波）："Cartography in a Chinese Gazetteers of 1268，the Gazetteers of linan prefecture"；"Cultural Images：Reflection of political power in the maps of Chinese Administrative Gazetteers of the Song Dynasty（960—1279CE）"

12. Walter T. Swingle（施永格）："Chinese Historical Sources"

13. Chengzhi Wang："Development of state-managed publishing in China：Ancient Texts，Qing History and Current Gazetteers"

14. Ruth Mosterna："Historical Gazetteers：An Experiential Perspective，with Examples from Chinese History"

15. Joseph Dennis："Early Printing in China Viewed from the Perspective of Local Histories"；"Gazetteers of Northwestern China in the Bibliothèque Nationale de France"；"Chinese School Library Book Collection Database Project"

16. Marcus Bingenheimer："Bibliographical Notes on Buddhist temple Gazetteers These Prefaces and Their Relationship to the Buddhist Canon"

17. Gray Tuttle："A Guide to the Use of Chinese Gazetteers for Amdo"

18. 刘子建：《关于地方志的建议》

19. 潘铭燊：《美国国会图书馆藏高鸿裁原藏山东方志》《国会图书馆早年收藏中国方志略述（1869—1937）》

20. 范邦瑾：《美国国会图书馆藏中国孤本方志、图书举要》

21. Tang Li："Original Editions of Pre—1949 Chinese Gazetteers in the Yale East Asia Library"

22. 王成志：《朱士嘉先生的史志探索和成就：1939—1950 年美国留学和工作时期》

23. 何剑叶：《方志资料在新一代美国中国史学者研究中的利用——以加州大学伯克利校区为例》

24. 邱顾、沈津：《美国国会图书馆藏中国方志简述》

25. 李国庆：《北美中小图书馆藏中国方志初探》

26. 邹秀英：《克莱蒙特学院联盟图书馆藏原版旧方志简介》

27. 〔德〕Dieter Joachim Schubert："Collection and Use of Old Chinese Local Chronicles at the University of Goettingen"

28. Cecilia Lizama Salvatore："From Documentation to Access and Exhibit：Common Issues Related to Local History Collections"

29. David S. Nivison（倪德卫）：*The Life and Thought of Chang Hsueh-*

Ch'eng（1738—1801）

　　除去上述所列外，我们还可以借助近年来中国翻译的大量海外汉学研究著作去一探西方学者利用地方志的情况，笔者仅选取部分引用数量在10种以上的专著予以列表：①

书名	作者	出版社	出版时间	引用地方志数量
《中华帝国晚期的叛乱及其敌人——1796—1864年的军事化与社会结构》	〔美〕孔飞力 Philip Alden Kuhn 著，谢亮生、杨品泉、谢思炜译	中国社会科学出版社	1990年	39种
《长江三角洲小农家庭与乡村发展》	〔美〕黄宗智著	中华书局	1992年	31种
《明初以降人口及其相关问题1368—1953》	〔美〕何炳棣著，葛剑雄译	生活·读书·新知三联书店	2000年	187种
《十三世纪中国政治与文化危机》	〔美〕戴仁柱 Richard L.David 著，刘晓译	中国广播电视出版社	2003年	15种
《清初扬州文化》	〔美〕梅尔清 Tobie Meyer-Fong 著，朱修春译	复旦大学出版社	2004年	13种
《说扬州——1550—1850年的一座中国城市》	〔澳〕安东篱 Antonia Finnane 著，李霞译	中华书局	2004年	37种
《王氏之死——大历史背后的小人物命运》	〔美〕史景迁著，李璧玉译	上海远东出版社	2005年	18种
《闺塾师：明末清初江南的才女文化》	〔美〕高彦颐著，李志生译	江苏人民出版社	2005年	12种
《华北的叛乱者与革命者》	〔美〕裴宜理 Elizabeth J.Perry 著，池子华、刘平译	北京商务印书馆	2007年	18种
《道与庶道——宋代以来的道教、民间信仰和神灵模式》	〔美〕韩明士 Robert Hymes 著，皮庆生译	江苏人民出版社	2007年	11种

①前文已经提及的专著不再重复著录。

书名	作者	出版社	出版时间	引用地方志数量
《清代森林与土地管理》	〔美〕孟泽思Nicholas Menzies著，赵珍译	中国人民大学出版社	2009年	17种
《山东叛乱——1774年王伦起义》	〔美〕韩书瑞Susan Naquin著，刘平、唐雁超译	江苏人民出版社	2009年	10种
《中国：糖与社会——农民、技术和世界市场》	〔美〕穆素洁SuchetaMazumdar著，叶篱译	广东人民出版社	2009年	19种
《中国会馆史论》	〔美〕何炳棣著	中华书局	2017年	221种
《中国乡村——19世纪的帝国控制》	〔美〕萧公权著，张皓、张升译	九州出版社	2018年	150余种

说明：表格中所计之数字，均为1949年之前编纂、刊印的旧志。

从表格中可以看出，地方志给西方的汉学家们提供了一面研究中国微观社会的镜子，进而使他们的中国史研究更为扎实且贴近历史本来的样子。

地方志作为汉学研究的重要文献资料，还经常出现在早期西方汉学家所编写的书目或工具书中。一般而言，在关于中国史的推荐书目中，往往会有相应的重要方志资料。如德国汉学家傅吾康（Wolfgang Franke，1912—2007）的 *An Introduction to the Sources of Ming History*（1968）；[①]匈牙利汉学家白乐日（Etienne Balazs，1905—1963）和法国汉学家吴德明（Yves Hervouet）合编的 *A Sung Bibliography*（1978）；[②]荷兰莱顿大学教授宋理汉（Harriet T. Zurndorfer）的 *China Bibliography: A Research Guide to Reference Works about China Past and Present*（1995）[③]以及美国哥伦

---

①Wolfgang Franke. *An Introduction to the Sources of Ming History*.Kuala Lumpur and Singapore：University of Malaya Press，1968.

②Etienne Balazs and Yves Hervouet ed. *A Sung Bibliography*.Chinese University of Hong Kong Press，1978.

③Harriet T. Zurndorfer.*China Bibliography: A Research Guide to Reference Works about China Past and Present*.Leiden；New York：E.J.Brill，1995.

比亚大学教授黎安友（Andrew J. Nathan）的 *Modern China* 1840—1972：*An Introduction to Sources and Research Aids*（1973）。①应该说，上述书目让中国方志在西方得到了更为广泛的介绍和利用。但是，目前对中国方志资料作最综合概述和专门讨论的是哈佛大学的魏根深（Endymion Wilkinson）教授，他于1998年编写的 *Chinese History: A Manual*（《中国历史手册》，1998），②被认为是北美汉学标准工具书的集大成者。该书把对方志资料的介绍列在基本文献的"地理"类下，分别介绍了"总志"和"地方志"，并就其由来、类别和体例、门目等做了必要的解释，他指出旧方志"是研究中国过去一千年历史的最重要的文献资料，因为包含了丰富的关于中国地方行政、经济、文化、方言、职官与名人资料，而这些常常无法从别的地方获得"。近年来，一批年轻的史学者在继承了上述这些文献学教学所传递的研究方法后，对方志资料的运用更加稔熟，而方志的史料价值也在他们的中国史研究中得到了令人信服的体现。

由上可知，域外中国方志的开发利用经由早期零散著录于综合汉籍目录，逐渐发展至专门的地方志书目、书志的编著，然后在此基础上衍生出汉学研究的多种面向与成果。以中国史研究为例，我们会发现一个有趣的现象，即域外方志目录、提要的编写除了部分是图书机构邀请专业的文献目录学家编就外，还有一部分是由中国史方面的知名学者在其研究过程中为利用方志之便而纂成的，如日本的山根幸夫、韩国的吴金成、美国的施坚雅、法国的吴德明，无一不是享誉国际的汉学家，而他们的成就不仅体现在专业领域的创见，还因为这些方志目录的编纂为后来者开启了按图索骥探寻中华文化的便捷之门。

---

① Andrew J. Nathan. *Modern China 1840—1972：An Introduction to the Sources and Research Aids.* Ann Arbor: Michigan Papers in Chinese Studise no.14, 1973.

②Endymion Wilkinson. *Chinese History：A Manual.* Cambridge：Harvard University Press，1998，该书于2000年又出版了修订本。

第五章

资源共享，境外浙江旧志数字平台的创建构想

现代信息技术的迅猛发展，改变了人们通过传统纸质文献来获取信息、传播信息的方式，尤其是以互联网为代表的信息化手段，已成为人们获取资讯的主要渠道。而存留至今的地方志作为一种独特的古籍文献，其本身就包含有极为丰富的自然、社会、政治、经济、文化等方面的历史信息，因此如何保存并利用好这部分遗珍，显得尤为重要。遗憾的是，出于种种原因，仍有许多中国旧志流散境外，无法引回。近年来，随着传统文化的传播与继承越来越受到国家的重视，大量珍贵纸质文献都通过数字化手段，逐步实现了回流和无限制使用的可能。在此背景下，省思在外存藏的近400种浙江旧志该如何进一步开发与利用，将成为本章立足的一个重点。

境外中文古籍数字资源概述

　　20世纪80年代以来，随着计算机、网络技术的飞速发展以及数字化技术的不断进步，越来越多的境外机构对中国古代的文化遗存进行数字化加工，极大方便了研究人员与社会大众的使用。

　　1978年，美国人 P. J. Ivanhoe 首先尝试用计算机编制中文古籍索引，是为海外中文古籍数字化的先行者。[①]但在此后的20多年当中，汉籍数字化的工作并未取得实质性进展，直到20世纪90年代中期以后，随着存储成本的降低和互联网的迅速普及，收藏中文古籍的主要国家开始建立形式多样的数据库。其路径主要从初期的目录数据库、图像数据库逐渐向文本数据库、关系型数据库即当下的"数字人文"发展。从当前来看，全球性和区域性的合作数据库已经成为主要趋势，如由世界最大的联合目录数据库——OCLC（Online Computer Library Center）管理的WorldCat，已有170多个国家和地区的2万多家图书馆加入，包括3亿条书目和21亿条馆藏目录，并且每年以200万条的速度在增长，每天都在更新，其中含有大量中国古籍目录，但是中国大陆无法访问。又如"全球智慧数据平台"（Global Smart Data），简称GSD。该平台是由马克斯·普朗克研究所、哈佛大学、京都大学、中国国家图书馆、北京大学图书馆、超星数字图书馆等10家单位联合开发的知识共享动态索引数据库，截至2019年5月，该平台已收录国内外知识数据库和网站共207家。此外，区域性或独立的境外中文古籍数字化建设，在30余年的发展中也都取得了令人瞩目的成绩。

---

① 陈东辉：《二十世纪古籍索引编制概述》，《文献》，1998年第2期，第73页。

一、欧美地区

从20世纪90年代初开始，美国图书馆研究学会（Research Libraries Group，RLG）就开始了"中文善本书目数据库"建设，后RLG与OCLC合并，2009年该项目转移到由中美两国联合倡议下建立的"中华古籍善本国际联合书目系统"中。除美国外，英法两国也是较早开始馆藏文献数字化的国家之一。

【美国国会图书馆】

美国国会图书馆的"Online Catalog"书目检索系统已经稳定运行了20余年，可以输入简繁体汉字进行检索，并以中英文双语呈现。另外，该馆早在20世纪80年代就开始用光学磁盘来保存文献，进行全文图像的数字化处理工作。1998年开始实施"国家数字建构储存计划"（The National Digital Information Infrastructure and Preservation Program），计划建立一个虚拟图书馆，把所有馆藏资料均转化成数字化图像并通过互联网传送到世界的任何终端用户。目前该计划已经对部分珍贵中文古籍进行了全文图像数字化处理，其中包括中国旧志。有"美国国会图书馆善本"数据库①可提供相关检索和图像浏览。

【哈佛大学哈佛燕京图书馆】

哈佛燕京图书馆在中文古籍数字化方面是欧美地区投入资金和对外合作最多，且在技术方面最为先进与成功的机构。其开发有独立的中文古籍线装图书编目，同时自建包括古代中国内容的数字化扫描项目有宝卷、旧海关资料、哈佛燕京图书馆中文善本特藏（与台湾傅斯年图书馆、中国国家图书馆等合作）②、中国珍稀方志、蒙满文古籍、纳西东

①http://www.loc.gov/collections/chinese-rare-books/about-this-collection//.
②https://curiosity.lib.harvard.edu/chinese-rare-books/catalog?search_field=all_fields/.

巴经等数十种，并提供哈佛大学中国研究导航网页①，以方便使用，其善本将全部被扫描，上传网络供免费查阅。此外，哈佛大学与加拿大麦吉尔大学、中国北京大学等高校合作，共同建立了"明清妇女著作"数据库专题网站，②包含5000多位女诗人及作家、10000多首女诗人作品，20000多份原始文件影像及其他相关资料，可查询包括作者、诗词名、诗词形式、社会地位、地区等多项内容。该数据库已纳入中国历代人物传记资料库（CBDB），因此使用者也能通过后者进行相关查询。还有由蒋经国国际学术交流基金会资助，台湾傅斯年图书馆、美国国会图书馆、哈佛大学、普林斯顿大学合作建设的古汉籍善本数位化资料库"A Digital Library of Chinese Rare Books"，③可在线浏览图像。该校 Donald Sturgeon 博士创建的"中国哲学书电子化计划"（Chinese Text Project）收入三万种著作图像，以及哈佛燕京图书馆藏五百多万页古籍善本图像。

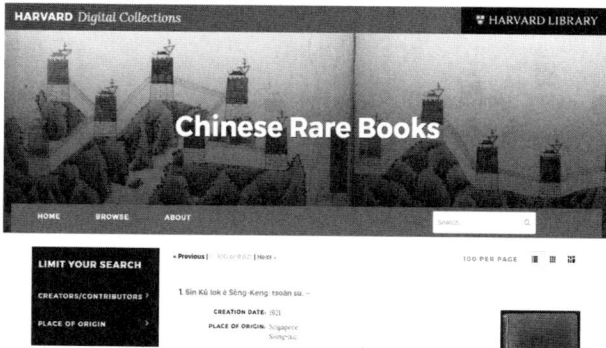

通过 OCR（光学字符识别仪）④技术制定了有待勘定的全文，有中英双语页面。

近年来，由哈佛大学包弼德教授领衔的专业团队，实现了中文古籍从目录、图像数据库到"数字人文"，从非智能化到智能化的跨越。如著名的中国历代人物传记资料库（CBDB）就是一个非常有代表性的关系型数据库，它是由哈佛大学费正清中国研究中心、北京大学中古史研究中心以及台湾"中研院"史语所三方合作的一个项目。截至2019年，

①hppt://guides.library.harvard.edu/c.php？g=310134&p=2071022.
②hppt://digital.library.mcgill.ca//mingqing/.
③http://rarebookdl.ihp.sinica.edu.tw.ezp-prod1.hul.harvard.edu/rarebook/Search/index.jsp.
④该仪器可每分钟识别286页，每页0.18元人民币。

该资料库已收录47万人的传记资料，并支持各种查询，包括人物查询、官职查询、入仕途径，可以查询社会关系网络，可以是多个人之间的社会关系，甚至是不同地区间人物的关系，还有可视化功能。应该说，CBDB的出现，打破了原有中文古籍数据库的固有模式，为使用者提供了一种新的方式，基于大量数据来思考人类的过去和历史。[1]目前，想要在中国大陆使用CBDB数据库，可以从"中文在线引得数字人文资源平台"进入。

与CBDB相配合的最佳工具是中国历史地理信息系统项目（China Historical GIS），简称CHGIS。该项目由哈佛大学与复旦大学合作建设，于2001年1月8日正式启动，它试图建立一套中国历史时期连续变化的基础地理信息库，为研究者提供GIS（Geographic Information System）数据平台、时间统计以及查寻工具和模型。该系统中文版在复旦大学史地所禹贡网[2]已经更新到了第6版，包含由秦代到辛亥革命的行政区划数据，可供免费下载。此外，最新与浙江大学共建的"学术地图发布平台"[3]是基于哈佛世界地图平台（WorldMap）[4]上的一个项目。该项目属于结构化数据库，[5]自2018年3月19日正式上线以来，已经发布了600多幅地图、114个图层以及3万多条数据，其中包含了大量浙江旧志的信息。总而言之，哈佛燕京图书馆整个中文古籍数字化工作历时近二十年，其间获得了中国国家图书馆、广西师范大学出版社、中国地方志指导小组以及浙江大学数字图书馆国际合作计划（China Academic Digital Associative Library，CADAL）的帮助。因此，现在国家图书馆也能查阅到其部分数字化成果，如"哈佛大学哈佛燕京图书馆藏善本特藏资源库"。

---

[1]〔美〕包弼德（Peter K.Bol）著，夏翠娟译：《数字人文与中国研究的网络基础设施建设》，《图书馆杂志》，2018年第11期，第20页。

[2]http://yugong.fudan.edu.cn/views/chgis_index.php.

[3]hppt://amap.zju.edu.cn.

[4]一个开放性的地图平台。

[5]所谓结构化数据库，就是具有计量统计、定位查询、可视化呈现、数据关联等功能的数据库。

【大英图书馆】

大英图书馆早在1993年就发表了"2000年规划目标"（Strategic Objectives for the Year 2000），计划到2000年实现馆藏文献数字化并运行于网络，尽可能为全球读者提供检索和阅读馆藏资料。1995年开始实施"数字化图书馆计划"（The Digital Library Program），其中两项与珍藏文献有关。该馆现已形成一批数字化影像，可以在大英图书馆专题网页上访问，①但在线中文资料相对较少。此外，该馆与剑桥大学、牛津大学等7家大学图书馆共同建立了"UK Union Catalogue of Chinese Books"，可同时检索7家机构的中文图书，使用简繁体中文或者拼音均可查询，显示中文。

【法国国家图书馆】

法国在数字图书馆及图书馆网络建设方面，制定了建立文献资源联合保障体系、法国全国联合目录数据库、可用于远程检索的数字图书馆

3项网络发展计划。数字化文献大部分为公共学科领域的资料，主要以国家图书馆的馆藏为主。法国全国联合目录数据库已在1997年基本完成。后建设的Gallica数字图书馆，②图像资料几乎集中了法国国家图书馆的所有特藏，其中收录了少量中文古籍。2018年3月5日，法国国家图书馆馆藏的敦煌遗书数字资源正式于中国国家图书馆古籍数字化网站

---

①http://www.bl.uk/collection-guides/chinese-collection.
②http://gallica.bnf.fr.

"中华古籍资源库"中发布，标志着流落海外的敦煌文献通过数字化形式回归中国。

另外，法国国家图书馆还参加了欧洲多国合作的项目"欧洲电子图书馆图像服务ELISE"计划。同时，该馆还是G7（西方七国集团）全球数字化图书馆集团的成员，它与日本国立国会图书馆共同牵头负责实施G7全球数字化图书馆项目。目前，该馆目录系统只提供法语检索功能。

【德国巴伐利亚国家图书馆&马克斯·普朗克研究所】

德国巴伐利亚国家图书馆的"Digital East Asia Collections"①有7到19世纪的中文古籍约1141册，共计90万张图片，提供在线高清图像无极限缩放浏览，网站同时提供德、英、中三种文字界面。

另外，由薛凤（Dagmar Schäfer）教授掌舵的德国马克斯·普朗克研究所在全球数字人文研究方面是重要的先行者。她与陈诗沛主持建设了一个有关中国地方志的数据库项目"Local Gazetteers Project"，②并使用自行研发的工具LoGaRT（Local Gazetteers Research Tools）来从事中国古代地方志研究。该项目跟中国大陆、台湾地区和哈佛燕京图书馆的地方志数据库合作，一共收录了大约四千册地方志信息，其本身并不电子化地

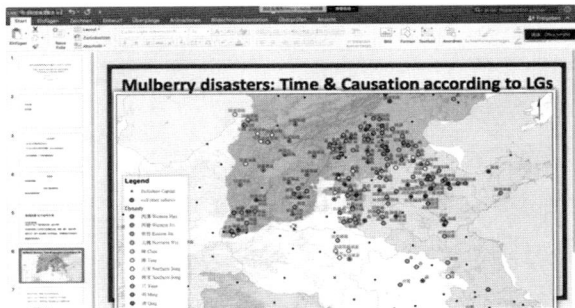

方志或保存电子全文，而是提供一个研究工具。虽然查看相应的地方志电子文本数据库需要商业收费，但研究工具LoGaRT是免费使用的。2017年，马克斯·普朗克研究所与美国威斯康星大学麦迪逊分校历史系副教

①https://ostasien.digitale-sammlungen.de/?locale=zh_TW/.

②https://www.mpiwg-berlin.mpg.de/en/research/projects/departmentSchaefer_SPC_MS_Lo-calGazetteers.

授戴思哲合作开发一个可搜索明清、民国时期学校图书馆藏书的数据库，使用其内部软件"LGServices"创建，从地方志中搜集和处理数据。

【荷兰莱顿大学】

由荷兰莱顿大学魏希德（Hilde De Weerdt）教授和其他人合作开发的码库斯（Markus）①是一个文本标注工具，曾在2016年的世界数字大会上获得"最佳数字人文工具"奖。它可以自动快速的在古籍文本上标记处人名、地名、年号、官名，同时也可以进行手动标记、关键词标记、段落筛选等。为了实现可视化，Markus添加了链接到Palladio、Docusky等平台的功能。因为历史学研究常常需要回到原文，又特别设计了能从每个标记点回到原文中的功能。但是，该数据库本身没有任何文本收录，所需的标识文本都需要用户自行上传。当然，机器自动标识的错误极多，需要人工阅读修改。同时，其本身所提供的修改界面不适合大批量快速操作，需要配合CBDB开发的Chrome操作插件。

2019年，Markus项目新开发了文本对比服务和韩文版本。同时，团队已与中文在线公司进行合作，预计在未来三年的时间里在中国大陆深度开发Markus，这将为大陆用户的使用提供便利。②

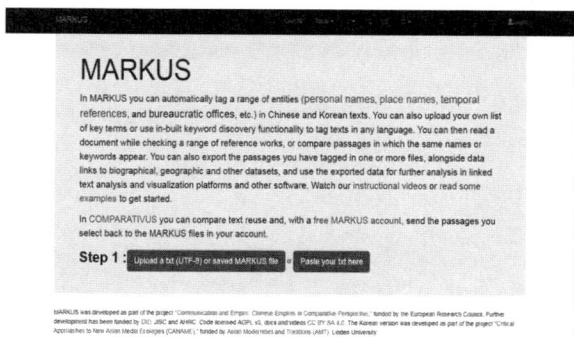

除上述公立或大学图书馆开发的中文古籍数据库外，欧美地区还有

---

①http://dh.chinese-empires.ed/beta.

②邓小南、包弼德、薛凤、魏希德、陈熙远：数字人文与历史研究，https://www.thepaper.cn/newsDetail_forward_7782975.

很多国际合作开发或是专题网站建设的中文古籍数字化资源，如"国际敦煌项目""中美百万册书数字图书馆计划"[①]"古藤堡计划"等等，其中都涉及地方志书。

综合上述，欧美关于中国古代内容的数字资源类型多样、数字化技术领先，而且大部分是对公众免费开放的。其最大贡献不在于各类文本、图像数据库的建立，而在于数据方法和"数字人文"思路上的导向。

二、东亚地区

20世纪90年代末期，东亚地区的日本、韩国、越南等国，也开始了对所藏古籍的数字化保护工作。

【日本国立国会图书馆】

日本国立国会图书馆于1998年出台了"国立国会图书馆数字图书馆计划"，并优先选择古籍数字化项目。2016年3月又制订了明确列入数字化对象的收藏资料范围及优先顺序、数字化处理方法的"资料数字化基本计划2016—2020"。截至2018年3月，提供了大约266万件数字化资料，读者可到"珍罕古籍图像数据库"（Rare Books Image Database）中检索到中文古籍图像。如唐代徐灵府纂的《天台山记》，国内现存为光绪间《古逸丛书》影刊

---

① China Academic Digital Associative Library，CADAL又称"大学图书馆国际合作计划"项目。该项目是由中国投资建设，美国合作方投入软硬件系统支持，浙江大学图书馆和中国科学院研究生院负责具体实施建设的平台系统。

旧卷子本，但在日本国立国会图书馆可以查阅到京都大原三千院旧藏钞本的全文图像，且可以无限制缩放，清晰度极佳。该馆的"NDL Search"书目查询系统，可提供日、韩、中、英四国语言页面，并能显示中文查询结果。

2019年，由日本国立国会图书馆与众多组织根据数字档案日本促进委员会工作组制定的政策，合作共建了一个全新的门户网站——"日本搜索"（Japan Search Beta），①其目的是将日本文化机构和组织保存的各种内容的元数据组织成一个可搜索的"国家、综合和跨部门门户网站"。目前该网站还处于测试阶段，可检索各种中文古籍数字资源，并能阅读其中部分

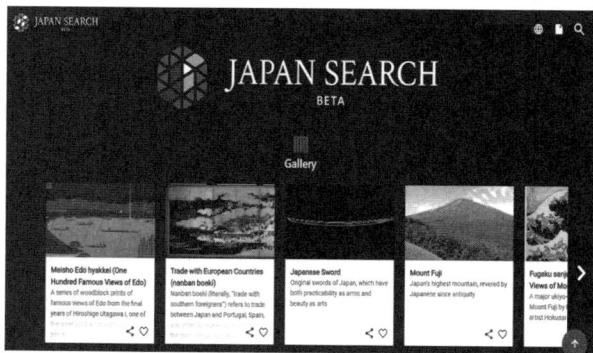

可无限放大的高清晰度图像资料。

此外，日本国立公文书馆、②宫内厅书陵部、③东京大学东洋文化研究所、④京都大学、⑤早稻田大学⑥和东京博物馆⑦等等，都建立了汉籍数据库，读者可通过网站直接进行目录查询和图像阅读。

---

①https://jpsearch.go.jp/.

②https://www.digital.archives.go.jp/DAS/meta/default#F2005031812174403109-sdefault-1-leftupd_F2005031812174403109-1-20-a-n1-i，该书库有专门内阁文库所藏汉籍的入口，按经、史、子、集、丛书等类分列，史部收录3766种中国史籍的目录，其中包括大量浙江旧志，但遗憾的是，大部分志书尚未有图像阅读功能，正史部分均已可查。

③https://db.sido.keio.ac.jp/kanseki/T_bib_search.php/.

④20世纪90年代，东京大学东洋文化研究所开始建立古籍目录数据库，从2002年开始建立古籍全文影像数据库，在互联网上免费提供开放性服务。2009年该所与中国国家图书馆签署合作意向书，将所藏中文古籍4000余种以数字化方式无偿提供给中国国家图书馆，在中国国家图书馆网站上面向读者提供服务。

⑤https://www.kanripo.org/.

⑥https://www.wul.waseda.ac.jp/kotenseki/.

⑦https://webarchives.tnm.jp/dlib/search/.

【韩国国家图书馆】

韩国国家图书馆于1998年开始对奎章阁所藏古籍进行数字化处理，建立古籍书目数据库，并对古籍进行图像扫描，提供网络全文阅读服务。从2005年开始，在政府的资助下，该馆整合了韩国古籍综合目录资料库，并建成古籍目录数据库——"韩国古典籍综合目录系统"（Korean Old and Rare Collection Information System），①简称KORCIS。截至2010年，韩国有奎章阁等52家机构，国外有美国哈佛燕京图书馆等33家机构参与。共有文献423544件，原文资料库收录文献1781件，与原文资料库相链接的有36029件。

【越南国家图书馆】

相较于中、日、韩等东亚国家，越南的汉喃文献数字化程度囿于条件限制起步较晚，但仍取得了一定的进展。如2006年"喃字遗存保护会"②联合越南国家图书馆，

①https://www.nl.go.kr/korcis.
②The Vietnamese Nom Preservation Foundation，简称VNPF，是美国的一个非营利性语言保护组织。

创建了"汉喃古籍文献典藏数位化计划"①项目，将越南国家图书馆所藏部分汉喃文献进行扫描存储，并免费提供在线查询和阅读服务。该数据库可按中国的经、史、子、集四部分类法进行检索，史部收录371种越南史籍的图片、版本及馆藏信息，其中包括《大南一统志》《安南一统志》《嘉定通志》《皇越地舆志》《南国地舆志》《太平风物志》等用汉文纂修的地方志书。截至2013年，已经完成超过2000份汉喃文献的数字化。②

对照欧美地区，日、韩等国的中文古籍数据库发展起步相对较晚，但目前仍停留在目录和图像数据库建设阶段，在数据的结构化、可视化方面有进一步提升的空间。值得一提的是，近年来中国大陆及台湾地区的中文古籍数字化工作发展迅速，如台湾"中研院"史语所的数位文化中心，针对文本分析和图像分析开发了相应的研究平台，可实现文本标引、语义标记、词频统计、文本对比、图像比对研究、影像文字辨识等功能。③

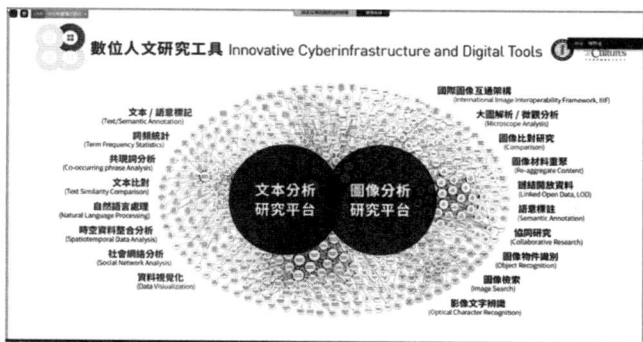

从境外中文古籍数字资源的现况来看，专题性的中国方志数据库不多，其余则多数包含在中文古籍数据库中，相较于其他古籍，地方志的目录数据库虽较完整，但图像及结构化数据库滞后。

---

① https://lib.nomfoundation.org/collection/1/.
② 魏超：《域外汉籍数字化探析——以越南汉喃文献为中心》，《图书馆论坛》，2018年第5期，第2页。
③ 邓小南、包弼德、薛凤、魏希德、陈熙远：数字人文与历史研究，https://www.thepaper.cn/newsDetail_forward_7782975.

浙江旧志数字化现况

自20世纪90年代始，中国亦开始了方志文献的数字化探索之路，现已有多个专题性的图像数据库和文本数据库投入使用，浙江的大部分旧志都包括其中。同时，作为引领全国数字化建设的省份，浙江已建成了包括目录数据库、图像数据库、文本数据库以及结构化数据库在内的多种类型旧志数据库，然而需要指出的是，这些数据库都只涵盖了部分旧志，未能实现浙江现存619种旧志的全覆盖。

一、国家级方志数据库

在国家级的方志数据库中，较为著名的有"中国数字方志库""中国方志库""中国地方志数据库""数字方志"，各家均有所长。

【中国数字方志库】

中国数字方志库是北京籍古轩图书数字技术有限公司开发的旧志数据库。收录了国内外现存1949年以前的中国方志文献近万种，所收求全，大部分孤本能在其中找到。然其仅为图像数据库，功能有限，购买后能进行的也只有影像的浏览、放大等操作，比较适合查询孤本旧志的研究者使用，浙江旧志（包括孤本）的收录相对齐全。

【中国方志库】

中国方志库是北京爱如生数字化技术研究中心开发的旧志数据库。收录汉魏至民国历代省府州县志8000种，全国总志及各类专志、各种杂志、外志等2000种，总计10000种。其独有的数字再造技术，可还原式页面，左图右文逐页对照，眉批、夹注、图表、标记等均可显示，能进行全文检索，可编辑、下载和打印，对使用者而言极为便捷，且该数据库多采用善本，但亦需购买。

【数字方志】①

数字方志是中国国家图书馆对全球用户免费开放的旧志数据库。主要依据该馆丰富的旧志资源，为读者提供了6868种地方志数字影像，并对其中的3000余种进行了OCR文本转换，具有多字段检索和全文影像浏览功能。

【中国地方志数据库】

中国地方志数据库是北京万方数据股份有限公司与中国科学技术信息研究所合作开发，集中国新旧方志文献资源于一体的综合数据库。已收集旧志10.7万卷、新志4.2万册，能实现新旧方志统一检索，以及条目/整书的快速检索、文内检索和高级检索；在分类导航上可提供地图找志、按地区、时间/朝代、专辑等方式来查找文献，同时结合GIS（Geographic Information System）技术，给使用者提供数字化、可视化、时空一体化的互动体验，是目前国内第一个大型的、动态的、可多角度检索的地方志知识资源总库。

另一个"中国地方志数据库"，于2019年4月19日正式上线，收录了共31483册，计82735卷新旧地方志书，由华中师范大学政治科学高

---

①http://mylib.nlc.cn/web/guest/sh·uzifangzhi.

等研究院/中国农村研究院创建。该数据库涵盖33个省级行政区，其中存量排名前五的是山东、浙江、河南、江苏、河北，分别为7097卷、6120卷、5781卷、5729卷、4435卷。1949年以后的新方志数量20068卷，民国方志数量14786卷，清代方志数量38606卷，明代及以前的方志数量4696卷，支持免费图像浏览。

此外，很多全国性的古籍数据库也收录部分旧志，如"中华古籍资源库""雕龙古籍数据库""鼎秀古籍全文检索平台""瀚堂典藏数据库""汉籍数字图书馆"等，但就数量而言显然不能和专题性数据库相比。

二、浙江省、市、县三级方志数据库

21世纪始，浙江率先在全国实施大数据战略，在数字化技术、经济、社会、文化等方面都取得了令人瞩目的成绩。但是近二十年来，浙江旧志的数据化建设总体发展尚不平衡，浙江图书馆仅有馆藏浙江旧志的索引目录数据库、"中国数字方志库"及"浙江图书馆馆藏珍贵古籍数据库"可提供部分旧志查阅，现已开放的其他类型数据库分散在省市地方志办公室、省档案馆、市县图书馆和高校等机构，主要有：

【浙江志鉴数据库】①

由浙江省人民政府地方志办公室创建的文本数据库，可提供免费全文检索，但现仅收录雍正《浙江通志》、民国《重修浙江通志稿》和

---

① https://sjk.zjdfz.cn/.

《宋元浙江方志集成》等志书。

【杭州数字方志馆】①

杭州数字方志馆是由杭州市人民政府地方志办公室创建的图像数据库，可提供70种杭州历代府县志、乡镇志、寺庙志、山水志、水利志等旧志的免费图像查询。资源要素包括"文献类型""版本""编者""朝代/年号/年份""出版时间""出版单位"。该数据库的特点是旧志类型涵盖较全面，且图像质量非常高，可无限量缩放。

【金华电子志库】

金华电子志库是由金华市地方志编纂委员会办公室创建的文本数据库。该数据库和"雕龙古籍数据库"合作，可提供28种金华府县旧志的全文检索，同时支持原本图像对照阅读。不足的是不能提供网络共享及免费使用。

---

①http://hzszfzg.wanfangdata.com.cn/.

【浙江数字档案】①

浙江数字档案是由浙江省档案馆创建的图像数据库，可提供215种浙江旧志的免费图像查询。资源要素包括"刊本""时间""书名""朝代""卷号""备注""作者"。所录旧志类型有府志、县志、卫所志、乡镇志以及海防志、寺庙志、水利志、山水志等，志书编修时间从宋代至民国。该数据库最大的特点是专志收藏数量较多，但是图像清晰度较差。

【学术地图发布平台（WOLDAMAP）② 】

2018年3月19日由浙江大学社会科学研究院联合哈佛大学地理分析中心（The Center for Geographic Analysis,Harvard University）共同推出的一个线上学术地图平台。该平台具体由浙江大学"大数据+学术地图创新团队"负责实施，主要通过整合、利用GIS（Geographic Information System）技术，结合中国海量的文史数据，以

---

① http://www.zjda.gov.cn/col/col1378478/index.html.
② http://amap.zju.edu.cn.

展开数据库的建设和空间分布的可视化分析，从而实现 GIS 与人文学科学术研究的结合。

目前，这一中国首个自主综合性学术地图平台在旧志数据库建设方面成效显著：一是与"鼎秀古籍全文检索平台"合作，实现了全国各省旧志的全文检索功能；①二是其自行创建的结构化、可视化的旧志数据库。截至 2019 年 8 月 18 日，主要对浙江、安徽等省的部分旧志做了结构化处理。浙江已收录雍正《浙江通志》、民国《重修浙江通志稿》、乾隆《杭州府志》、嘉靖《仁和县志》、嘉靖《太平县志》、民国《平阳县志》、光绪《玉环厅志》、光绪《乐清县志》、嘉靖《萧山县志》、万历《萧山县志》、康熙《萧山县志》、乾隆《萧山县志》、民国《萧山县志》、光绪《淳安县志》、光绪《归安县志》、民国《海宁州志》、光绪《重修嘉善县志》、康熙《德清县志》、乾隆《乌程县志》、道光《武康县志》、光绪《海盐县志》、道光《遂安县志》、嘉庆《余杭县志》、乾隆《桐庐县志》、康熙《临海县志》、康熙《平阳县志》、光绪《仙居县志》，共计 27 种。现主要对上述旧志中的《人物志》《职官志》《选举志》等，进行了可视化的空间分布呈现，同时包括了朝代、年号、姓名、生平、籍贯、职务、经纬度、出处等诸多要素，可供使用者免费查询。

2019 年 3 月，浙江大学和杭州市萧山区史志编研室正式签订了关于建设数字版《萧山县志》的科研合作项目，旨在通过现代数据库建设的先进技术将历代遗存的纸质《萧山县志》呈现在学术地图发布平台上。《萧山县志》今存有嘉靖《萧山县志》、万历《萧山县志》、康熙《萧山县志》、乾隆《萧山县志》和民国《萧山县志》5 种。"大数据＋学术地图创新团队"通过对已经完成点校整理的电子文献进行结构数据提取，将人物、列传、官师、选举、流寓、烈女、名宦、忠孝、邦贤等数据转成带有经纬度的地理信息数据，然后上传到"学术地图发布平台"，从而形成数字人文版《萧山县志》地图。

2019 年 8 月 22 日，该成果顺利上线，标志着浙江省第一个结构化旧

---

① 非免费，需要购买鼎秀的服务。

志数据库的诞生，其在国内亦处于领先水平，主要优势在于：其一，可实现结构数据的全方位检索。如：输入具体人名，可实现5种县志的联动检索，并对该人物进行精准地理定位；如输入具体地名，可实现5种县志所有有关该地信息的集中呈现；如输入具体年份，可实现5种县志中关涉此年的具体数据。其二，地图的可视化使传统文献进入"读图时代"，方便形象，如纸质版《萧山县志》中的"职官志"，过去只能按时间看到在萧山任官的官员的姓名及相关文字信息，但地图上的《职官志》，不仅能看到在萧山任官的官员的信息，而且可以看到这些官员籍贯的分布情况。对于官员籍贯地的人来说，可以知道本地哪些人在萧山任官的信息。其三，得益于"学术地图发布平台"的转发分享功能，数字版《萧山县志》可实现移动客户端在线使用，高效便捷，即通过手机，就可以深度查阅历代《萧山县志》。

除上述省市级旧志数据库外，浙江部分市县的图书馆、博物馆也结合本地方志特色开发了相应的数据库。如绍兴数字图书馆[①]已经完成了对《越绝书》、《吴越春秋》、嘉泰《会稽志》、宝庆《续会稽志》、万历《绍兴府志》和乾隆《绍兴府志》的数字化，在其网站上提供了这些方志的全文数字影像，读者可免费浏览使用。湖州数字图书馆[②]发布了3种珍贵古籍的图像资料，其中有明正德十四年（1519）刻本的《武功县志》和明嘉靖三十三年（1554）张佳胤双柏堂刻本的《越绝书》两种志书。读者可以进入湖州数字图书馆页面，点击"地方特色"资源，即可在线阅览。同时，在"湖州书库"栏目，还发布了湖州地方志和家谱资源。宁波天一阁博物馆因收藏了大量明清方志，且以多海内孤本而闻名天下。为了进一步保护和利用其所藏，天一阁已将其中26种方志完成数字化，读者可登录天一阁博物馆网站，[③]通过申请注册账号，即可查阅这些影像资源。

---

① https://www.sxlib.com/.

② http://www.hzetsg.com/.

③ http://www.tianyige.com/.

从国家和省、市、县四级旧志数据库的建设情况来看，各层级所建数据库以图像数据库为多，可全文检索的文本数据库大部分需要购买服务，部分可免费检索的收录数量又非常有限。因此，虽然浙江的旧志数字化建设开启了新方向，结构化、可视化的智能型数据库已成为下阶段发展的主要模式，但旧志数字化发展不平衡和涵盖范围不全面的短板仍较为突出。

▼

境外浙江旧志数字平台的
创建模式及思考

数据即资源，数据资源的掌握和建设在当今时代越来越显示出其重要性。目前，世界各国都在加快本国文献的数字化进程并对文献进行数据挖掘。而存留至今的 619 种浙江旧志中，境外各大图书收藏机构就藏有近 400 种，约占总数的 65%，其中孤本 15 种以上。面对这样的数据，如果我们再继续任凭其束之高阁或供人翻阅，则漫漶支离之势不久矣。因此，加快浙江旧志尤其是境外旧志的数字化建设，已经成为"数字浙江"和"文化浙江"的题中应有之义。

一、境外浙江旧志的引回、整理情况

浙江的境外旧志引回工作始于改革开放后的首轮新修地方志时期，高潮在 20 世纪 90 年代。当时，以陈桥驿教授为代表的浙江学者，在与海外汉学家交流的过程中，尤为留意方志文献的域外存藏情况，先后从美国、日本等国成功引回乾隆《越中杂识》、康熙《常山县志》、光绪《新市镇再续志》等孤本旧志（复印本），为社会主义新方志的编修提供了弥足珍贵的文献资料。此后，随着国际文化交流、合作的增多以及国内计算机技术的发展，多数流散境外的孤本、善本、珍本通过高清照排、无损远程传输等手段，以数字化的形式回归祖国。保存形式也从早期的复印本、缩微胶卷发展到影印或点校出版、旧志图像数据库等。

稀见境外浙江旧志整理出版情况一览表

志书	收录丛刊/发行者	出版社	出版日期	版本
《天台山记》	古逸丛书	/	清光绪十年（1884年）	影印本
	合印本	浙江大学出版社	2010年	点校本
万历补刊隆庆《平阳县志》	单行本	/	1976年	钞本
	中国方志丛书	台北成文出版社	1983年	影印本
	苍南县地方志编纂委员会	/	2017年	影印本
乾隆《越中杂识》	浙江地方史料丛书	浙江人民出版社	1982年	标点本
	绍兴丛书（第二辑 史迹汇纂）	中华书局	2009年	影印本
康熙《永康县志》	中国方志丛书	台北成文出版社	1983年	影印本
嘉靖《湖州府志》	/	/	1989年	据东洋文库本复印
万历《严州府志》	日本藏中国罕见地方志丛刊	书目文献出版社	1990年	影印本
顺治《宣平县志》	稀见中国地方志汇刊	北京书店	1992年	影印本
嘉靖《永嘉县志》	稀见中国地方志汇刊	中国书店	1999年	影印本
	龙湾文献丛书	中国文史出版社	2010年	点校本
康熙《昌化县志》	日本藏中国罕见地方志丛刊续编	北京图书馆出版社	2003年	影印本
崇祯《嘉兴县志》	日本藏中国罕见地方志丛刊	书目文献出版社	2002年	影印本
崇祯《乌程县志》	日本藏中国罕见地方志丛刊	书目文献出版社	2002年	影印本
崇祯《义乌县志》	义乌市志编辑部	杭州市萧山古籍印务有限公司	2004年	影印本
顺治《龙泉县志》	北京大学图书馆藏孤本方志丛刊	国家图书馆出版社	2013年	北大本，影印本
	单行本	西泠印社出版社	2016年	日本内阁文库本，影印本
康熙《常山县志》	衢州文献集成	国家图书馆出版社	2015年	影印本
	日本藏中国罕见地方志丛刊续编	北京图书馆出版社	2003年	影印本
	常山旧志集成	中华书局	2012年	标点本
崇祯《开化县志》	衢州文献集成	国家图书馆出版社	2015年	影印本
光绪《新市镇再续志》	新市镇志集成	/	2015年	影印本

对照《日本主要图书馆、文库藏稀见浙江旧志一览表》①《现存境外浙江旧志孤本目录》②以及北美、欧洲地区所藏善本，同时结合上表和"中国数字方志库"的收录情况来看，除尚未查明的专志外，大部分藏于境外的浙江孤本、善本均已在国内可见。但仍有部分孤本至今尚未引回，如藏于美国斯坦福大学东亚图书馆万历三年（1575）谢廷杰纂的《两浙海防类考》和藏于日本国立公文书馆蒋炜修、姜君献纂的康熙《嵊县志》（康熙二十三年刻本），国内无论是各大丛刊、集成还是方志数据库均无出版或收录；部分已经引回国内的孤本如嘉靖《武义县志》则仅可见"中国数字方志库"③和地方市县志办存留的复印本。不难发现，浙江的孤本、善本旧志无论是以纸质还是以数字化的形式在国内传播，其获取途径较之其他普通旧志显然都要困难许多，进而也导致了对这部分域外遗珍利用和研究的不足。

此外，就国内亦存的那部分旧志而言，虽然已有了数字化文本，但仍受到各种因素的制约，如"资源存储格式不统一、资源数字化程度不统一、存储数据库不统一、全文检索平台不统一"④等问题，都给浙江省统一的旧志资源共享平台建设带来一系列难题。

二、境外浙江旧志数字平台建设构想

事实上，浙江旧志数字化建设的优势与劣势都非常明显：优势在于有阿里、浙大等企业、高校的领先技术作为后盾；劣势则在于浙江的旧志整理工作相对薄弱，和广东、江苏、山东等省之前做过全球范围内的

---

① 详见第二章第一节。

② 详见附录。

③ "中国数字方志库"未收5种浙江孤本旧志，分别是万历《两浙海防类考》、康熙《嵊县志》、乾隆《越中杂识》、光绪《新市镇再续志》、《天台山记》。

④ 赵海良：《浅议地方志文献数字化标准建设》，《广西地方志》，2015年第4期，第44—46页。

旧志存藏普查并已出版全省的历代方志集成或建成数字方志库相比，^①浙江对现存的619种旧志尚未有一个全盘规划。笔者认为，在数字化技术迅猛发展的当下，除部分境外孤本外，再囿于出版大部头的传统纸质文献已跟不上"数字浙江"的建设步伐。只有通过明确政策支持、整合现有资源、加强海外合作、同建共享平台等方式，逐步建立起覆盖全球的智能型方志数据库，才是方志文献在数字化时代焕发生机的必由之路。

1. **明确政策支持**。

2015年8月，国务院办公厅颁布《全国地方志事业发展规划纲要（2015—2020年）》，将"加快地方志信息化建设"作为主要任务之一，明确指出地方志信息化要"实现国家、省、市、县四级地方志资源共享，面向社会提供优质服务"。中国地方志指导小组办公室则在《全国信息方志与数字方志建设工程实施方案》中具体制定了地方志信息化的建设目标："到2020年，建成国家数字方志馆和省级数字方志馆，建成国家地方志大数据中心，打造全国最大的地方志全文数据库（含目录数据库、提要数据库），实现全国数字方志资源的共享共用，为全社会提供方便快捷的地情检索与数据分析服务。"可见，国家在2015年就已经明确提出了建设省级数字方志馆的要求。因此，浙江省人民政府也应进一步出台全省地方志数字化建设的目标与方案，建立境外浙江旧志（孤本、善本）的引进和奖励机制。唯有如此才能形成全省一盘棋，不遗漏、不浪费，有条不紊地推进智能型方志数据库的建设。

2. **整合现有资源**。

前一节已述及，浙江的旧志数字化已经有了一定的基础，比如部分图像和文本数据库，个别试点的结构化数据库等。虽然因为技术、版权等方面的原因，整合现有数字资源可能会有一定阻力，因此，建议由政

---

①2019年10月29日，江苏省正式推出《江苏文库》第二批成果182册，其中《方志编》42册。为方便读者更好地在线共享古籍整理成果，《江苏文库》数据库也同步上线。该数据库目前已收录部分出版成果，包含资源分类导航、古籍全库检索、资源统计可视化、人物资料等模块，提供在线阅读、原版阅读、笔记、复制、引用、原版影印图片缩放等功能。此外，黑龙江省图书馆古籍数据库、湖北省图书馆方志数据库等均收录了大量旧志数字资源，可供读者免费检索查阅。

府出面，会同省、市、县三级地方志办公室、图书馆、档案馆、博物馆的相关资源，并邀请阿里、浙大等技术部门协助支持，解决存储格式、存储数据库、检索平台等问题。由于目前旧志资源的数字化程度不一致，整合过程应从实际出发分步进行：

①组建浙江旧志资源整理普查小组，开展全球范围内浙江旧志（尤其是境外专志）存藏情况调查，编制《浙江旧志普查总目》。同时，加强与国内外高等院校、科研院所、公共图书馆、档案馆等单位的合作、交流，深入开展浙江旧志的点校、提要、考录、辑佚等基础整理工作。

②在现有浙江图书馆馆藏的370种浙江旧志目录检索平台基础上，继续完善剩余249种旧志的书目数据库。

③对省、市、县三级已点校出版的旧志进行统计，整合全部电子文本，为建立可供全文检索的文本数据库做好前期准备。同时，对国家图书馆"数字方志"和商业化古籍数据技术公司（如爱如生、鼎秀、万方等）已文本数字化的旧志，可向其购买相关数据资料。最后，对只有影像资料的部分孤本、善本，与"中国数字方志库"或海外收藏机构合作，通过OCR文本转换技术，形成电子文本，共享共用。境经由上述三步，基本能解决境外所有浙江旧志的文本数据库建设需求。

④在文本数据库的基础上，由阿里、浙大等提供设备和技术方面的支持，再将文本数据库中的数据进行模块整理，最终形成兼顾计量统计、定位查询、可视化呈现、数据关联等多种功能为一体的结构化智能型数据库。这方面，前文提及的万方"中国地方志数据库"就是一个可资借鉴的例子。该数据库不仅具备目录、图像和文本等传统要素的检索、浏览功能，而且融合了GIS技术，实现了更为精准、迅捷以及人性化、数字化、一体化新型方志数据库的创建

目标。此外，"江苏省地方志智能信息平台"亦为省级方志数据库建设提供了样本，该平台包括智能检索、地理分析、年鉴编纂、期刊投稿和书目检索5个子系统。智能检索系统通过输入需要检索的关键词，可实现多种阅读方式且可复制。

3. 加强境外合作。

要建立一个可持续为学术研究、政府决策及社会服务提供重要参考依据的大数据平台，就必须与国内外相关收藏研究机构建立友好合作关系，有针对性地开展考察学习、项目合作、旧志研究等活动。如在条件成熟的情况下，选派专业和外语能力兼备的方志学者赴美、日等国交流访学，协助对方整理旧志的同时摸清自己的家底；由中国（浙江）地方志学术研究中心和浙江省地方志学会牵头组织，定期举办浙江方志文献国际学术研讨会，进一步加大境外浙江旧志研究的力度、深度与广度；在推进境外浙江旧志的回归、利用方面，要向重使用权、重双边合作、重系统性和全局性普查等观念、方法转变。

4. 同建共享平台。

众所周知，数字化资源平台的创建，在资金投入方面远远超过传统纸质文本的出版。在传统文献越来越受到重视的当下，世界各国政府及国内部分省市都制定了明确的古籍保护战略和发展规划，把纸质文献转化为更利于保护和利用的数字资源是其中一项重要的内容。在此背景下，为了避免重复建设造成不必要的浪费，国际、省际双边或多边的文化合作越来越频繁，国内外收藏机构也根据自身的需求和专长，各取所需，互惠互利。例如美国的谷歌图书搜索项目，该项目是一个大规模的研究型图书馆数字内容协作存储库，包括来自Google Books项目和Internet Archive数字化计划等内容，以及谷歌公

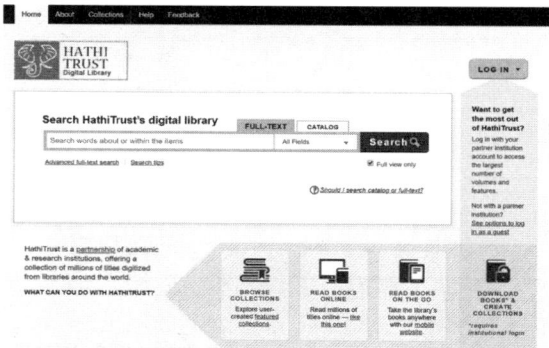

司和斯坦福大学、加州大学、密歇根大学等高校东亚图书馆一起合作的数字化内容。读者可以通过HathiTrust共享在线数字图书馆，免费获取由这个项目制作的全文电子书。同时，与OCLC的合作也让HathiTrust数字图书馆拥有了统一的检索平台，拓宽了HathiTrust馆藏检索的途径。2019年11月，在南京举行的"地方志与长三角一体化论坛"上，江苏、浙江、安徽、上海三省一市的地方志机构，就地方志数字化资源的互联互通，提出了"一网通览"的一体化构想，即是一个很好的资源共享举措。

在数字化资源平台建设方面，建议从实际出发，采用兼容互通的资源要素与格式，在现有合作的基础上（如浙江大学与哈佛大学的合作），本着"求同存异、合力开发"的原则，搭建一个独立建设、分别存储、各自维护、资源共享的方志数字化平台。通过这个平台，流散境外的浙江旧志将可以全面实现数字化回归。同时，这个平台也将为浙江纸质文化遗存的保存与利用提供一种更为安全、便捷的新路径。

正如左思《吴都赋》所云"方志所辨，中州所羡"，希望通过数字化手段将这些至今存留境外的浙江旧志，在历经几个世纪的辗转起伏后，最终以一种全新的姿态回报桑梓，继续发挥其流传千年的功用与价值。

附 录①

日本各图书馆藏浙江旧志目录

序号	书名	编著者	刊行时间	卷数	收藏机构
1	嘉靖《浙江通志》	明胡宗宪修 薛应旂纂	明嘉靖四十年（1561）刻本	72卷	公文 尊经阁
2	康熙《浙江通志》	清赵士麟、王国安等修 张衡等纂	清康熙二十三年（1684）刻本	50卷 首1卷	国会 东洋 公文 早稻田 浅野
3	雍正《敕修浙江通志》	清李卫等修 傅王露等纂	清雍正十三年（1735）修 乾隆元年（1736）刻本	280卷 首3卷	国会 公文 静嘉堂 东大 京大 人文 大谷 大阪 九大
			清嘉庆十七年（1812）刻本		九大
			清光绪二十五年（1899）刻本		国会 东洋 庆应 筑大 京大 人文 立命馆 龙谷 九大 山口
			民国二十五年（1936）上海商务印书馆影印本附索引		国会 东研 人文 天理 滋贺 东北 九大
4	乾隆《浙江通省志图说》	清沈德潜纂	清乾隆十六年（1751）《沈归愚诗文集》本	1卷	尊经阁 东研 庆应
5	雍正《浙江通志水利海防》	清留云借月轩主人纂	清光绪五年（1879）刻本	14卷	东洋
6	民国《浙江通志厘金门稿》	顾家相纂	民国八年（1919）铅印本	3卷	国会 东研 东北

①为了尽可能保持原目录作者的编纂习惯和收录标准,本书《附录》基本遵照其原状（由于旧志纂修人员较多,可能会出现不同目录收录人员不同或多寡不一等情况）著录,当然有明显错讹或不当之处,笔者已做修正。

续　表

序号	书名	编著者	刊行时间	卷数	收藏机构
7	乾隆《浙江通志考异残稿》	王国维纂	民国十七年（1928）《海宁王忠悫公遗书》本	4卷	国会　东洋　东大　东研　庆应　二松　人文　立命馆　大阪　关西　神大　山口　高知　东北
8	光绪《浙志便览》	李应珏等纂	清光绪二十二年（1896）刻本	10卷	国会　东洋　人文
9	民国《浙江新志》	姜卿云纂	民国二十五年（1936）杭州正中书局铅印本	2卷	国会　东洋　东研　人文　立命馆　大阪　九大　东北
10	民国《浙江》	葛绥成纂	民国二十八年（1939）《分省地志》铅印本	/	国会　人文　滋贺
11	乾道《临安志》	宋周淙纂	宋乾道五年（1169）修　旧抄本	残3卷	静嘉堂
			清乾隆年间刻本		静嘉堂
			清道光三十年（1850）至光绪元年（1875）《粤雅堂丛书》本		学习院　成田　筑大
			清光绪四年（1878）《式训堂丛书》本		庆应　高知
			清光绪七年（1881）竹书堂重刻本		东大　天理
			清光绪九年（1883）《武林掌故丛编》本		东洋　静嘉堂　东研　庆应　人文　大谷　大阪　东北
			清光绪二十年（1894）孙氏寿松堂刻本		东洋　东研　人文　龙谷　神大
			民国二十六年（1937）《丛书集成初编》铅印本（附清钱保塘校勘记）		国会　东洋　东研　庆应　天理　东北
12	淳祐《临安志》	宋赵与篪修、陈仁玉纂	宋淳祐年间修　旧抄本	残6卷	静嘉堂
			清光绪七年（1881）竹书堂重刻本		东大　京大　天理
			清光绪九年（1883）《武林掌故丛编》本		东洋　静嘉堂　东研　庆应　人文　大谷　大阪　东北

序号	书名	编著者	刊行时间	卷数	收藏机构
13	咸淳《临安志辑逸》	清胡敬辑	清光绪二十六年（1900）《武林掌故丛编》本	8卷	东洋　静嘉堂　东研　庆应　人文　大谷　大阪　东北
14	咸淳《临安志》	宋潜说友纂	宋咸淳四年（1268）修　咸淳刻本	100卷	静嘉堂（95卷）东研（存84—85卷）静嘉堂（抄本，存95卷有抄配）
			清道光十年（1830）汪氏振绮堂刻本		国会　东大　东研　人文　筑大　大谷　东北　九大
			清同治六年（1867）补刻本		东洋　龙谷　天理
			清光绪十七年（1891）补刻本		国会　京大　人文　大阪
15	万历《杭州府志》	明刘伯缙修　陈善纂	明万历七年（1579）刻本	100卷	国会　宫内
16	康熙《杭州府志》	清马如龙修　杨鼐纂	清康熙二十五年（1686）刻本	40卷首1卷	公文　东研
17	康熙《杭志三诘三误辨》	清毛奇龄撰	清光绪十八年（1892）《武林掌故丛编》本	1卷	东洋　静嘉堂　东研　庆应　人文　大谷　大阪　东北
18	乾隆《杭州府志》	清郑沄修　邵晋涵等纂	清乾隆四十九年（1784）刻本	110卷首6卷	国会　东洋　京大　九大　东北
19	民国《杭州府志》	清王棻原纂　齐耀珊续修　吴庆坻等重纂	清光绪二十四年（1898）修　民国五年（1916）续修　民国十一年（1922）铅印本	178卷首8卷	国会　东洋　静嘉堂　东研　京大　人文　天理　山口　九大　注：附校勘记16卷
20	万历《钱塘县志》	明聂心汤修　虞淳熙纂	明万历三十七年（1609）刻本	10卷	公文　蓬左
			清光绪十九年（1893）《武林掌故丛编》本		国会　东洋　静嘉堂　东研　庆应　人文　天理　大谷　大阪　东北　九大
21	康熙《钱塘县志》	清魏嵻修　裴琏等纂	清康熙五十七年（1718）刻本	36卷首1卷	东洋　公文　静嘉堂　东研

续　表

序号	书名	编著者	刊行时间	卷数	收藏机构
22	嘉靖《仁和县志》	明沈朝宣纂	明嘉靖二十八年(1549)修 清光绪十九年(1893)《武林掌故丛编》本	14卷	国会 东洋 静嘉堂 东研 庆应 人文 大谷 大阪 天理 东北
23	康熙《仁和县志》	清赵世安修 邵远平等纂	清康熙二十六年(1687)刻本	28卷	东洋 公文 静嘉堂 东研
24	乾隆《唐栖志略稿》	清何琪纂	清乾隆年间纂 光绪七年(1881)《武林掌故丛编》本	2卷	东洋 静嘉堂 东研 庆应 人文 大谷 大阪 东北
25	光绪《唐栖志》	清王同纂	清光绪十六年(1890)刻本	20卷	国会 东洋 静嘉堂 人文 立命馆
26	康熙《余杭县志》	清张思齐纂修	清康熙十二年(1673)刻本	8卷	公文
27	康熙《余杭县新志》	清龚嵘纂修	清康熙二十四年(1685)刻本	8卷	公文
28	嘉庆《余杭县志》	清张吉安修 朱文藻纂	清嘉庆十三年(1808)刻本	40卷	静嘉堂
			清光绪六年(1880)重印本		东洋
			民国八年(1919)铅印本		国会 东洋 东研 早稻田 人文 天理 山口
29	光绪《余杭县志稿》	清褚成博纂	清光绪三十二年(1906)刻本	不分卷	东洋
30	崇祯《临平记》	明沈谦纂	明崇祯十七年(1644)修 清光绪十年(1884)《武林掌故丛编》本	4卷	东洋 东研 庆应 人文 大谷 大阪 东北
31	光绪《临平记补遗》	清张大昌补遗	清光绪十年(1884)修 清光绪十一年(1885)《武林掌故丛编》本	4卷	东洋 东研 庆应 人文 大谷 大阪 东北
32	雍正《北新关志》	清李卫修 许梦闳纂	清雍正九年(1731)刻本	16卷首1卷	东洋 东研
33	光绪《湖墅小志》	清高鹏年纂	清光绪二十二年(1896)刻本	4卷	东洋 东研 东北

序号	书名	编著者	刊行时间	卷数	收藏机构
34	光绪《定乡小识》	清张道纂	清光绪八年（1882）刻本	16卷	东洋 人文
35	康熙《富阳县志》	清牛奂纂	清康熙十二年（1673）刻本	12卷	公文
36	光绪《富阳县志》	清汪文炳修 蒋敬时等纂	清光绪二十八年（1902）刻本	24卷首1卷	东洋 东研 人文 天理
37	光绪《富阳县新旧志校记》	清朱寿保纂	清光绪年间（1875—1908）纂 抄本	2卷	东洋
38	宣统《富阳县志补正》	清朱寿保纂	清宣统三年（1911）纂 抄本	2卷	东洋
39	康熙《临安县志》	清陆文焕纂	清康熙二十二年（1683）刻本	10卷	公文
40	乾隆《临安县志》	清赵民洽等纂	清乾隆二十四年（1759）修 光绪十一年（1885）活字本	4卷	东洋 东研 人文
41	宣统《临安县志》	清彭循尧修 董运昌等纂	清宣统二年（1910）刻本	8卷首1卷末1卷	东洋
42	康熙《於潜县志》	清赵之珩修章国佐等纂	清康熙十二年（1673）刻本	8卷	公文
43	嘉庆《於潜县志》	清蒋光弼等纂修	清嘉庆十七年（1812）活字本	16卷首1卷末1卷	国会 人文 天理
			抄本		东洋
44	光绪《於潜县志》	清程兼善纂	清光绪三十二年（1906）刻本	20卷	东研
45	《於潜县志》	清佚名撰	抄本	残存1卷	东洋
46	康熙《昌化县志》	清谢廷玑纂	清康熙二十二年（1683）修 抄本	10卷	公文
47	道光《昌化县志》	清于尚龄修 王兆杏纂	道光三年修（1823）抄本	20卷	东洋
48	民国《昌化县志》	陈培斑、曾国霖等修 许昌言等纂	民国十三年（1924）铅印本	18卷首1卷	国会 东洋 人文

序号	书名	编著者	刊行时间	卷数	收藏机构
49	淳熙《严州图经》	宋陈公亮修 刘文富纂	宋淳熙十二年（1185）修 淳熙刻本	残3卷	静嘉堂
			清光绪二十二年（1896）刻本《浙西村舍汇刻》本		国会 东洋 东研 京大
			民国二十六年（1937）《丛书集成初编》铅印本（附清袁昶校勘记）		国会 东洋 东研 庆应 天理 东北
50	景定《严州续志》	宋钱可则修 郑瑶等纂	宋景定八年（1262）文澜阁传抄本	10卷	静嘉堂
			清光绪二十二年（1896）《浙西村舍汇刻》本		国会 东洋 东研 人文
			清光绪二十三年（1897）年刻《鸫斋丛书》本		京大
			民国二十三年（1934）诵芬堂刻本		东洋
			民国二十六年（1937）《丛书集成初编》铅印本		国会 东洋 东研 庆应 天理 东北
51	万历《严州府志》	明杨守仁修 徐楚纂	明万历六年（1578）刻本	25卷	宫内
52	万历《续修严州府志》	明吕昌期修 俞炳然等纂	明万历四十一年（1613）刻本	24卷	国会
			抄本		东洋
			清顺治六年（1649）补刻本 附补遗		公文
53	乾隆《严州府志》	清吴士进修 胡书源等纂	清乾隆二十一年（1756）刻本	35卷	公文
54	光绪《严州府志》	清吴士进原本 吴世荣续修	清光绪九年（1883）刻本	38卷首1卷	东研
			清光绪十六年（1890）鹤山增刻本		国会 东洋 静嘉堂
			清光绪二十三年（1897）再增刻本		大阪

序号	书名	编著者	刊行时间	卷数	收藏机构
55	康熙《建德县志》	清戚延裔修 马天选纂	清康熙二十三年（1684）刻本	9卷	公文
56	乾隆《建德县志》	清王宾修 应德广纂	清乾隆十九年（1754）刻本	10卷 首1卷	公文
57	光绪《建德县志》	清谢仁澍修 俞观旭等纂	清光绪十八年（1892）刻本	21卷 首1卷	天理
57			清光绪二十三年（1897）刻本		东洋
58	民国《建德县志》	夏日琖修 王韧等纂	民国八年（1919）铅印本	15卷 首1卷	国会 东洋 人文 东研 天理 九大
59	康熙《新修寿昌县志》	清曾华盖修 张可元等纂	清康熙二十二年（1683）刻本	12卷	公文
60	乾隆《寿昌县志》	清钟沛修 陆铭一纂	清乾隆十九年（1754）修 抄本	12卷	东研
61	民国《寿昌县志》	陈焕修 李饪纂	民国十九年（1930）铅印本	10卷 首1卷	国会 东洋 人文 天理
62	康熙《淳安县志》	清胡就臣修 陈棐等纂	清康熙二十二年（1683）刻本	20卷	公文
63	乾隆《淳安县志》	清刘世宁等修纂	清乾隆二十一年（1756）刻本	16卷	公文
64	光绪《淳安县志》	清李诗修 陈中元等纂	清光绪十年（1884）刻本	16卷 首1卷	国会 东洋 东研 人文 天理 九大
65	万历《遂安县志》	明韩晟修 毛一鹭纂	明万历四十年（1612）修 抄本	4卷	国会 东洋
66	康熙《遂安县志》	清刘宏儒修 毛升芳等纂	清康熙二十四年（1685）刻本	10卷	公文
67	乾隆《遂安县志》	清邹锡畴修 方引彦等纂	清乾隆三十二年（1767）刻本	10卷 首1卷	静嘉堂
67			清光绪十六年（1890）活字本		东研 天理
68	民国《遂安县志》	罗柏麓修 姚桓纂	民国十九年（1930）铅印本	10卷 首1卷 末1卷	东洋 天理

序号	书名	编著者	刊行时间	卷数	收藏机构
69	康熙《桐庐县志》	清童炜修 吴文炜等纂	清康熙二十二年（1683）刻本	4卷	公文
			抄本		东洋
70	乾隆《桐庐县志》	清严正身等修 金嘉琰等纂	清乾隆二十一年（1756）刻本	16卷	东洋　东研
71	康熙《续修分水县志》	清李蘖等修 王六吉等纂	清康熙二十二年（1683）刻本	6卷	国会　公文
72	道光《分水县志》	清王承楷修 王椿煜纂	清道光二十五年（1845）刻本	10卷首1卷	静嘉堂
73	光绪《分水县志》	清陈常铧修 臧承宣等纂	清光绪三十二年（1906）刻本	10卷首1卷末1卷	东洋　东研　人文　天理
74	万历《新城县志》	明温朝祚、方廉等纂修	明万历四年（1576）修　抄本	4卷	东洋
75	康熙《新城县志》	清张瓒修 张戬等纂	清康熙十二年（1673）刻本	8卷	公文
76	民国《新登县志》	徐士瀛修 张子荣等纂	民国十一年（1922）铅印本	20卷首1卷	东洋　东研　人文
77	康熙《萧山县志》	清邹勤修 聂世棠重修 蔡时敏、蔡含生纂	清康熙十一年（1672）刻本	21卷	东洋
78	乾隆《萧山县志》	清黄钰纂	清乾隆十六年（1751）刻本	40卷	东研　京大　天理
79	民国《萧山县志稿》	彭延庆等修 姚莹俊等纂	民国二十四年（1935）铅印本	33卷首末各1卷	国会　东洋　人文　天理　九大
80	民国《萧山乡土志》	顾士江纂	民国二十二年（1933）铅印本	不分卷	国会　人文　天理
81	至元《嘉禾志》	元单庆修 徐硕纂	元至元二十五年（1288）修　旧抄本	32卷	静嘉堂　宫内
			清咸丰七年（1857）刻本		东洋
82	嘉靖《嘉兴府图记》	明赵瀛修 赵文华纂	明嘉靖二十八年（1549）刻本	20卷	东洋

序号	书名	编著者	刊行时间	卷数	收藏机构
83	万历《嘉兴府志》	明刘应钶修 沈尧中纂	明万历二十八年（1600）刻本	32卷	公文 尊经阁 宫内
84	康熙《嘉兴府志》	清袁国梓纂	清康熙二十年（1681）刻本	18卷首1卷	公文
85	康熙《嘉兴府志》	清吴永芳修 钱以垲纂	清康熙六十年（1721）刻本	16卷	国会 东洋 公文 东研
86	嘉庆《嘉兴府志》	清伊汤安修 冯应榴纂	清嘉庆六年（1801）刻本	80卷首3卷	东洋 静嘉堂 九大
87	道光《嘉兴府志》	清于尚龄纂	清道光二十年（1840）刻本	60卷首3卷	东洋
88	光绪《嘉兴府志》	清许瑶光修 吴仰贤纂	清光绪四年（1878）刻本	88卷首2卷	国会 东洋 东研 早稻田 人文 大谷 天理 东北
89	乾隆《嘉府典故纂要》	清王惟梅纂	清乾隆五十四年（1789）刻本	8卷	人文
90	崇祯《嘉兴县志》	明汤齐、罗炌修 李日华、黄承昊纂	明崇祯十年（1637）刻本	24卷	宫内
91	康熙《嘉兴县志》	清何铣修 王庭、徐发纂	清康熙二十四年（1685）刻本	9卷	公文
92	光绪《嘉兴县志》	清赵惟崙修 石中玉等纂	清光绪三十四年（1908）刻本	37卷首2卷	东洋 东研
93	万历《秀水县志》	明李培修 黄洪宪等纂	明万历二十四年（1596）修 民国十四年（1925）铅印本	10卷	国会 东洋 人文 天理
94	康熙《秀水县志》	清任之鼎修 范正辂等纂	清康熙二十四年（1685）刻本	10卷	公文
			抄本		东洋 东研
95	民国《新塍镇志》	朱士楷纂	民国五年（1916）纂 九年铅印本	26卷首1卷	东洋
96	光绪《梅里志》	清杨谦纂 李富孙等续补	清光绪三年（1877）刻本	18卷	国会 东洋

序号	书名	编著者	刊行时间	卷数	收藏机构
97	民国《梅里备志》	余霖纂	民国十一年（1922）刻本	8卷	人文
98	民国《竹林八圩志》	祝廷锡纂	民国二十一年（1932）石印本	12卷首1卷	东洋
99	正德《嘉善县志》	明倪玑修 沈概纂	明正德十二年（1517）修 抄本	6卷	东洋 人文
100	康熙《重修嘉善县志》	清杨廉等纂	清康熙十六年（1677）刻本	12卷	公文
101	嘉庆《重修嘉善县志》	清万相宾等纂	清嘉庆五年（1800）刻本	20卷	东洋
102	光绪《重修嘉善县志》	清江峰青修 顾福仁纂	清光绪二十年（1894）刻本	36卷首1卷	国会 东洋 东研 京大 人文
			民国七年（1918）重印本		天理
103	民国《校勘光绪嘉善县志札记》	孙传枢等纂	民国八年（1919）铅印本	1卷	天理
104	康熙《平湖县志》	清朱维熊等修纂	清康熙二十八年（1689）刻本	10卷	东洋 公文
105	乾隆《平湖县志》	清王恒修 张诚纂	清乾隆五十五年（1790）刻本	10卷首1卷末1卷	静嘉堂
106	光绪《平湖县志》	清彭润章修 叶廉锷纂	清光绪十二年（1886）刻本	25卷首1卷末1卷	国会 东洋 东研 京大 人文 天理 东北 注：附平湖殉难录1卷
107	乾隆《乍浦志》	清宋景关纂	清乾隆二十二年（1757）刻本	6卷首1卷	天理 注：附乍川题咏1卷
108	乾隆《乍浦志续纂》	清宋景关纂	清乾隆五十七年（1792）刻本	1卷	天理 注：附乍川题咏续纂1卷
109	天启《海盐县图经》	明樊维城修 胡震亨等纂	明天启四年（1624）刻本	16卷	国会 公文 尊经阁 东研
			清乾隆十三年（1748）重刻本		东洋
110	乾隆《海盐县续图经》	清王如珏修 陈世倕等纂	清乾隆十三年（1748）刻本	7卷	东洋 东研

序号	书名	编著者	刊行时间	卷数	收藏机构
111	光绪《海盐县志》	清王彬修 徐用仪纂	清光绪三年（1877）刻本	22卷 首1卷 末1卷	国会 东洋 东研 早稻田 人文 东北 九大 山口
112	绍定《澉水志》	宋罗叔韶修 常棠纂	宋绍定三年（1230）修 明嘉靖三十六年（1557）刻本	8卷	静嘉堂
			明天启三年（1623）《盐邑志林》本作2卷		东研
			清咸丰七年（1857）刻本		东洋
			民国二十四年（1935）《澉水志汇编》本		国会 东洋 人文 天理 东北
			民国二十八年（1939）《丛书集成初编》铅印本		国会 东洋 东研 庆应 天理 东北
113	嘉靖《续澉水志》	明董谷纂	明嘉靖三十六年（1557）刻本	9卷	静嘉堂
			抄本		东洋
			民国二十四年（1935）《澉水志汇编》本		国会 东洋 人文 天理 东北
114	道光《澉水新志》	清方溶纂 万亚兰补遗	清道光三十年（1850）修 抄本	12卷 首1卷	东洋
			民国二十四年（1935）《澉水志汇编》本		国会 东洋 人文 天理 东北
115	民国《澉水补录》	程煦元纂	民国二十四年（1935）《澉水志汇编》本	不分卷	国会 东洋 人文 天理 东北
116	嘉靖《海宁县志》	明蔡完修 董谷纂	明嘉靖三十六年（1557）修 清光绪二十四年（1898）刻本	9卷	国会 东洋 天理
117	崇祯《海昌外志》	明谈迁纂	明崇祯二年（1629）纂 抄本	8卷	东洋

序号	书名	编著者	刊行时间	卷数	收藏机构
118	顺治《海宁县志略》	清范骧纂	清顺治十三年（1656）修 光绪八年（1882）《清风室丛刊》刻本	不分卷	东洋
119	康熙《海宁县志》	清许三礼纂	清康熙十六年（1677）刻本	13卷	公文
			清康熙二十二年（1683）续补刻本		东洋
120	乾隆《海宁州志》	清战效曾修 高瀛洲纂	清乾隆四十一年（1776）刻本	16卷首1卷	静嘉堂
			清道光二十八年（1848）补刻本		东洋 天理
121	乾隆《宁志余闻》	清周广业纂	清乾隆五十四年（1789）修 抄本	8卷	东洋
122	道光《海昌备志》	清钱泰吉等纂	清道光二十七年（1847）刻本	52卷图1卷附录2卷	东洋 人文
123	民国《海宁州志稿》	清许传沛纂 朱锡恩续纂	清光绪二十三年（1896）纂 民国十一年（1922）续修铅印本	41卷首末各1卷	国会 东洋 人文 天理 九大
124	嘉庆《硖川续志》	清王德浩纂 曹宗载重订	清嘉庆十七年（1812）刻本	20卷	东洋
125	道光《硖川志略》	清蒋宏任纂	清道光二十四年（1844）《昭代丛书》本	1卷	东研
			清光绪间《小方壶斋舆地丛抄》第6帙本		东研
126	康熙《桐乡县志》	清徐秉元修 仲弘道纂	清康熙十七年（1678）刻本	5卷	公文
127	光绪《桐乡县志》	清严辰纂	清光绪十三年（1887）刻本	24卷首4卷	国会 东洋 静嘉堂 东大（缺卷） 东研 成田 京大 人文 天理 山口

序号	书名	编著者	刊行时间	卷数	收藏机构
128	康熙《石门县志》	清杜森修 祝文彦纂 邝世培等续修	清康熙十五年（1676）刻本	12卷	东洋　静嘉堂
			清康熙二十二年（1683）刻本		公文
129	光绪《石门县志》	清余丽元修　谭逢仕纂	清光绪五年（1879）刻本	11卷 首1卷	国会　东洋　东研　人文　天理
130	嘉泰《吴兴志》	宋谈钥纂	宋嘉泰元年（1201）修　抄本	20卷	静嘉堂
			民国三年（1914）嘉业堂刻《吴兴丛书》本		国会　东洋　早稻田　人文　天理　东北
131	淳熙《吴兴志续编》	宋周世南撰　清范锴辑	民国二十年（1931）《范声山杂著》石印本	1卷	国会　东研
132	成化《湖州府志》	明劳钺修　王珣续修	明弘治四年（1481）续补　成化十一年（1475）刻本	24卷	静嘉堂（缺卷）
133	嘉靖《湖州府志》	明张铎修　浦南金等纂	明嘉靖二十一年（1542）刻本	16卷	东洋　静嘉堂
134	嘉靖《吴兴掌故集》	明徐献忠纂	明嘉靖三十九年（1560）刻本	17卷	国会
			明万历四十三年（1615）重刻本		公文　静嘉堂　松浦
			民国三年（1914）嘉业堂刻《吴兴丛书》本		早稻田　人文　东北
135	万历《湖州府志》	明栗祁修　唐枢纂	明万历六年（1578）刻本	14卷 图1卷	尊经阁
136	天启《吴兴备志》	明董斯张纂	明天启四年（1624）修　抄本	32卷	静嘉堂
			民国三年（1914）嘉业堂刻《吴兴丛书》本		国会　东洋　早稻田　京大　人文　天理　东北
137	顺治《湖州府志前编》	清程量纂	清顺治六年（1649）刻本	12卷	公文　尊经阁
138	乾隆《湖州府志》	清胡承谋原修　李堂等增修	清乾隆二十三年（1758）刻本	48卷 首1卷	国会　东洋　大谷

续　表

序号	书名	编著者	刊行时间	卷数	收藏机构
139	同治《湖州府志》	清宗源瀚修　陆心源等纂	清同治十三年（1874）刻本	96卷首1卷	国会　东洋　静嘉堂东研　人文　大阪九大
			清光绪九年（1883）校刻本		静嘉堂（缺卷）天理　东北
			清刻本		仙台（缺卷）
140	《湖州府志节要》	清高锡龄纂	抄本	不分卷	东洋
141	光绪《吴兴文献志》	清陆心源纂	自笔抄本	/	早稻田
142	崇祯《乌程县志》	明刘沂春修　徐守纲等纂	明崇祯十一年（1638）刻本	12卷	国会
143	康熙《乌程县志》	清高必腾修　沈从龙等纂	清康熙二十年（1681）刻本	12卷	公文
144	乾隆《乌程县志》	清罗愫修杭世骏纂	清乾隆十一年（1746）刻本	16卷	东洋
145	光绪《乌程县志》	清潘玉璿修　周学浚、汪曰桢纂	清光绪七年（1881）刻本	36卷	国会　东洋　东研　人文　大阪
146	康熙《归安县志》	清姚时亮修　王启允等纂	清康熙十二年（1673）刻本	10卷	公文
147	光绪《归安县志》	清李昱修陆心源纂	清光绪八年（1882）刻本	52卷首1卷	国会　东洋　静嘉堂东研　京大　人文　天理　九大　东北
148	光绪《菱湖镇志》	清孙志熊纂	清光绪十九年（1893）刻本	44卷首1卷	东洋
149	道光《南浔镇志》	清范来庚纂	清道光二十年（1840）修　抄本	10卷首1卷	东洋
150	咸丰《南浔镇志》	清汪曰桢纂	清咸丰九年（1859）刻本　同治二年（1863）刻本	40卷首1卷	东洋　东研　人文　天理　九大　东北注：附莲漪文钞
151	民国《南浔志》	周庆云纂	民国十一年（1922）刻本	60卷首1卷	国会　东洋　天理
			民国十七年（1928）补刻本		国会

序号	书名	编著者	刊行时间	卷数	收藏机构
152	同治《双林镇志》	清蔡蓉升撰	清同治九年（1870）纂 抄本	残存5卷	静嘉堂
153	民国《双林镇志》	清蔡蓉升原纂 蔡蒙续纂	清同治九年（1870）纂 民国六年（1917）续纂铅印本	32卷首1卷	东研
154	嘉庆《宝前两溪志略》	清吴玉树纂	清嘉庆十二年（1807）修 民国十一年（1922）嘉业堂刻《吴兴丛书》本	12卷	东洋 人文 天理
155	乾隆《乌青镇志》	清董世宁纂	清乾隆二十五年（1760）刻本	12卷	京大 人文
			民国七年（1916）铅印本		东洋 东研 东大 人文 东北
156	民国《乌青镇志》	卢学溥修 朱辛彝等纂	民国二十五年（1936）刻本	44卷首1卷	国会 人文
157	康熙《长兴县志》	清乾应恒修 金镜等纂	清康熙十二年（1673）刻本	8卷	公文
158	乾隆《长兴县志》	清谭肇基修 吴菜等纂	清乾隆十四年（1749）刻本	12卷	公文
159	嘉庆《长兴县志》	清邢澍修 钱大昕等纂	清嘉庆十年（1805）刻本	28卷	东洋
160	同治《长兴县志》	清赵定邦修 丁宝书等纂	清同治十三年（1874）修 光绪元年刻本	32卷	国会 静嘉堂
			清光绪二十三年（1897）补刻本		国会 东洋 东研 京大 人文 天理 大阪 东北
161	光绪《长兴县志拾遗》	清朱镇纂	清光绪二十三年（1897）刻本	2卷首1卷	国会 东洋 人文 天理 东北
			抄本 书名：《长兴县志补遗》		东洋
162	嘉靖《安吉州志》	明江一麟修 陈敬则纂	明嘉靖三十六年（1557）刻本	8卷	公文
163	康熙《安吉州志》	清曹封祖等纂	清康熙十年（1671）刻本	10卷	国会 公文 东研 筑大

206

序号	书名	编著者	刊行时间	卷数	收藏机构
164	同治《安吉县志》	清汪荣修 张行孚等纂	清同治十三年（1874）刻本	18卷首1卷	东洋 天理
165	康熙《孝丰县志》	清罗为赓修 李焕文等纂	清康熙十二年（1673）刻本	10卷	国会 公文 静嘉堂
166	同治《孝丰县志》	清刘濬修 潘宅仁等纂	清光绪三年至五年（1877—1879）刻本	10卷首1卷	国会 东研 人文 天理
			清光绪二十九年（1903）补刻本		东洋
167	康熙《德清县志》	清侯元棐修 王振孙纂	清康熙十二年（1673）刻本	10卷	国会 东洋 静嘉堂 早稻田
			清康熙十九年（1680）增刻本		公文
			抄本		静嘉堂
			民国元年（1912）石印本		国会 东洋 东研 人文 天理 东北
168	嘉庆《德清县续志》	清周绍濂修 张凯等纂	清嘉庆十三年（1808）修 民国元年（1912）石印本	10卷	国会 东洋 东研 人文 天理 东北
169	民国《德清县新志》	王任化等修 程森纂	民国二十一年（1912）铅印本	14卷	东洋 人文 天理
170	光绪《新市镇再续志》	清费梧纂	清光绪二十八年（1902）修 抄本	4卷	东研
171	康熙《武康县志》	清冯圣泽修 骆维恭纂	清康熙十一年（1672）刻本	8卷	公文
			抄本		东洋
172	乾隆《武康县志》	清刘守成修 高植等纂	清乾隆十二年（1747）修 抄本	8卷首1卷	东研
			清乾隆四十四年（1779）李培植等增修刻本		静嘉堂
173	乾道《四明图经》	宋张津等纂	宋乾道五年（1169）修 抄本	12卷	静嘉堂
			清光绪五年（1879）《宋元四明六志》校刻本		东洋 静嘉堂 东研 庆应 京大 人文 大谷 大阪 龙谷
			民国二十五年（1936）浙江图书馆印本		东北

序号	书名	编著者	刊行时间	卷数	收藏机构
174	宝庆《四明志》	宋胡榘修 罗濬纂	宋宝庆三年(1227)修 清光绪五年(1879)《宋元四明六志》校刻本	21卷	东洋　静嘉堂　东研 庆应　京大　人文　大谷　大阪　龙谷
			民国二十五年(1936)浙江图书馆印本		东北
175	开庆《四明续志》	宋吴潜修 梅应发等纂	宋开庆元年(1259)修 清光绪五年(1879)《宋元四明六志》校刻本	12卷	东洋　静嘉堂　东研 庆应　京大　人文　大谷　大阪　龙谷
			民国二十五年(1936)浙江图书馆印本		东北
176	延祐《四明志》	元马泽修 袁桷纂	元延祐七年(1320)修 旧抄本	20卷	静嘉堂(缺卷9—11)
			清光绪五年(1879)《宋元四明六志》校刻本		东洋　静嘉堂　东研 庆应　京大　人文　大谷　大阪　龙谷
			民国二十五年(1936)浙江图书馆印本		东北
177	至正《四明续志》	元王元恭修 王厚孙等纂	元至正二年(1342)修 旧抄本	12卷	静嘉堂
			清光绪五年(1879)《宋元四明六志》校刻本		东洋　静嘉堂　东研 庆应　京大　人文　大谷　大阪　龙谷
			民国二十五年(1936)浙江图书馆印本		东北
178	成化《宁波府简要志》	明黄润玉纂	民国二十四年(1935)《四明丛书》第3集本	5卷	东大　东研
179	嘉靖《宁波府志》	明张时彻纂修 周希哲订正	明嘉靖三十九年(1560)刻本	42卷	国会　公文　尊经阁 早稻田
			抄本		东洋

序号	书名	编著者	刊行时间	卷数	收藏机构
180	雍正《宁波府志》	清曹秉仁修 万经等纂	清雍正八年（1730）刻本	36卷首1卷	国会 天理
			清乾隆六年（1741）补刻本		国会 东洋 东研 人文 九大
			清道光二十六年（1846）重刻本		国会 京大 大谷 大阪 爱知 九大 长崎 东北
181	乾隆《鄞县志》	清钱维乔修 钱大昕等纂	清乾隆五十三年（1788）刻本	30卷首1卷	国会 东洋 人文 九大
182	乾隆《鄞志稿》	清蒋学镛纂	民国二十四年（1935）《四明丛书》第3集本	20卷	东大 东研
183	咸丰《鄞县志》	清张铣修 周道遵等纂	清咸丰六年（1856）刻本	32卷首1卷	东洋
184	同治《鄞县志》	清戴枚修 张恕、董沛等纂	清光绪三年（1877）刻本	75卷	国会 东洋 东研 京大 人文 天理 九大
185	民国《鄞县通志》	张传保等修 陈训正等纂	民国二十六年（1937）铅印本	不分卷	国会 东洋 人文
186	康熙《奉化县志》	清张起贵修 孙懋赏等纂	清康熙二十二年（1683）刻本	14卷	公文
187	乾隆《奉化县志》	清曹膏修 陈琦等纂	清乾隆三十八年（1773）刻本	14卷首1卷	东洋 静嘉堂 龙谷 天理
188	光绪《奉化县志》	清李前泮修 张美翊等纂	清光绪二十二年（1896）刻本	40卷首1卷	洋大 人文 天理
			清光绪三十四年（1908）刻本		东洋 东研 九大
189	光绪《剡源乡志》	清赵霈涛纂	清光绪二十八年（1902）修 民国五年（1916）铅印本	24卷首1卷	东洋 东研 人文 天理
190	光绪《忠义乡志》	清吴文江纂	清光绪二十七年（1901）刻本	20卷首1卷	东洋
191	康熙《象山县志》	清李郁纂	清康熙二十二年（1683）刻本	16卷	公文

序号	书名	编著者	刊行时间	卷数	收藏机构
192	乾隆《象山县志》	清史鸣皋修 姜炳章等纂	清乾隆二十四年（1759）刻本	12卷	东洋
193	道光《象山县志》	清童立成修 冯登府等纂	清道光十四年（1834）刻本	22卷首1卷	东洋 静嘉堂 东研 天理
			民国四年（1915）木活字本		国会 注：附象山文类2卷
194	民国《象山县志》	陈汉章等纂	民国十六年（1927）铅印本	32卷	东洋
195	民国《南田县志》	吕耀钤、厉家祯等修 吕芝延等纂	民国十九年（1930）铅印本	35卷首1卷	东洋 人文 天理
196	嘉靖《定海县志》	明何愈修 张时彻纂	明嘉靖四十二年（1563）刻本	13卷	公文
197	乾隆《镇海县志》	清王梦弼等纂	清乾隆十七年（1752）刻本	8卷	东洋 公文 静嘉堂
198	光绪《镇海县志》	清于万川修 俞樾等纂	清光绪五年（1879）刻本	40卷	国会 东洋 静嘉堂 东研 京大 人文 大阪 九大
199	民国《镇海县志》	洪锡范等修 王荣商等纂	民国二十年（1931）铅印本 附勘误表	45卷首1卷	国会 东洋 人文 天理
200	民国《镇海县新志备稿》	董祖义纂	民国二十年（1931）铅印本	2卷	国会 东洋 人文 天理
201	雍正《慈溪县志》	清杨正筍修 冯鸿模等纂	清雍正八年（1730）修 乾隆三年（1738）补刻本	16卷	东洋 静嘉堂 东研 天理
202	光绪《慈溪县志》	清冯可镛等纂	清光绪二十五年（1899）刻本	56卷	国会 九大
203	万历《新修余姚县志》	明史树德等修纂	明万历三十一年（1603）刻本	24卷	国会
204	乾隆《余姚志》	清唐若瀛修 邵晋涵等纂	清乾隆四十六年（1781）刻本	40卷	东洋 大阪 九大
205	光绪《余姚县志》	清周炳麟修 邵友濂等纂	清光绪二十五年（1899）刻本	27卷首末各1卷	国会 东洋 东研 人文 大阪 九大
			民国二十四年（1935）重印本		天理

序号	书名	编著者	刊行时间	卷数	收藏机构
206	民国《余姚六仓志》	谢宝书、杨积芳等纂	民国九年(1920)铅印本	44卷首1卷末1卷	国会　东研　天理
207	嘉靖《临山卫志》	明耿宗道等纂	明嘉靖四十三年(1564)修　民国三年(1814)木活字本	4卷	国会
208	康熙《宁海县志》	清崔秉镜修　华大琰等纂	清康熙十七年(1678)刻本	12卷	东洋　公文
209	光绪《宁海县志》	清王瑞成等修　张濬纂	清光绪二十二年(1896)刻本	24卷	东研
210	大德《昌国州图志》	元冯福京修　郭荐纂	元大德二年(1298)修　抄本	7卷首末各1卷	静嘉堂
			清光绪五年(1879)《宋元四明六志》校刻本		东洋　静嘉堂　东研　庆应　京大　人文　大谷　大阪　龙谷
			民国二十五年(1936)浙江图书馆印本		东北
211	康熙《定海县志》	清缪燧修　陈琯纂	清康熙五十四年(1715)刻本	8卷	东洋
212	光绪《定海厅志》	清史致驯修　陈重威等纂	清光绪十一年(1885)刻本	30卷首1卷	国会　东洋　东研
			清光绪二十八年(1902)补刻本		国会　京大　人文　天理　九大
213	民国《定海县志》	陈训正　马瀛等纂修	民国十四年(1925)铅印本	不分卷	国会　东洋　人文　天理
214	民国《岱山镇志》	汤浚纂	民国十六年(1927)铅印本	20卷首1卷	东洋　人文
215	嘉泰《会稽志》	宋沈作宾修　施宿等纂	宋嘉泰元年(1201)修　明正德五年(1510)刻本	20卷	静嘉堂　尊经阁
			抄本		静嘉堂
			民国十五年(1926)影印嘉庆刻本		国会　东洋　东研　人文　天理　九大　东北

序号	书名	编著者	刊行时间	卷数	收藏机构
216	宝庆《会稽续志》	宋张淏纂	宋宝庆元年（1225）修 明正德五年（1510）刻本	8卷	尊经阁（抄本） 静嘉堂
			清嘉庆十三年（1808）刻本		东洋 人文
			民国十五年（1926）影印嘉庆刻本		国会 东洋 东研 人文 天理 九大 东北
217	万历《绍兴府志》	明萧良幹修 张元忭等纂	明万历十五年（1587）刻本	50卷	东洋
			抄本		国会
218	康熙《绍兴府志》	清张三异修 王嗣皋纂	清康熙十二年（1673）刻本	58卷	宫内
219	康熙《绍兴府志》	清王之宾续修 董钦德纂	清康熙二十二年（1683）刻本	58卷	公文
220	康熙《绍兴府志》	清俞卿修 周徐彩纂	清康熙五十八年（1719）刻本	60卷	东洋
221	乾隆《绍兴府志》	清李亨特修 平恕等纂	清乾隆五十七年（1792）刻本	80卷首1卷	东洋 东研 人文 大谷 九大
222	乾隆《绍兴府志校勘记》	清李慈铭撰	抄本	不分卷	东洋
223	民国《绍兴县志资料》	绍兴县修志委员会纂	民国二十六年至二十八年（1937—1939）铅印本	第1辑	国会 天理 九大
224	嘉靖《山阴县志》	明许东望修 张天复等纂	明嘉靖年间（1522—1566）刻本	12卷	宫内
225	康熙《山阴县志》	清单国骥等纂	清康熙十年（1671）修 康熙四十年（1701）增补刻本	38卷	东洋
226	嘉庆《山阴县志》	清徐元梅修 朱文翰等纂	清嘉庆八年（1803）刻本	30卷首1卷	东洋 东研 人文 九大
			民国二十五年（1936）铅印本		国会 天理 九大
227	道光《山阴县志》	清佚名撰	清道光末修 抄本	残存1卷	东洋

序号	书名	编著者	刊行时间	卷数	收藏机构
228	康熙《会稽县志稿》	清王元臣修 董钦德等纂	清康熙二十二年（1683）刻本	28卷首1卷	东洋 公文 东研
			民国二十五年（1936）铅印本		天理 九大
229	道光《会稽县志稿》	清王藩修 沈元泰纂	清道光二十五年（1845）修 民国二十五年（1936）铅印本	残14卷首1卷	天理 九大
230	康熙《诸暨县志》	清蔡灼修 章平事纂	清康熙十一年（1672）刻本	12卷	公文
231	乾隆《诸暨县志》	清沈椿龄修 楼卜瀍纂	清乾隆三十八年（1773）刻本	44卷首末各1卷	东洋 静嘉堂（35卷）
232	光绪《诸暨县志》	清陈遹声修 蒋鸿藻纂	清宣统三年（1911）刻本	61卷首1卷	东洋 东研
233	万历《上虞县志》	明徐待聘修 马明瑞等纂	明万历三十四年（1606）刻本	残3卷	国会
234	嘉庆《上虞县志》	清崔鸣玉修 朱文绍等纂	清嘉庆十六年（1811）刻本	14卷	东洋 静嘉堂
235	光绪《上虞县志》	清唐煦春修 朱士黻纂	清光绪十七年（1891）刻本	48卷首末各1卷	国会 东洋 东研 人文 天理 九大 山口
236	光绪《上虞县志校续》	清储家藻修 徐致靖等纂	清光绪二十五年（1899）刻本	50卷首1卷末1卷	国会 东洋 人文 山口
237	嘉定《剡录》	宋高似孙纂	宋嘉定七年（1214）修 影写元刻本	10卷	静嘉堂（6卷）
			清道光八年（1828）刻本		东研 人文 东北
			清同治九年（1870）刻本		东洋 静嘉堂 洋大 京大
			清光绪年间《邵武徐氏丛书》本		东研 高知
238	康熙《嵊县志》	清蒋炜修 姜君献纂	清康熙二十三年（1684）刻本	10卷	公文

序号	书名	编著者	刊行时间	卷数	收藏机构
239	乾隆《嵊县志》	清周范莲、李以琰等修纂	清乾隆七年(1742)刻本	18卷首1卷末1卷	国会 东洋 东研
240	道光《嵊县志》	清李式圃修 朱渌等纂	清道光八年(1828)刻本	14卷	东洋
241	同治《嵊县志》	清严思忠修 蔡以瑞等纂	清同治九年(1870)刻本	26卷首1卷末1卷	国会 东洋 静嘉堂 人文 天理
242	民国《嵊县志》	牛荫麐修 丁谦等纂	民国二十四年(1935)铅印本	32卷	东洋 人文
243	万历《新昌县志》	明田琯纂	明万历七年(1579)刻本	13卷首1卷	国会
244	康熙《新昌县志》	清刘作楳等纂	清康熙十年(1671)刻本	18卷	东洋 公文
			清抄本		国会
245	民国《新昌县志》	金城修 陈畲等纂	民国八年(1919)铅印本	20卷	国会 东洋 东研 人文 天理
246	嘉定《赤城志》	宋齐硕等修 陈耆卿纂	宋嘉定十六年(1223)修 明弘治十年(1479)刻本	40卷	静嘉堂
			明天启六年(1626)补刻本		公文 尊经阁
			清嘉庆二十三年(1818)刻《台州丛书乙集》本		东研 筑大 京大 大阪 天理
			清道光元年(1821)重刻本		国会 东洋
247	弘治《赤城新志》	明谢铎纂	明弘治十年(1497)刻本	23卷	静嘉堂
			明天启六年(1626)补刻本		公文 尊经阁
248	康熙《台州府志》	清张联元修 方景濂等纂	清康熙六十一年(1722)刻本	18卷首1卷	公文 东研
249	嘉庆《台州外书》	清戚学标纂	清嘉庆四年(1799)刻本	20卷	人文

序号	书名	编著者	刊行时间	卷数	收藏机构
250	光绪《台州府志》	清赵亮熙等修 王舟瑶等纂	清光绪二十五年（1899）修 民国十五年（1926）铅印本	100卷	国会 东洋 东研 人文 九大
251	民国《台州府志》	喻长霖修 柯华威等纂	民国二十五年（1936）铅印本	140卷首1卷	国会 东洋 天理
252	康熙《临海县志》	清洪若皋纂	清康熙二十二年（1683）刻本	15卷首1卷	国会 东洋 静嘉堂 东研 人文 天理 九大
253	康熙《天台县志》	清李德耀修 黄执中纂	清康熙二十三年（1684）刻本	15卷	东洋 公文 东研
			清道光二十四年（1844）刻本		京大
254	万历《仙居县志》	明顾震宇纂	明万历三十七年（1609）修 抄本	12卷	静嘉堂
			民国二十四年（1935）铅印《仙居丛书》本		国会 东洋 人文 立命馆 天理
255	康熙《仙居县志》	清郑录勋修 张明焜等纂	清康熙十九年（1680）刻本	30卷	公文
256	光绪《仙居志》	清王寿颐修 王菜等纂	清光绪二十年（1894）活字本	24卷首1卷附《仙居集》24卷	东洋 东研
257	康熙《黄岩县志》	清刘宽修 平遇等纂	清康熙三十八年（1699）刻本	8卷	公文 东研
258	光绪《黄岩县志》	清陈钟英等修 王咏霓等纂	清同治七年（1868）修 光绪元年（1875）续修 光绪三年刻本	40卷首1卷	国会 东洋 京大 人文 天理 九大
259	民国《路桥志略》	杨晨修 杨绍翰增订	民国二十四年（1935）铅印本	6卷	东洋 人文
260	康熙《太平县志》	清曹文珽修 林槐等纂	清康熙二十三年（1684）刻本	8卷	东洋 公文

序号	书名	编著者	刊行时间	卷数	收藏机构
261	嘉庆《太平县志》	清庆霖修 戚学标纂	清嘉庆十六年（1811）刻本	18卷	东洋
			清光绪二十二年（1896）刻本		东研 人文 天理
262	光绪《太平县续志》	清陈汝霖修 王棻等纂	清光绪二十二年（1896）刻本	18卷 首1卷	东洋 人文
263	雍正《玉环志》	清张坦熊纂	清雍正十年（1732）刻本	4卷	公文
264	光绪《玉环厅志》	清杜冠英修 吕鸿焘纂	清光绪六年（1880）修 光绪十四年补刻本	16卷 首1卷	国会 东洋 静嘉堂 东研 人文 天理 大阪
265	万历《金华府志》	明王懋德修 陆凤仪纂	明万历六年（1578）刻本	30卷	宫内 尊经阁
266	康熙《金华府志》	清张荩修 沈麟趾等纂	清康熙二十二年（1683）刻本	30卷 图1卷	国会 公文 京大
			清宣统元年（1909）石印本		东洋 东研
267	万历《金华县志》	明凌尧伦等纂	明万历二十六年（1598）修 抄本	10卷	东洋
268	顺治《金华县志》	清王世功等纂	清顺治十二年（1655）刻本	10卷	公文
269	道光《金华县志》	清黄金声修 李林松纂	清道光三年（1823）刻本	12卷 首1卷	东洋 九大
270	光绪《金华县志》	清邓钟玉等纂	清光绪二十年（1894）修 民国四年（1915）铅印本	16卷 首1卷	东洋 东研 九大
			民国二十三年（1934）重印本		国会 人文 注：附殉难姓名录1卷
271	万历《汤溪县志》	明汪文壁修 罗元龄纂	明万历三十二年（1604）刻本	8卷	宫内
			清康熙二十二年（1683）重刻本		公文
272	康熙《汤溪续志》	清谭国枢等纂	清康熙二十二年（1683）刻本	不分卷	公文

序号	书名	编著者	刊行时间	卷数	收藏机构
273	乾隆《汤溪县志》	清陈钟昺修 冯宗城纂	清乾隆四十八年(1783)刻本	10卷	东洋 静嘉堂 东研
274	民国《汤溪县志》	丁燮等修 戴鸿熙等纂	民国二十年(1931)铅印本	20卷首1卷	东洋 人文 天理
275	正德《兰溪县志》	明王㳣修 章懋等纂	明弘治六年(1493)修 万历四十二年(1614)补刻正德本	5卷	国会 公文
276	康熙《兰溪县志》	清刘芳喆修 郭若绎等纂	清康熙十一年(1672)刻本	7卷	公文
			清乾隆间补刻本		东大
277	光绪《兰溪县志》	清秦簧等修 唐壬森纂	清光绪十五年(1889)刻本 补遗光绪十七年刻	8卷首1卷 补遗1卷	国会 东洋 东研 人文 天理 九大 山口
278	嘉靖《武义县志》	明黄春纂	明嘉靖三年(1524)刻本	5卷	宫内
279	嘉庆《武义县志》	清张营埰等修 周家驹纂	清嘉庆九年(1804)刻本	12卷首1卷	东洋 静嘉堂 东研
280	正德《永康县志》	明吴宣济等修 陈泗等纂	明正德九年(1514)修 抄嘉靖三年(1524)胡楷刻本	8卷	东洋 人文
281	康熙《永康县志》	清徐同伦修 俞有斐等纂	清康熙十一年(1672)刻本	10卷	公文
282	康熙《永康县志》	清沈藻修 朱谨等纂	清康熙三十七年(1698)刻本	16卷首1卷	静嘉堂
283	道光《永康县志》	清廖重机等修 应曙霞等纂	清道光十七年(1837)刻本	12卷首1卷	东洋 东研 天理
284	光绪《永康县志》	清李汝为等修 潘树棠等纂	清光绪十八年(1892)刻本	16卷首1卷	国会 东洋 人文 天理 山口
			民国二十一年(1932)铅印本		国会 九大
285	康熙《新修东阳县志》	清胡启甲等修 赵衍纂	清康熙二十年(1681)刻本	22卷首末各1卷	公文

序号	书名	编著者	刊行时间	卷数	收藏机构
286	道光《东阳县志》	清党金衡修　王恩注等纂	清道光十二年（1832）石印本	27卷首1卷	东洋　东研　人文
287	崇祯《义乌县志》	明熊人霖纂	明崇祯十三年（1640）刻本	20卷	公文
288	康熙《义乌县志》	清王廷曾纂	清康熙三十一年（1692）刻本	20卷	公文
			清雍正五年（1727）韩慧基增补刻本		东研
289	嘉庆《义乌县志》	清诸自谷修　程瑜等纂	清嘉庆七年（1802）修　民国十八年（1929）石印本	22卷首1卷	东洋　人文　天理九大
290	康熙《浦江县志》	清张一炜纂	清康熙十二年（1673）刻本	12卷	公文
291	乾隆《浦江县志》	清薛鼎铭修　胡廷槐等纂	清乾隆四十四年（1779）刻本	20卷首1卷	公文（缺17—20卷）
292	光绪《浦江县志》	清善广修　张景青等纂	清光绪二十二年（1896）修　光绪三十一年（1905）木活字增补本	15卷首1卷	人文
			民国五年（1916）再补铅印本		东洋　东研　天理注：附咸同殉难录2卷
293	天启《衢州府志》	明林应翔修　叶秉敬纂	明天启三年（1623）刻本	16卷	公文
			明崇祯五年（1632）丁明登增补刻本		尊经阁
			抄本		东洋
294	康熙《衢州府志》	清杨廷望纂	清康熙五十年（1711）刻本	40卷首1卷	国会　静嘉堂　神宫
			清光绪八年（1882）刻本		国会　东洋　东大　东研　人文　天理　九大
295	康熙《西安县志》	清陈鹏年修　徐之凯等纂	清康熙三十八年（1699）刻本	12卷首1卷	公文
296	嘉庆《西安县志》	清姚宝煊修　范崇楷等纂	清嘉庆十六年（1811）刻本	48卷首1卷	国会　东洋　静嘉堂　东研　山口
			民国六年（1917）补刻本		天理

序号	书名	编著者	刊行时间	卷数	收藏机构
297	万历《龙游县志》	明万廷谦修 曹闻礼等纂	明万历四十年（1612）修 民国十二年（1923）铅印本	10卷首1卷	东洋注：附校刊记1卷
298	康熙《龙游县志》	清卢燦修 余恂等纂	清康熙二十年（1681）刻本	12卷	公文
			清光绪八年（1882）增刻本		东洋 东研 早稻田
299	民国《龙游县志》	余绍宋纂	民国十四年（1925）铅印本	40卷首末各1卷	东洋 东研 人文 天理 山口
300	崇祯《开化县志》	明朱朝藩修 汪庆百等纂	明崇祯四年（1631）刻本	10卷	国会
301	康熙《开化县志》	清吉祥修 汪尔敬等纂	清康熙二十二年（1683）修 清抄本	10卷	公文
302	雍正《开化县志》	清孙锦修 徐心启纂	清雍正七年（1729）刻本	10卷首1卷	静嘉堂
303	光绪《开化县志》	清徐名立等修 潘树棠等纂	清光绪二十四年（1898）刻本	14卷	东研
304	康熙《常山县志》	清杨滐纂	清康熙二十二年（1683）修 抄本	15卷	宫内
305	嘉庆《常山县志》	清陈跬修 徐始搏纂	清嘉庆十八年（1813）修 道光二十八年（1848）修锓嘉庆本	12卷	天理
306	光绪《常山县志》	清李瑞钟修 朱昌泰纂	清光绪十二年（1886）刻本	68卷首1卷末1卷	东洋 静嘉堂 东研 人文
307	天启《江山县志》	明张凤翼修 徐日葵纂	明天启三年（1623）修 抄本	10卷	宫内
308	康熙《江山县志》	清汪浩修 宋俊等纂	清康熙五十二年（1713）刻本	14卷	东研
309	乾隆《江山县志》	清宋成绥修 陆飞纂	清乾隆四十一年（1776）刻本	16卷首1卷末1卷	东洋 公文

序号	书名	编著者	刊行时间	卷数	收藏机构
310	同治《江山县志》	清王彬等修 朱宝慈等纂	清同治十二年（1873）刻本	12卷 首末各1卷	国会 东洋 静嘉堂 早稻田 人文 天理 九大 山口
311	万历《温州府志》	明汤日昭修 王光蕴等纂	明万历三十三年（1605）刻本	18卷	国会 公文 尊经阁 天理 蓬左
312	乾隆《温州府志》	清李琬修 齐召南等纂	清乾隆二十七年（1762）刻本	30卷 首1卷	人文
			清同治四年（1865）补版增刻本		国会 东洋 静嘉堂 东研 早稻田 京大 九大
313	嘉靖《永嘉县志》	明程文箸修 王叔果纂	明嘉靖四十五年（1566）刻本	9卷 图1卷	尊经阁
314	康熙《永嘉县志》	清王国泰等修 林占春等纂	清康熙二十一年（1682）刻本	14卷	东洋 公文
315	乾隆《永嘉县志》	清崔锡修 齐召南等纂	清乾隆三十年（1765）刻本	26卷 首1卷	静嘉堂
316	光绪《永嘉县志》	清张宝琳修 王棻等纂	清光绪八年（1882）刻本	38卷 首1卷	国会 东洋 东研 京大 人文 大阪 天理 山口
317	隆庆《乐清县志》	明侯一元纂	明隆庆六年（1572）修 民国七年（1918）石印本	7卷	东研 天理
318	康熙《乐清县志》	清徐化民修 鲍易等纂	清康熙二十四年（1685）刻本	8卷	公文
319	光绪《乐清县志》	清李云登等修 陈珅等纂	清光绪二十七年（1901）修 民国元年（1912）校补本	16卷 首1卷	国会 人文 注：附勘误表考证
320	嘉靖《瑞安县志》	明刘畿修 朱绰等纂	明嘉靖三十四年（1555）刻本	10卷	公文
321	嘉庆《瑞安县志》	清张德标修 王殿金等纂	清嘉庆十三年（1808）刻本	10卷 首1卷	国会 东研
			清同治七年（1868）补刻本		东洋
			民国六年（1917）石印本		东洋 人文 天理 山口

续　表

序号	书名	编著者	刊行时间	卷数	收藏机构
322	隆庆《平阳县志》	明朱东光原修 万民华补纂	明隆庆五年（1571）修 万历四十二年（1614）补修刻本	8卷	宫内
323	康熙《平阳县志》	清金以竣修 吕弘诰等纂	清康熙三十三年（1694）刻本	12卷	公文
324	乾隆《平阳县志》	清徐恕修 张南英等纂	清乾隆二十五年（1760）刻本	20卷	公文　静嘉堂
			民国七年（1918）补刻本		东洋　东研
325	民国《平阳县志》	王理孚修 刘绍宽纂	民国十四年（1925）刻本	98卷首1卷	国会　东洋　人文天理
326	雍正《泰顺县志》	清朱国源修 朱廷琦纂	清雍正七年（1729）刻本	10卷	东洋　公文　东研
327	同治《泰顺分疆录》	清林鹗纂修 林用霖等续编	清同治四年（1865）修 光绪五年（1879）刻本	12卷首1卷	东洋　东研　早稻田人文
328	成化《处州府志》	明郭忠修 刘宣等纂	明成化二十二年（1486）刻本	18卷首1卷	国会
329	康熙《处州府志》	清刘廷玑纂	清康熙二十九年（1690）刻本	12卷	公文
330	雍正《处州府志》	清曹抡彬修 朱肇济纂	清雍正十一年（1733）刻本	20卷	东洋　静嘉堂
331	光绪《处州府志》	清潘绍诒修 周荣椿等纂	清光绪三年（1877）刻本	30卷首1卷末1卷	国会　东洋　东研　早稻田　人文　天理　大阪　九大　山口
332	同治《丽水县志》	清彭润章等纂	清同治十三年（1874）刻本	15卷	国会　东洋　东研　早稻田　人文　天理
333	乾隆《重修景宁县志》	清张九华修 吴嗣范等纂	清乾隆四十三年（1778）刻本	12卷	公文　静嘉堂
334	同治《景宁县志》	清周杰修 严用光等纂	清同治十二年（1873）刻本	14卷首1卷末1卷	国会　东洋　东研人文
335	民国《景宁县续志》	吴吕熙修 柳景元纂	民国二十二年（1933）刻本	17卷首1卷	天理
336	顺治《宣平县志》	清侯杲修 胡世定纂	清顺治十二年（1655）刻本	10卷	公文　天理

序号	书名	编著者	刊行时间	卷数	收藏机构
337	光绪《宣平县志》	清皮树棠纂	清光绪四年(1878)刻本	20卷首1卷	国会 东洋 静嘉堂 东研 人文 天理 早稻田
338	康熙《青田县志》	清张皇辅修 钱喜选纂	康熙二十五年(1686)刻本	12卷	公文
339	雍正《青田县志》	清张皇辅原本 万里续修 沈渊懿续纂	清雍正六年(1728)刻本	12卷	东洋
340	光绪《青田县志》	清雷铣修 王棻纂	清光绪二年(1876)刻本	18卷首1卷	国会 东洋 静嘉堂 东研 京大 人文 天理 九大 山口
341	康熙《缙云县志》	清霍维腾纂	清康熙二十三年(1684)刻本	4卷	公文
342	道光《缙云县志》	清汤成烈修 尹希伊等纂	清道光二十九年(1849)刻本	18卷首1卷	东洋
343	光绪《缙云县志》	清何乃容等修 潘树棠纂	清光绪七年(1881)刻本	16卷首末各1卷	国会 东洋 静嘉堂 东研 人文 天理 山口
344	顺治《松阳县志》	清佟庆年修 胡世定纂	清顺治十一年(1654)刻本	10卷	公文
345	光绪《松阳县志》	清支恒椿修 丁凤章纂	清光绪元年(1875)刻本	12卷	东洋 东研
346	乾隆《遂昌县志》	清王憻纂	清乾隆三十年(1765)刻本	12卷	静嘉堂 公文
347	光绪《遂昌县志》	清胡寿海等修 褚成允纂	清光绪二十二年(1896)刻本	12卷首1卷附外编4卷	国会 东洋 东研
348	同治《云和县志》	清伍承吉修 涂冠续修 王士鈵纂	清咸丰五年(1855)修 同治三年(1864)续修刻本	16卷首1卷	国会 东洋 东研 人文 天理
349	顺治《龙泉县志》	清徐可先修 胡世定纂	清顺治十二年(1655)刻本	10卷	公文

序号	书名	编著者	刊行时间	卷数	收藏机构
350	乾隆《龙泉县志》	清苏遇龙修 沈光厚纂	清乾隆二十七年（1762）刻本	12卷 首1卷	天理
			清同治二年（1863）补刻本		东洋
351	光绪《龙泉县志》	清顾国诏等修 程炳藻等纂	清光绪四年（1878）刻本	12卷 首1卷	东洋 东研 人文 九大
352	光绪《庆元县志》	清林步瀛等修 史恩绪等纂	清光绪三年（1877）刻本	12卷 首1卷	东洋 静嘉堂 东研

资料来源：《东传方志总目》。

说明：1. 对所收资料错讹的已做修订，如淳祐《临安志》纂者"施谔"应为"赵与𥲅修　陈仁玉纂"；嘉靖《永嘉县志》纂者"王叔杲"应为"王叔果"；万历《温州府志》纂修者"明汤日照修　王光蕴等纂"应为"明汤日昭修　王光蕴等纂"；康熙《嵊县志》纂修者"明周汝登原本　清姜尹献纂"应为"清蒋炜修　姜君献纂"；康熙《萧山县志》纂修者"清邹勷修　聂世棠纂"应为"清邹勷修　聂世棠重修　蔡时敏、蔡含生纂"；雍正《敕修浙江通志》纂者"傅玉露"应为"傅王露"；乾隆《桐庐县志》纂修者"清吴士进修　金嘉琰等纂"应为"清严正身等修　金嘉琰等纂"；同治《鄞县志》纂修者"清张恕修　董沛等纂"应为"清戴枚修　张恕、董沛等纂"；光绪《新市镇再续志》纂者"费格"应为"费梧"；光绪《严州府志》续修者"吴士荣"应为"吴世荣"；光绪《乌程县志》纂修者"清潘玉璇修　周学浚等纂"应为"清潘玉璿等修　周学浚、汪曰桢纂"；民国《昌化县志》纂修者"陈培斑修　潘秉哲等纂"应为"陈培斑、曾国霖等修　许昌言等纂"；等等。

2. 表格收藏机构简称、全称对照如下（按《东传方志总目》附）：

国会（国立国会图书馆）

东洋（东洋文库）

公文（国立公文书馆）

静嘉堂（静嘉堂文库）

尊经阁（前田育德会尊经阁文库）

东京（东京都立中央图书馆）

官内（官内厅书陵部）

东大（东京大学总合图书馆）

东研（东京大学东洋文化研究所）

早稻田（早稻田大学中央图书馆）

庆应（庆应义塾大学图书馆·三田）

斯道（庆应义塾大学附属研究所斯道文库）

学习院（学习院大学图书馆）

二松（二松学舍大学图书馆）

洋大（东洋大学图书馆）

三康（三康文化研究所附属三康图书馆）

千叶（千叶县立中央图书馆）

成田（成田图书馆）

筑大（筑波大学图书馆）

京都（京都府立图书馆）

京资料（京都府总合资料馆）

京大（京都大学，人文科学研究所除外）

人文（京都大学人文科学研究所）

立命馆（立命馆大学图书馆）

大谷（大谷大学图书馆）

大阪（大阪府立图书馆）

阪大（大阪大学图书馆）

关西（关西大学图书馆）

龙谷（龙谷大学图书馆）

杏雨（武田科学振兴财团杏雨书屋）

神宫（神宫文库）

天理（天理图书馆）

滋贺（滋贺大学经济学部、学艺学部图书馆）

和歌山（和歌山大学图书馆）

神大（神户大学图书馆）

爱知（爱知大学图书馆）

蓬左（名古屋市蓬左文库）

岩濑（爱知县西尾市岩濑文库）

大垣（岐阜县大垣市立图书馆）

九大（九州大学附属中央图书馆、文学部书库）

长崎（长崎大学图书馆经济学部分馆）

松浦（松浦史料博物馆）

山口（山口大学图书馆）

浅野（广岛市立浅野图书馆）

爱媛（爱媛大学图书馆）

高知（高知大学图书馆）

宫城（宫城县立图书馆）

东北（东北大学附属图书馆）

仙台（仙台市民图书馆）

潟大（新潟大学附属图书馆）

新发田（新潟县新发田市立图书馆）

林出（林出贤次郎家族）

野村（野村荣三郎家族）

美国国会图书馆藏浙江旧志目录

序号	书名	编著者	刊行时间	卷数	册数
1	《浙江通志》	清赵士麟、王国安修张衡等纂	康熙二十三年（1684）刻本	50卷卷首1卷	44册
2	《浙江通志》	清李卫、嵇曾筠等修傅王露等纂	雍正十三年（1735）修 光绪二十五年（1899）重刻本	280卷卷首3卷	120册
			民国二十三年（1934）上海商务印书馆影印本		4册
3	《浙江通志》	不著编修人	清光绪五年（1879）墨润堂校刻本	14卷	6册
4	《浙志便览》	清李应珏辑	光绪二十二年（1896）刻本	10卷	4册
5	《浙江通志厘金门稿》	顾家相辑	民国八年（1919）铅印本	3卷	2册
6	《浙江新志》	姜卿云辑	民国二十五年（1936）杭州正中书局铅印本	2卷	2册
7	《浙江》	葛绥成辑	民国二十八年（1939）昆明中华书局铅印本	4编	1册
8	乾道《临安志》	宋周淙辑	乾道五年（1169）辑 清光绪元年（1875）粤雅堂丛书本	3卷	/
			清光绪四年（1878）式训堂丛书本		/
			清光绪七年（1881）武林掌故丛编本		/
			清光绪三十年（1904）校经山房丛书本		附札记 清钱保塘辑
9	淳祐《临安志》	宋赵与篪修陈仁玉纂	淳祐十二年（1252）辑 清光绪七年（1881）武林掌故丛编本	10卷（存卷5至10）	/
10	淳祐《临安志辑逸》	清胡敬辑	光绪二十六年（1900）武林掌故丛编本	8卷	/

序号	书名	编著者	刊行时间	卷数	册数
11	咸淳《临安志》	宋潜说友辑	咸淳四年(1268)辑 清道光十年(1830)钱塘振绮堂汪氏仿宋重刻本	100卷（缺卷64、90、98至100）	24册
12	《杭州府志》	清郑沄修 邵晋涵纂	乾隆四十九年(1784)刻本	110卷 卷首6卷	48册
13	《杭州府志》	清龚嘉儁、陈璚修 吴庆坻、王棻纂	光绪五年至民国八年(1879—1919)修 民国十二年(1923)铅印本	178卷 卷首8卷	80册
14	《钱塘县志》	明聂心汤纂修	万历三十七年(1909)修 清光绪十九年(1893)武林掌故丛编本	不分卷	/
15	《仁和县志》	明沈朝宣纂修	嘉靖二十八年(1549)修 清光绪十九年(1893)武林掌故丛编本	14卷	/
16	《唐栖志略稿》	清何琪辑	乾隆三十四年(1769)辑 光绪七年(1881)武林掌故丛编本	2卷	/
17	《唐栖志》	清王同辑	光绪十六年(1890)刻本	20卷	8册
18	《定乡小识》	清张道辑	咸丰九年(1859)辑 光绪八年(1882)武林掌故丛编本	16卷	/
19	《海宁县志》	明蔡完纂修	嘉靖三十六年(1557)修 清光绪二十四年(1898)罗榘校刻本	9卷 附录1卷	8册
20	《海宁县志略》	清范骧辑	康熙十一年至十四年(1672—1675)辑 光绪八年(1882)海宁钱氏清风室校刻本	1卷 补遗1卷 附录1卷	1册
21	《海宁县志》	清黄承琏纂修	康熙二十二年(1683)刻本	13卷	12册
22	《海宁县志》	清金鳌、黄簪世纂修	乾隆三十年(1765)刻本	12卷 卷首1卷	10册

序号	书名	编著者	刊行时间	卷数	册数
23	《海宁州志》	清战效曾纂修	乾隆四十一年（1776）刻本	16卷卷首1卷	24册
24	《宁志余闻》	清周广业辑	乾隆五十一年（1786）修 稿本	8卷	2册
25	《海昌备志》	清钱泰吉纂修	道光二十七年（1847）刻本	52卷附录2卷	16册
26	《海宁州志稿》	朱宝瑨修朱锡恩纂	民国七年（1918）修十一年（1922）铅印本	41卷首末各1卷附志余补遗	32册
27	《修川小志》	清邹存淦辑	同治三年（1864）辑 光绪二十二年（1896）重钞 光绪五年（1879）钞本	不分卷	2册
28	《富阳县志》	清钱晋锡纂修	康熙二十二年（1683）刻本	10卷	8册
29	《富阳县志》	清汪文炳纂修	光绪三十二年（1906）刻本	24卷卷首1卷	16册
30	《余杭县志》	清张吉安修朱文藻、崔应榴纂	嘉庆十三年（1808）修 民国八年（1919）铅印本	40卷	8册
31	《余杭县志稿》	清褚成博辑	光绪三十二年（1906）刻本	不分卷	1册
32	《临安县志》	清赵民治纂修	乾隆二十四年（1759）修 光绪十一年（1885）木活字重印本	4卷	8册
33	《临安县志》	清彭循尧修董运昌、周鼎纂	宣统二年（1910）木活字印本	8卷首末各1卷	6册
34	《於潜县志》	清蒋光弼、何太清修李江、张燮纂	嘉庆十七年（1812）木活字印本	16卷首末各1卷	12册
35	《新城县志》	清吴埠纂修	道光三年（1823）刻本	24卷卷首1卷	6册
36	《新登县志》	徐士瀛修张子荣纂	民国八年（1919）修十一年（1922）铅印本	20卷卷首1卷	8册

序号	书名	编著者	刊行时间	卷数	册数
37	《昌化县志》	陈培斑、曾国霖等修 许昌言等纂	民国十三年(1924)铅印本	18卷 卷首1卷	8册
38	至元《嘉禾志》	元徐硕辑	至元二十五年(1288)辑 民国元年至十年(1912—1921)嘉兴沈曾植初刻朱印本	32卷	8册
39	《嘉兴府图记》	明赵瀛修 赵文华纂	嘉靖二十八年(1549)修 民国五年(1916)上虞罗氏心井盦传钞原刻本	20卷	4册
40	《嘉兴府志》	清袁国梓纂修	康熙二十年(1681)刻本	18卷 首末各1卷	20册
41	《嘉兴府志》	清吴永芳纂修	康熙六十年(1721)刻本	16卷	16册
42	《嘉兴府志》	清伊汤安修 冯应榴、沈启震纂	嘉庆六年(1801)刻本	80卷 卷首3卷	40册
43	《嘉兴府志》	清于尚龄纂修	道光二十年(1840)刻本	60卷 卷首3卷	40册
44	《嘉兴府志》	清许瑶光修 吴仰贤纂	光绪四年(1878)刻本	88卷 卷首2卷	48册
45	《嘉兴县志》	清何铳纂修	康熙二十四年(1685)刻本	9卷	10册
46	《嘉兴县志》	清赵惟崙修 石中玉、吴受福纂	光绪三十四年(1908)刻本	37卷 卷首2卷	24册
47	《嘉兴新志》	陆志鸿辑	民国十七年(1928)铅印本	上编	1册
48	《秀水县志》	明李培修 黄洪宪纂	万历二十四年(1596)修 民国十四年(1925)铅印本	10卷	4册
49	《竹林八圩志》	祝廷锡辑	民国二十一年(1932)石印本	12卷 卷首1卷	4册
50	《新塍镇志》	朱士楷辑	民国五年(1916)辑 九年(1920)铅印本	26卷 卷首1卷	4册

序号	书名	编著者	刊行时间	卷数	册数
51	《梅里志》	清杨谦辑 李富孙补辑 余楍续补	乾隆三十八年 (1773)辑　嘉庆二十 五年(1820)补辑　光 绪二年(1876)续补 光绪三年(1877) 刻本	18卷	16册
52	《梅里备志》	余霖辑	民国十一年(1922) 阅沧楼刻本	8卷	3册
53	《嘉善县志》	清杨廉纂修	康熙十六年(1677) 刻本	12卷	6册
54	《重修嘉善县志》	清万相宾纂修	嘉庆五年(1800) 刻本	20卷 卷首1卷	12册
55	《嘉善县志》	清江峰青修 顾福仁纂	光绪二十年(1894) 刻本	36卷 卷首1卷	16册
56	《海盐县图经》	明樊维城修 胡震亨纂	天启四年(1624) 刻本	16卷	6册
57	《海盐县续图经》	清王如珪修 陈世倕纂	乾隆十二年(1747) 刻本	7卷	12册
58	《海盐县志》	清王彬修 徐用仪纂	光绪二年(1876) 刻本	22卷 首末各1卷	16册
59	《澉水志》	宋常棠辑	绍定三年(1230)辑 民国元年至十年 (1912—1921)嘉兴 沈曾植初刻朱印本	8卷	1册
			明天启三年(1623) 盐邑志林本		/
			民国二十四年 (1935)澉水志汇 编本		/
60	《续澉水志》	明董谷辑	嘉靖三十六年 (1557)辑　民国二十 四年(1935)澉水志 汇编本	9卷	/
61	《澉水新志》	清方溶辑	道光三十年(1850) 辑　民国二十四年 (1935)澉水志汇 编本	12卷	/

序号	书名	编著者	刊行时间	卷数	册数
62	《澉志补录》	程煦元辑	民国二十四年（1935）澉水志汇编本	不分卷	/
63	《石门县志》	清邝世培纂修	康熙十五年（1676）刻本	12卷	5册
64	《石门县志》	清余丽元纂修	光绪五年（1879）刻本	11卷	12册
65	《平湖县志》	清高国楲纂修	乾隆十年（1745）刻本	10卷	8册
66	《平湖县志》	清王恒修 张诚纂	乾隆五十五年（1790）刻本	10卷 首末各1卷	10册
67	《平湖县志》	清彭润章修 叶廉锷纂	光绪十二年（1886）刻本	25卷 首末各1卷 附殉难录1卷	13册
68	《当湖外志》	清马承昭辑	咸丰八年（1858）辑 续志光绪元年（1875）辑 光绪元年（1875）刻本	8卷 续志8卷 附忠义纪略1卷	4册
69	《乍浦备志》	清邹璟辑	道光六年（1826）刻本	36卷 卷首1卷	20册
70	《桐乡县志》	清李廷辉修 徐志鼎纂	嘉庆四年（1799）刻本	12卷	10册
71	《桐乡县志》	清严辰纂修	光绪十三年（1887）刻本	24卷 卷首4卷 附杨园渊源录4卷	24册
72	《濮镇纪闻》	清胡涿辑	乾隆五十二年（1787）辑 旧钞本	4卷 首末各1卷	4册
73	嘉泰《吴兴志》	宋谈钥辑	嘉泰元年（1201）辑 民国三年（1914）吴兴先哲遗书本	20卷	5册
74	《吴兴掌故集》	明徐献忠辑	万历四十三年（1615）辑 民国三年（1914）吴兴先哲遗书本	17卷	4册
75	《吴兴备志》	明董斯张辑	天启年间（1921—1626）辑 民国三年（1914）吴兴丛书本	32卷	12册

序号	书名	编著者	刊行时间	卷数	册数
76	《湖州府志》	清李堂纂修	乾隆二十三年(1758)刻本	48卷卷首1卷	32册
77	《湖州府志》	清宗源瀚、杨荣绪修 周学濬、陆心源纂	同治十三年(1874)刻本	96卷	40册
78	《乌程县志》	清高必腾修 沈从龙、罗开骥纂	康熙二十年(1681)刻本	12卷	6册
79	《乌程县志》	清潘玉璿等修 汪曰桢等纂	光绪七年(1881)刻本	36卷	16册
80	《归安县志》	清何国祥修 严经世纂	康熙十二年(1673)刻本	10卷	4册
81	《归安县志》	清陆心源、丁宝书纂修	光绪八年(1882)刻本	52卷卷首1卷	16册
82	《菱湖镇志》	清孙志熊辑	光绪十八年(1892)刻本	44卷卷首1卷	6册
83	《南浔镇志》	清汪曰桢辑	咸丰九年(1859)刻本 / 同治二年(1863)刻本	40卷卷首1卷	10册
84	《双林镇志》	蔡蒙辑	民国六年(1917)铅印本	32卷卷首1卷	4册
85	《宝前两溪志略》	清吴玉树辑	嘉庆十二年(1807)辑 民国十一年(1922)吴兴丛书本	12卷	2册
86	《乌青镇志》	清董世宁辑	乾隆二十五年(1760)辑 民国七年(1918)铅印本	12卷	2册
87	《乌青镇志》	卢学溥辑	民国二十五年(1936)刻本	44卷卷首1卷	12册
88	《长兴县志》	清谭肇基修 吴菜纂	乾隆十四年(1749)刻本	12卷卷首1卷	20册
89	《长兴县志》	清赵定邦修 丁宝书纂	同治十三年(1874)修 光绪十八年(1892)增补刻本	32卷	16册
90	《长兴县志补遗》	清朱镇辑	光绪二十二年(1896)辑 民国间(1912—　)景钞本	2卷卷首1卷	2册

序号	书名	编著者	刊行时间	卷数	册数
91	《德清县志》	清侯元棐修 王振孙纂	康熙十二年(1673)修 民国间(1912)石印本	10卷	12册
92	《德清县续志》	清周绍濂修 徐养原、蔡蘡榜等纂	嘉庆十三年(1808)修 民国元年(1912)石印本	10卷	4册
93	《德清县新志》	吴鬺皋修 程森纂	民国十二年(1923)修 二十年(1931)铅印本	14卷	4册
94	《新市镇志》	明陈霆辑	正德十一年(1516)辑 清宣统元年(1909)程冕伦钞本	8卷	2册
95	《新市镇续志》	清沈赤然辑	嘉庆十七年(1812)刻本	8卷 补遗1卷	4册
			宣统元年(1909)程冕伦钞本		/
96	《武康县志》	清刘守成原修 李培植增修	乾隆十二年(1747)修 四十四年(1779)增修刻本	8卷	12册
97	《安吉州志》	清刘蓟植纂修	乾隆十四年(1749)刻本	16卷 卷首1卷	16册
98	《安吉县志》	清汪荣、刘兰敏纂修	同治十二年(1873)刻本	18卷 卷首1卷	16册
99	《孝丰县志》	清罗为赓纂修	康熙十二年(1673)刻本	10卷	4册
100	《孝丰县志》	清刘潘纂修	光绪三年(1877)修 五年(1879)刻本	10卷 卷首1卷	10册
101	乾道《四明图经》	宋张津辑	乾隆五年(1169)辑 清咸丰四年(1854)鄞县徐时栋烟屿楼校刊宋元六志本,光绪五年(1879)校刻本	12卷	/
102	宝庆《四明志》	宋罗濬辑	宝庆三年(1227)辑 清咸丰四年(1854),鄞县徐时栋烟屿楼校刊宋元四明六志本,光绪五年(1879)校刻本	21卷	/

序号	书名	编著者	刊行时间	卷数	册数
103	开庆《四明续志》	宋梅应发辑	开庆元年(1259)辑 清咸丰四年(1854)，鄞县徐时栋烟屿楼校刊宋元四明六志本，光绪五年(1879)校刻本	12卷	/
104	延祐《四明志》	元袁桷辑	延祐七年(1320)辑 清咸丰(1854)鄞县徐时栋烟屿楼校刊宋元四明六志本，光绪五年(1879)校刻本	20卷	/
105	至正《四明续志》	元王元恭辑	至正二年(1342)辑 清咸丰(1854)鄞县徐时栋烟屿楼校刊宋元四明六志本，光绪五年(1879)校刊本	12卷	/
106	《宁波府简要志》	明黄润玉辑	成化五年至十三年(1469—1477)辑 民国二十四年(1935)四明丛书本	5卷	附南山著作考张寿镛辑
107	《宁波府志》	清曹秉仁修 万经纂	雍正十一年(1733)刻 乾隆六年(1741)补刻本	36卷卷首1卷	16册
108	《鄞志稿》	清蒋学镛纂修	乾隆二十一年至六十年(1756—1795)修 民国二十四年(1935)四明丛书本	20卷	/
109	《鄞县志》	清钱维乔修 钱大昕纂	乾隆五十三年(1788)刻本	30卷卷首1卷	16册
110	《鄞县志》	清张铣修 周道遵纂	咸丰六年(1856)刻本	32卷卷首1卷	32册
111	《鄞县志》	清戴枚修 张恕、董沛纂	光绪三年(1877)刻本	75卷	34册
112	《鄞县通志地图》	傅圣檠绘	民国二十五年(1936)石印本	/	26幅
113	《慈溪县志》	清杨正筍修 冯鸿模纂	雍正八年(1730)修 乾隆三年(1738)补刻本	16卷	16册

序号	书名	编著者	刊行时间	卷数	册数
114	《慈溪县志》	清杨泰亨、冯可镛纂修	光绪二十五年（1899）修 民国三年（1914）重印本	56卷	24册
115	《奉化县志》	清曹膏、唐宇霖修 陈琦纂	乾隆三十八年（1773）刻本	14卷	8册
116	《奉化县志》	清李前泮修 张美翊纂	光绪三十四年（1908）刻本	40卷 卷首1卷	12册
117	《剡源乡志》	清赵霈涛辑	光绪二十八年（1902）木活印本，剡曲草堂铅印本	24卷 卷首1卷	6册
118	《镇海县志》	清王梦弼纂修	乾隆十七年（1752）刻本	8卷	16册
119	《镇海县志》	清于万川修 俞樾纂	光绪五年（1879）刻本	40卷	16册
120	《镇海县志》	洪锡范、盛鸿焘修 王荣商、杨敏曾纂	民国十三年（1924）修 二十年（1931）铅印本	45卷 卷首1卷	22册
121	《镇海县新志备稿》	董祖羲辑	民国十三年（1924）辑 二十年（1931）铅印本	2卷	2册
122	《象山县志》	清史鸣皋修 姜炳璋、冒春荣纂	乾隆二十三年（1758）刻本	12卷	6册
123	《象山县志》	清童立成、吴锡畴修 冯登府纂	道光十三年（1833）刻本	22卷 卷首1卷 附文类2卷	8册
124	《象山县志》	李涞修 陈汉章纂	民国十五年（1926）铅印本	32卷 卷首1卷	20册 附地图1册
125	《南田县志》	吕耀钤、厉家祯纂修	民国十九年（1930）铅印本	35卷 卷首1卷	2册
126	大德《昌国州图志》	元冯福京、郭荐辑	大德二年（1298）辑 清咸丰四年（1854）鄞县徐时栋烟屿楼校刊宋元四明六志本，光绪五年（1879）校刻本	7卷 首末各1卷	/

序号	书名	编著者	刊行时间	卷数	册数
127	《定海县志》	清周圣化修 缪燧续修	康熙五十四年 (1715)刻本	8卷	4册
128	《定海厅志》	清史致驯修 陈重威、黄以恭、黄以周等纂	光绪五年(1879)修 十一年(1885)刻本	30卷 首1卷	10册
129	《定海县志》	陈训正纂修	民国十三年(1924) 铅印本	不分卷	6册
130	《岱山镇志》	汤濬辑	民国八年(1919)辑 十六年(1927)木活字印本	20卷 卷首1卷	4册
131	嘉泰《会稽志》	宋施宿辑	嘉泰二年(1202)辑 民国十五年(1926) 景印清嘉庆采鞠轩刻本	20卷	9册
132	宝庆《会稽续志》	宋张淏辑	宝庆元年(1225)辑 民国十五年(1926) 景印清嘉庆采鞠轩刻本	8卷	3册
133	《绍兴府志》	清俞卿修 周徐彩纂	康熙五十八年 (1719)刻本	60卷	24册
134	《绍兴府志》	清李亨特修 平恕、徐嵩纂	乾隆五十七年 (1792)刻本	80卷 卷首1卷	48册
135	《越中杂识》	清悔堂老人辑	乾隆五十九年 (1794)辑 钞本	2卷	8册
136	《乾隆绍兴府志校记》	清李慈铭撰	民国十八年(1929) 铅印本	/	1册
137	《山阴县志》	清高登先修 高基重纂 范其铸续修	康熙二十二年 (1683)刻本	38卷	8册
138	《乾隆山阴县志校记》	清李慈铭撰 俞奇曾辑	民国十九年(1930) 铅印本	/	1册
139	《山阴县志》	清徐元梅修 朱文翰纂	嘉庆八年(1803) 刻本	30卷 卷首1卷	10册
140	《会稽县志》	清王元臣修 董钦德纂	康熙二十二年 (1683)刻本	28卷 卷首1卷	10册

序号	书名	编著者	刊行时间	卷数	册数
141	《萧山县志》	清邹勣修 聂世棠重修 蔡时敏、蔡含生纂	康熙十一年(1672)刻本	21卷	10册
142	《萧山县志》	刘俨续修 张崇文续纂	康熙十一年(1672)修 二十二年(1683)续修刻本	21卷	4册
143	《萧山县志稿》	彭延庆、张宗海修 杨钟羲、杨士龙纂	民国二十四年(1935)铅印本	33卷 首末各1卷	16册
144	《诸暨县志》	清陈遹声、蒋鸿藻纂修	光绪三十一年(1905)修 三十四年(1908)刻本	60卷 卷首1卷 附节孝录1卷	18册
145	《余姚志》	清唐若瀛纂修	乾隆四十三年(1778)刻本	40卷	10册
146	《余姚县志》	清周炳麟修 孙德祖纂	光绪二十五年(1899)刻本	28卷 首末各1卷	16册
147	《余姚六仓志》	杨积芳、张宝琛辑	民国九年(1920)铅印本	44卷 首末各1卷	8册
148	《上虞县志》	清唐煦春修 朱士黻纂	光绪十七年(1891)刻本	48卷 首末各1卷	20册
149	《上虞县志校续》	清徐致靖纂修	光绪二十五年(1899)刻本	50卷 首末各1卷	20册
150	《剡录》	宋高似孙辑	嘉定七年(1214)辑 清同治九年(1870)重刻本	10卷	2册
			清光绪八年至十四年(1882—1888)邵武徐氏丛书二集本		/
151	《嵊县志》	清李以琰纂修	乾隆七年(1742)刻本	18卷 首末各1卷	6册
152	《嵊县志》	清李式圃修 朱渌纂	道光八年(1828)刻本	14卷 首末各1卷	8册
153	《嵊县志》	清严思忠修 蔡以瑺纂	同治九年(1870)刻本	26卷 首末各1卷	12册
154	《嵊县志》	牛荫麐修 丁谦、余重耀纂	民国二十三年(1934)铅印本	32卷 卷首1卷	20册

序号	书名	编著者	刊行时间	卷数	册数
155	《新昌县志》	清刘作楳纂修	康熙十年(1671)刻本	18卷	4册
156	《新昌县志》	金城修、陈畬纂	民国七年(1918)铅印本	20卷 附沃洲诗存1卷 文存1卷新昌农事调查4篇	12册
157	《嘉定赤城志》	宋陈耆卿辑	嘉定十六年(1223)辑　清嘉庆二十三年(1818)台州丛书本	40卷	/
158	《台州外书》	清戚学标辑	嘉庆四年(1799)刻本	20卷	4册
159	《台州府志》	清赵亮熙修 王舟瑶纂	光绪二十一年(1895)修 民国十五年(1926)台州旅杭同乡会铅印本	100卷 卷首1卷	60册
160	《台州府志》	喻长霖修 柯华威等纂	民国二十年(1931)续修 二十五年(1936)铅印本	140卷 卷首1卷	36册
161	《临海县志》	清洪若皋纂修	康熙二十二年(1683)刻本	15卷 卷首1卷	8册
162	《临海县志稿》	张寅修 何奏簧纂	民国二十四年(1935)铅印本	42卷 卷首1卷	22册
163	《黄岩县志》	清刘宽修 平遇纂	康熙三十八年(1699)刻本	8卷	8册
164	《黄岩县志》	清陈钟英、郑锡滢修 王咏霓纂	光绪三年(1877)刻本	40卷 卷首1卷 附校议1卷	16册
165	《路桥志略》	杨晨辑	民国四年(1915)辑 二十四年(1935)铅印本	2卷 补遗1卷	1册
166	《路桥志略》	杨晨辑 杨绍翰增订	民国二十四年(1935)黄岩杨氏崇雅堂铅印本	6卷	2册
167	《天台县志》	清李德耀、黄执中纂修	康熙二十二年(1683)修 咸丰六年(1856)补刻本	15卷	6册

序号	书名	编著者	刊行时间	卷数	册数
168	《仙居县志》	清郑录勋纂修	康熙十九年(1680)刻本	30卷	5册
169	《仙居县志》	清王寿颐修王棻纂	光绪二十年(1894)木活字印本	24卷卷首1卷	10册
170	《宁海县志》	清崔秉镜修华大琰纂	康熙十七年(1678)刻本	12卷	8册
171	《太平县志》	清曹文埏纂修	康熙二十二年(1683)刻本	8卷	2册
172	《太平县志》	清庆霖修戚学标纂	嘉庆十六年(1811)刻本	18卷	12册
			光绪二十二年(1896)重刻本		10册
173	《太平县续志》	清陈汝霖修王棻纂	光绪二十年(1894)刻本	18卷卷首1卷	12册
174	《金华府志》	清张荩修沈麟趾纂	康熙二十二年(1683)修　宣统元年(1909)石印本	30卷	/
175	《金华县志》	清黄金声修李林松纂	道光三年(1823)刻本	12卷卷首1卷	20册
176	《金华县志》	清邓钟玉纂修	光绪二十年(1894)修　民国二十三年(1934)铅印本	16卷卷首1卷	8册
177	《兰溪县志》	清秦簧、邵秉经修　唐壬森纂	光绪十三年(1887)修　十五年(1889)刻本	8卷卷首1卷补遗1卷	10册
178	《义乌县志》	清诸自谷修程瑜、李锡龄纂	嘉庆七年(1802)刻民国十八年(1929)灌聪图书馆石印本	22卷卷首1卷	12册
179	《永康县志》	清廖重机修应曙霞、潘国诏纂	道光十七年(1837)刻本	12卷卷首1卷	20册
180	《永康县志》	清李汝为修潘树棠纂	光绪十八年(1892)刻本	16卷卷首1卷	12册
181	《浦江县志稿》	清黄志璠纂修	光绪二十二年(1896)修　民国五年(1916)铅印本	15卷卷首1卷附咸同殉难录2卷	16册
182	《汤溪县志》	清陈钟烎纂修	乾隆四十八年(1783)刻本	10卷卷首1卷	10册

序号	书名	编著者	刊行时间	卷数	册数
183	《汤溪县志》	丁燮、李洣、洪承鲁等修 戴鸿熙等纂	民国二十年(1931)铅印本	20卷 卷首1卷	12册
184	《衢州府志》	清杨廷望纂修	康熙五十年(1711)修 光绪八年(1882)重刻本	40卷 卷首1卷	12册
185	《西安县志》	清陈鹏年修 徐之凯纂	康熙三十八年(1699)刻本	12卷 卷首1卷	18册
186	《西安县志》	清姚宝煃修 范崇楷纂	嘉庆十六年(1811)刻本	48卷 卷首1卷	9册
187	《衢县志》	郑永禧辑 余绍宋修订	民国十八年(1929)辑 民国二十六年(1937)浙江旧衢属五县联立平民工厂铅印本	30卷 卷首1卷	20册
188	《龙游县志》	清卢燦修 余恂纂	康熙二十年(1681)修 光绪八年(1882)重刻本	12卷	6册
189	《龙游县志》	余绍宋辑	民国十四年(1925)铅印本	40卷 首末各1卷	16册
190	《江山县志》	清王彬修 朱宝慈纂	同治十二年(1873)刻本	12卷 首末各1卷	8册
191	《常山县志》	清李瑞钟纂修	光绪十二年(1886)刻本	68卷 首末各1卷	16册
192	《开化县志》	清徐名立修 潘树棠纂	光绪二十四年(1898)刻本	14卷 卷首1卷	10册
193	《严州图经》	宋陈公亮修 刘文富纂	淳熙十二年(1185)修 光绪二十二年(1896)浙西邮舍汇刻本	3卷	/
194	景定《严州续志》	宋郑瑶、方仁荣辑	景定三年(1262)修 民国二十三年(1934)诵芬室仿宋刻本	10卷	4册
			景定三年(1262)修 光绪二十二年(1896)浙西村舍汇刻本		2册

境外
浙江旧志存藏
现况研究

序号	书名	编著者	刊行时间	卷数	册数
195	《严州府志》	清吴士进修 吴世荣续修	光绪九年(1883)刻本	38卷 卷首1卷	28册
196	《建德县志》	夏曰璈、张良楷修 王韧纂	民国八年(1919)铅印本	15卷 卷首1卷	12册
197	《淳安县志》	清李诗纂修	光绪十年(1884)刻本	16卷 卷首1卷	8册
198	《遂安县志》	清邹锡畴修 方引彦纂	乾隆三十二年(1767)刻本 / 光绪十六年(1890)木活字重印本 / 民国十七年(1928)木活字重印本	10卷 卷首1卷	8册
199	《寿昌县志》	陈焕修 李饪纂	民国十九年(1930)铅印本	10卷 卷首1卷	8册
200	《分水县志》	清陈常烨修 臧承宣纂	光绪三十二年(1906)刻本	10卷 首末各1卷	6册
201	《温州府志》	清李琬修 齐召南、汪沆纂	乾隆二十五年(1760)修 同治四年(1865)补刻本	30卷 卷首1卷	16册
202	《玉环志》	清张坦熊纂修	雍正十年(1732)刻本	4卷	4册
203	《玉环厅志》	清杜冠英修 吕鸿焘纂	光绪六年(1880)刻本	16卷	8册
204	《永嘉县志》	清崔锡、施廷燦修 齐召南纂	乾隆三十年(1765)刻本	26卷(缺卷8、卷25到26)	8册
205	《永嘉县志》	清张宝琳修 王棻、戴咸弼纂	光绪七年(1881)刻本	38卷 卷首1卷	16册
206	《瑞安县志》	清张德标修 王殿金、黄徵乂纂	嘉庆十三年(1808)刻本	10卷 卷首1卷	8册
207	《平阳县志》	清徐恕修 孙谦、张南英纂	乾隆二十四年(1759)刻本	20卷 卷首1卷	8册

序号	书名	编著者	刊行时间	卷数	册数
208	《平阳县志》	王理孚修 符璋、刘绍宽纂	民国十四年(1925)刻本	98卷 卷首1卷	30册
209	《泰顺县志》	清朱国源修 朱廷琦纂	雍正七年(1729)刻本	10卷	8册
210	《泰顺分疆录》	清林鹗辑 林用霖续辑	同治四年(1865)辑 光绪四年(1878)续辑 林氏望山堂刻本	12卷 卷首1卷	6册
211	《处州府志》	清潘绍诒修 周荣椿纂	光绪三年(1877)刻本	30卷 首末各1卷	30册
212	《丽水县志》	清彭润章纂修	同治十三年(1874)刻本	15卷	10册
213	《丽水县志》	李钟岳修 孙寿芝纂	民国十五年(1926)铅印本	14卷	10册
214	《青田县志》	清雷铣修 王棻纂	光绪元年(1875)刻本	18卷 卷首1卷	14册
215	《缙云县志》	清汤成烈纂修	道光二十九年(1849)刻本	18卷 卷首1卷	10册
216	《缙云县志》	清何乃容纂修	光绪二年(1876)刻本	18卷 首末各1卷	12册
217	《松阳县志》	清曹立身修 潘茂才纂	乾隆三十三年(1768)刻本	12卷	12册
218	《松阳县志》	清支恒椿纂修	光绪元年(1875)刻本	12卷	6册
219	《松阳县志》	吕耀钤修 高焕然纂	民国十五年(1926)木活字印本	14卷 首末各1卷	10册
220	《遂昌县志》	清朱煌修 郑培椿纂	道光十五年(1835)刻本	12卷 卷首1卷	11册
221	《龙泉县志》	清苏遇龙修 沈光厚纂	乾隆二十七年(1762)刻本	12卷 卷首1卷	8册
222	《龙泉县志》	清顾国诏等修 程炳藻等纂	光绪三年(1877)刻本	12卷 卷首1卷	6册
223	《庆元县志》	清林步瀛、史恩纬修 史恩绪等纂	光绪三年(1877)刻本	12卷 卷首1卷	10册

序号	书名	编著者	刊行时间	卷数	册数
224	《云和县志》	清伍承吉、涂冠修　王士鈖纂	咸丰八年(1858)修同治三年(1864)补修刻本	16卷卷首1卷	6册
225	《宣平县志》	清皮树棠纂修	光绪四年(1878)刻本	20卷卷首1卷	8册
226	《景宁县志》	清张九华纂修	乾隆四十三年(1778)刻本	12卷卷首1卷	4册
227	《景宁县志》	清周杰纂修	同治十二年(1873)刻本	14卷首末各1卷	8册
228	《景宁县续志》	吴吕熙修柳景元纂	民国二十二年(1933)铅印本	17卷卷首1卷	6册
229	《杭州府志校勘记》	吴宪奎、唐咏裳辑	民国十五年(1926)铅印本	16卷	1册
230	《鄞县通志》	陈训正、马瀛纂修	民国二十五年(1936)铅印本	/	17册
231	《义乌县志》	清韩慧基纂修	雍正五年(1727)刻本	20卷卷首1卷	10册

资料来源:《美国国会图书馆藏中国方志目录》。

说明:对所收资料明显错讹处已做修订,如淳祐《临安志》纂者"施谔"应为"赵与篥修　陈仁玉纂";康熙《萧山县志》纂修者"清邹勷修　蔡时敏、蔡含生纂"应为"清邹勷修　聂世棠重修　蔡时敏、蔡含生纂";光绪《黄岩县志》纂修者"郑锡滮修　王咏霓纂"应为"陈钟英、郑锡滮修　王咏霓纂";光绪《定海厅志》纂者"陈侨"应为"陈重威、黄以恭、黄以周";民国《昌化县志》纂修者"陈培斑、郑维钧修　潘秉哲纂"应为"陈培斑、曾国霖等修　许昌言等纂";民国《嵊县志》纂修者"朱荫廛修　丁谦、余重耀纂"应为"牛荫廛修　丁谦、余重耀纂";民国《汤溪县志》纂修者"李淶、洪承鲁修　戴鸿熙纂"应为"丁燮、李淶、洪承鲁等修　戴鸿熙等纂",等等。另,原目录将傅圣樑绘的《鄞县通志地图》亦计为一种地方志,笔者此处照录,但在正文计算美国国会图书馆所藏中国方志时,未予以计算。

美国哈佛大学哈佛燕京图书馆藏浙江旧志目录

序号	书名	编纂者	刊行时间	卷数	册数	备注
1	康熙《浙江通志》	(清)王国安等修,张衡等纂	清康熙二十三年(1684)刻本	50卷首1卷	36册	
2	雍正《浙江通志》	(清)李卫、嵇曾筠等修,沈翼机傅王露等纂	清光绪二十五年(1899)浙江书局重刊本	280卷首3卷	120册	
			清雍正十三年(1735)原刻,光绪二十五年(1899)重刻,民国二十三年(1934)上海商务印书馆缩印光绪重刻本		4册	
3	民国《浙江新志》	姜卿云编	民国二十五年(1936)杭州正中书局排印本	3编	2册	
杭州市						
4	乾隆《杭州府志》	(清)郑沄修,邵晋涵纂	清乾隆四十九年(1784)刻本	110卷首6卷	38册	
5	民国《杭州府志》	齐耀珊修,吴庆坻纂	民国十一年至十五年(1922—1926)铅印本	178卷首8卷	80册	
6	万历《钱塘县志》	(明)聂心汤修,虞淳熙纂	明万历三十七年(1609)修,清光绪十九年(1893)武林丁氏刻本	十纪	6册	
7	康熙《钱塘县志》	(清)魏㠀修,裴琠纂	清康熙五十七年(1718)刻本	36卷首1卷	30册	
8	嘉靖《仁和县志》	(明)沈朝宣纂辑	清光绪十九年(1893)武林丁氏刻本	14卷	10册	
9	康熙《仁和县志》	(清)赵世安纂修	清康熙二十六年(1687)刻本	28卷	10册	
10	康熙《萧山县志》	(清)邹勷修,聂世棠重修,蔡时敏、蔡含生纂;刘俨续修,张崇文续纂	清康熙三十二年(1693)刻本	21卷	4册	

序号	书名	编纂者	刊行时间	卷数	册数	备注
11	乾隆《萧山县志》	(清)黄钰修	清乾隆十六年（1751）刻本	40卷	24册	
12	民国《萧山县志稿》	彭延庆、张宗海等修，杨钟义、姚莹俊、杨士龙纂	民国二十四年（1935）铅印本	33卷首1卷末1卷	16册	
13	嘉庆《余杭县志》	(清)张吉安修，朱文藻纂，崔应榴、董作栋续纂	清嘉庆十三年（1808）修，民国八年（1919）上海聚珍仿宋印书局铅印本	40卷	8册	
14	光绪《余杭县志稿》	(清)褚成博纂	清光绪三十二年（1906）刻本	不分卷	1册	
15	光绪《唐栖志》	(清)王同辑	清光绪十六年（1890）刻本	20卷	8册	
16	光绪《湖墅小志》	(清)高鹏年撰	清光绪二十二年（1896）石印本	4卷	4册	
17	《龙井见闻录》	汪孟钘纂	清光绪十年（1884）钱塘嘉惠堂丁氏刻本	10卷	4册	
18	乾隆《严州府志》	(清)吴士进修，胡书源等纂	清乾隆二十一年（1756）刻本	35卷首1卷	16册	
19	光绪《严州府志》	(清)吴士进等原本；吴世荣等增修，邹伯森等增纂	清光绪八年至九年（1882—1883）增刻本	38卷首1卷	1册	
20	道光《建德县志》	(清)陈葵修，管森等纂	清道光五年（1825）刻本	20卷首1卷	10册	
21	光绪《建德县志》	(清)谢仁澍、吴俊修，俞观旭等纂	清光绪十八年（1892）刻本	21卷首1卷	10册	
22	宣统《建德县志》	(清)张赞巽、张翊六修，周学铭等纂	清宣统二年（1910）湖北官刷印局铅印本	20卷首1卷	10册	
23	民国《建德县志》	夏曰瑚、张良楷修，王韧纂	民国八年（1919）金华朱集成堂铅印本	15卷首1卷附2卷	12册	
24	民国《寿昌县志》	陈焕、潘绍儁修，李钰、陈举恺等纂	民国十九年（1930）金华大同印务局铅印本	10卷首1卷	8册	今入建德市

序号	书名	编纂者	刊行时间	卷数	册数	备注
25	光绪《富阳县志》	(清)汪文炳等修，蒋敬时、何镕等纂	清光绪二十八年至三十二年(1902—1906)刻本	24卷首1卷	16册	
26	光绪《富阳县新旧志校记》	(清)朱寿保撰	清光绪三十三年(1907)修，抄本	2卷	2册	
27	民国《新登县志》	徐士瀛修，张子荣、史锡永纂	民国十一年(1922)铅印本	21卷首1卷	8册	今富阳市
28	咸淳《临安志》	(宋)潜说友撰	清道光十年(1830)钱塘汪氏振绮堂仿宋重刻本	100卷(缺卷64、90、98至100)	24册	
29	淳祐《临安志》	(宋)赵与𥲅修，陈仁玉纂	清光绪七年(1881)钱塘丁氏校刊本	存卷5至卷10	4册	原录施谔，误
30	宣统《重修临安县志》	(清)彭循尧修，董运昌、周鼎纂	清宣统二年(1910)活字本	8卷首1卷末1卷	6册	
31	嘉庆《於潜县志》	(清)蒋光弼修，张燮纂	清嘉庆十七年(1812)活字本	16卷首1卷末1卷	12册	
32	道光《昌化县志》	(清)于尚龄修，王兆杏纂	清道光三年(1823)修，民国间(1912—1949)抄本	20卷	12册	
33	民国《昌化县志》	陈培埏、曾国霖等修，许昌言等纂	民国十三年(1924)铅印本	18卷首1卷	8册	
34	乾隆《桐庐县志》	(清)严正身等修，金嘉琰等纂	清乾隆二十一年(1756)刻本	16卷	8册	
35	光绪《分水县志》	(清)陈常铧、冯圻修，臧承宣纂	清光绪三十二年(1906)刻本	10卷首1卷末1卷	6册	今入桐庐县
36	光绪《淳安县志》	(清)刘世宁原本；李诗续修，陈中元、竺士彦续纂	清光绪十年(1884)淳安县署刻本	16卷首1卷	8册	
37	乾隆《遂安县志》	(清)邹锡畴、孙斯盛修，方引彦等纂	民国十七年(1928)罗柏麓重印活字本	10卷首1卷	8册	
			宁波市			
38	嘉靖《宁波府志》	(明)张时彻纂修，周希哲订正	明嘉靖三十九年(1560)刻本	42卷	15册	
39	雍正《宁波府志》	(清)曹秉仁纂修	清雍正十一年(1733)刻本	36卷首1卷	16册	

序号	书名	编纂者	刊行时间	卷数	册数	备注
40	《明州系年录》	(清)董沛撰	清光绪四年(1878)石印本	7卷	3册	
41	乾隆《镇海县志》	(清)王梦弼修纂	清乾隆十七年(1752)刻本	8卷	8册	
42	光绪《镇海县志》	(清)于万川修,俞樾等纂	清光绪五年(1879)刻本,鲲池书院藏版	40卷	16册	
43	民国《镇海县志》	洪锡范、盛鸿焘修,王荣商、杨敏曾纂	民国二十年(1931)上海蔚文印刷局铅印本	45卷首1卷附图1册	24册	
44	民国《镇海县新志备稿》	董祖义纂	民国二十年(1931)上海蔚文印刷局铅印本	2卷	24册	
45	乾隆《鄞县志》	(清)钱维乔修,钱大昕纂	清乾隆五十三年(1788)刻本	30卷首1卷	16册	
46	咸丰《鄞县志》	(清)张铣修,周道遵等纂	清咸丰六年(1856)刻本	32卷首1卷	16册	
47	同治《鄞县志》	(清)戴枚修,张恕、董沛等纂	清光绪三年(1877)刻本	75卷	34册	
48	民国《鄞县通志》	张传保、赵家荪修,陈训正、马瀛纂	民国二十六年(1937)鄞县通志馆铅印本	51编	17册	
49	乾隆《余姚志》	(清)唐若瀛修,邵晋涵纂	清乾隆四十六年(1781)刻本	40卷	20册	
50	光绪《余姚县志》	(清)周炳麟修,邵友濂、孙德祖纂	清光绪二十五年(1899)刻本	27卷首1卷末1卷	16册	
51	雍正《慈溪县志》	(清)杨正筍等修,冯鸿模等纂	清雍正九年(1731)刻本	16卷	8册	
52	光绪《慈溪县志》	(清)杨泰亨修,冯可镛等纂	清光绪十四年(1888)修,光绪二十五年(1899)刘一柱校补,德润书院刻本	56卷列传附编1卷	12册	
53	乾隆《奉化县志》	(清)曹膏等修,陈琦等纂	清乾隆三十八年(1773)刻本	14卷首1卷	12册	
54	光绪《奉化县志》	(清)李前泮修,张美翊等纂	清光绪三十二年至三十四年(1896—1898)刻本	40卷首1卷	12册	
55	光绪《剡源乡志》	(清)赵霈涛纂	民国五年(1916)剡曲草堂铅印本	24卷首1卷	4册	

序号	书名	编纂者	刊行时间	卷数	册数	备注
56	乾隆《象山县志》	(清)史鸣皋修，姜炳璋等纂	清乾隆二十四年（1759）刻本，有抄配	12卷	12册	
57	道光《象山县志》	(清)童立成、吴锡畴等修，冯登府等纂	清道光十一年（1831）修，道光十四年（1834）刻本	22卷首1卷附象山文类2卷	16册	
58	民国《南田县志》	吕耀钤、厉家祯修，吕芝延、施仁纬纂	民国十九年（1930）华达印刷公司铅印本	35卷首1卷	6册	今入象山县
				35卷首1卷	2册	今入象山县
59	康熙《宁海县志》	(清)崔秉镜修，华大琰纂	清康熙十七年（1678）刻本	12卷首1卷	10册	
60	光绪《宁海县志》	(清)王瑞成、程云骥等修，张濬等纂	清光绪二十八年（1902）刻本	24卷首1卷	12册	
温州市						
61	乾隆《温州府志》	(清)李琬修，齐召南、汪沆纂	清同治五年（1866）据清乾隆二十七年（1762）刻版增刻本	30卷首1卷	16册	
62	嘉庆《瑞安县志》	(清)张德标等修，王殿金、黄徵乂等纂	清嘉庆十四年（1808）刻本	10卷首1卷	16册	
63	隆庆《乐清县志》	(明)胡用宾修，侯一元纂	明隆庆六年（1572）修，民国七年（1918）温州务本石印公司仿古石印本	7卷	8册	
64	光绪《乐清县志》	李登云、钱宝镕等修，陈珅等纂	清光绪二十七年（1901）原刻，民国元年（1912）高谊校补刻印本	16卷首1卷	16册	
65	光绪《永嘉县志》	(清)张宝琳修，王棻、孙诒让等纂	清光绪八年（1882）刻本	38卷首1卷	18册	
66	《永嘉闻见录》	(清)孙同元撰	清光绪十四年（1888）刻本	2卷	2册	
67	乾隆《平阳县志》	(清)徐恕等修，孙谦等纂	清乾隆二十五年（1760）刻本	20卷首1卷	12册	
68	民国《平阳县志》	王理孚修，符璋、刘绍宽等纂	民国十四年（1926）刻本	98卷首1卷	31册	

序号	书名	编纂者	刊行时间	卷数	册数	备注
69	雍正《泰顺县志》	(清)朱国源修，朱廷琦等纂	清雍正七年(1729)刻本	10卷首1卷	10册	
70	同治《泰顺分疆录》	(清)林鹗纂修，林用霖续纂	清光绪四年至五年(1878—1879)刻本，林氏望山堂藏版	12卷首1卷	6册	
嘉兴市						
71	至元《嘉禾志》	(元)单庆修，徐硕纂	抄本，据元至元二十五年(1288)刻本传抄	32卷	12册	
72	康熙《嘉兴府志》	(清)吴永芳修，钱以垲等纂	清康熙六十年(1721)刻本	16卷	20册	
73	道光《嘉兴府志》	(清)于尚龄等纂修	清道光二十年(1840)刻本	60卷首3卷	40册	
74	光绪《嘉兴府志》	(清)许瑶光修，吴仰贤等纂	清光绪三年至四年(1877—1878)刻，光绪五年(1879)重印本，板藏鸳湖书院	88卷首2卷	48册	
75	光绪《嘉兴县志》	(清)赵惟崳修，石中玉、吴受福纂	清光绪三十四年(1908)刻本	37卷首2卷末1卷	24册	
76	民国《嘉兴新志》	阎幼甫修，陆志鸿等纂	民国十八年(1929)嘉兴建设委员会铅印本	上编	2册	
77	万历《秀水县志》	(明)李培修，黄洪宪等纂	民国十四年(1925)铅印本	10卷	4册	
78	康熙《秀水县志》	(清)任之鼎修，范正辂纂	清康熙二十四年(1685)刻本	10卷	10册	
79	民国《新塍镇志》	朱士楷等纂辑	民国十二年(1923)平湖绮春阁铅印本	26卷首1卷	4册	
80	民国《竹林八圩志》	祝廷锡纂	民国二十一年(1932)石印本	12卷首1卷	4册	
81	民国《梅里备志》	余霖徵辑	民国十一年(1922)阅沧楼刻本	8卷首1卷	3册	
82	嘉靖《海宁县志》	(明)蔡完纂修	明嘉靖三十六年(1557)修，清光绪二十四年(1898)年李圭重刊本	9卷首1卷	2册	
83	崇祯《宁志备考》	(明)赵维寰纂修	明崇祯三年(1630)修，抄本	12卷	12册	

序号	书名	编纂者	刊行时间	卷数	册数	备注
84	康熙《海宁县志》	(清)许三礼等纂修;黄承琰等续纂修	清康熙二十二年（1683）刻本	13卷附图1卷	12册	
85	乾隆《海宁州志》	(清)战效曾修,高瀛洲纂	清乾隆四十一年（1776）刻本	16卷首1卷	6册	
			清道光二十八年（1848）朱绪曾补刻本		12册	
86	乾隆《宁志余闻》	(清)周广业纂修	清乾隆五十四年（1789）清代张氏小清仪阁抄本	8卷	10册	
87	民国《海宁州志稿》	(清)李圭修,许传沛纂;刘蔚仁续修,朱锡恩续纂	民国十一年(1922)续修铅印本	41卷首1卷末1卷附志余	32册	
88	道光《海昌备志》	(清)钱泰吉等纂修	清道光二十六年至二十七年(1846—1847)刻本	52卷图1卷附录2卷	8册	
89	嘉庆《硖川续志》	(清)王德浩、王简可纂辑,曹宗载重订	清嘉庆十七年（1842)刻本	20卷	12册	
90	乾隆《平湖县志》	(清)王恒修,张诚等纂	清乾隆五十五年（1790)刻本	10卷首1卷末1卷	20册	
91	光绪《平湖县志》	(清)彭润章等修,叶廉锷等纂	清光绪十二年（1886)刻本	25卷首1卷末1卷附平湖殉难录1卷	13册	
92	康熙《桐乡县志》	(清)徐秉元修,仲弘道纂	清康熙十七年（1678)刻本	5卷	10册	
93	嘉庆《桐乡县志》	(清)李廷辉修,徐志鼎纂	清嘉庆四年(1799)刻本	12卷	16册	
94	光绪《桐乡县志》	(清)严辰纂	清光绪(1875—1908)刻本	24卷首4卷	20册	附沈白富辑《杨园源渊录》4卷
95	康熙《石门县志》	(清)杜森修,祝文彦等纂;邝世培续修;徐原增校	清康熙十五年（1676)刻本	12卷	12册	

序号	书名	编纂者	刊行时间	卷数	册数	备注
96	光绪《石门县志》	(清)余丽元纂修	清光绪五年(1879)刻本	11卷首1卷	12册	
97	乾隆《乌青镇志》	(清)董世宁纂	民国七年(1918)铅印本	12卷	2册	
98	民国《乌青镇志》	卢学溥修,朱辛彝、张惟骧等纂	民国二十五年(1936)刻本	44卷首1卷	13册	
99	民国《濮院志》	夏辛铭纂辑	民国十六年(1927)刻本	30卷	6册	
100	正德《嘉善县志》	(明)倪玑修,孙璧、沈概纂	明正德十二年(1517)修,抄本	6卷	6册	
101	嘉庆《嘉善县志》	(清)万相宾纂修	清嘉庆五年(1800)刻本	20卷首1卷	12册	
102	光绪《重修嘉善县志》	(清)江峰青修,顾福仁纂	清光绪二十年(1894)刻本	36卷首1卷	17册	
103	天启《海盐县图经》	(明)樊维城修,胡震亨纂	清乾隆十二年(1747)补刻本	16卷	13册	
104	乾隆《海盐县续图经》	(清)王如琏修,陈世倕等纂	清乾隆十三年(1748)刻本	7卷	13册	
105	光绪《海盐县志》	(清)王彬修,徐用仪纂	清光绪三年(1877)刻本,蔚文书院藏版	22卷首1卷末1卷	16册	
106	绍定《澉水志》	(宋)罗叔韶修,常棠纂	民国二十五年(1936)澉川吴氏铅印本	8卷	1册	
107	嘉靖《续澉水志》	(明)董谷纂修	民国二十五年(1936)澉川吴氏铅印本	9卷	1册	
108	道光《澉水新志》	(清)方溶纂修;万亚兰补遗	民国二十五年(1936)澉川吴氏铅印本	12卷	3册	
109	民国《澉志补录》	程煦元纂	民国二十五年(1936)澉川吴氏铅印本	不分卷	1册	
			湖州市			
110	乾隆《湖州府志》	(清)胡承谋纂修;李堂等增纂	清乾隆二十三年(1758)补刻本	48卷首1卷	24册	
111	同治《湖州府志》	(清)宗源瀚、杨荣绪等修,周学濬、陆心源等纂	清同治十三年(1874)爱山书院原刻,光绪九年(1883)重印本	96卷首1卷	40册	

序号	书名	编纂者	刊行时间	卷数	册数	备注
112	嘉泰《吴兴志》	(宋)谈钥纂修	宋嘉泰元年(1201)修,民国三年(1914)吴兴刘氏刻本	20卷	6册	
			民国三年(1914)南林刘氏嘉业堂刻本		4册	
113	天启《吴兴备志》	(明)董斯张编纂	民国三年(1914)南林刘氏嘉业堂刻本	32卷	10册	
114	乾隆《吴兴合璧》	(清)陈文煜纂辑,杨知新、潘翥参订	清光绪四年(1878)活字本	4卷	1册	
115	光绪《归安县志》	(清)李昱修,陆心源纂	清光绪八年(1882)刻本	52卷首1卷	12册	
116	光绪《乌程县志》	(清)潘玉璿、冯健修,周学濬、汪曰桢纂	清光绪七年(1881)刻本	36卷	16册	
117	乾隆《乌程县志》	(清)罗愫修,杭世骏纂	清乾隆十一年(1746)刻本	16卷	12册	
118	咸丰《南浔镇志》	(清)汪曰桢撰	清咸丰九年(1859)刻本	40卷首1卷	24册	
119	民国《南浔志》	周庆云纂修	民国十一年(1922)刻本	60卷首1卷	16册	
120	民国《双林镇志》	(清)蔡蓉升原纂;蔡蒙续纂	民国六年(1917)上海商务印书馆铅印本	32卷首1卷	4册	
121	光绪《菱湖镇志》	(清)孙志熊撰	清光绪十九年(1893)孙氏刻本	44卷	6册	
122	嘉庆《宝前两溪志略》	(清)吴玉树纂辑	民国十一年(1922)吴兴刘氏嘉业堂刻《吴兴丛书》本	12卷	2册	
123	康熙《德清县志》	(清)侯元棐修,王振孙等纂	清康熙十二年(1673)修,民国元年(1912)石印本	10卷	8册	
124	嘉庆《德清县续志》	(清)周绍濂等修,徐养原等纂	清嘉庆十三年(1808),民国元年(1912)石印本	10卷	4册	
125	民国《德清县新志》	吴翯皋、王任化修,程森纂	民国十二年(1923)修,民国二十一年(1932)铅印本	14卷	4册	

序号	书名	编纂者	刊行时间	卷数	册数	备注
126	康熙《武康县志》	(清)冯圣泽修,骆维恭纂	清康熙十一年(1672)修,民国间(1912—1949)抄本	8卷	8册	今入德清县
127	同治《长兴县志》	(清)赵定邦等修,周学濬、丁宝书等纂	清光绪元年(1875)原刻,光绪十八年(1892)邵同珩、孙德祖增补重校刻本,郡城文光斋刊刻	32卷	16册	
128	光绪《长兴志拾遗》	(清)朱镇纂	清光绪二十三年(1897)刻本	2卷首1卷	16册	
129	同治《安吉县志》	(清)汪荣等修,张行孚等纂	清同治十三年(1874)刻本	18卷首1卷	16册	
130	同治《孝丰县志》	(清)刘濬修,潘宅仁等纂	清光绪五年(1879)刻本	10卷首1卷	10册	
			绍兴市			
131	康熙《绍兴府志》	(清)王之宾修,董钦德纂	清康熙二十二年(1683)刻本	58卷	40册	
132	乾隆《绍兴府志》	(清)李亨特修,平恕纂	清乾隆五十七年(1792)刻本	80卷首1卷	80册	
133	《绍兴县志资料》	绍兴县修志委员会辑	民国二十六至二十八年(1937—1939)铅印本	第一辑	16册	
134	康熙《山阴县志》	(清)高登先修,沈麟趾等纂;丁弘补修,鲁曾煜补纂	清雍正二年(1724)增刻本	38卷	16册	
135	嘉庆《山阴县志》	(清)徐元梅修,朱文翰、陈石麟等纂	清嘉庆八年(1803)刻本	30卷首1卷	8册	
			民国二十五年(1936)绍兴县修志委员会铅印本		7册	
136	乾隆《山阴县志校记》	(清)李慈铭撰	民国十九年(1930)铅印本	不分卷	1册	
137	嘉泰《会稽志》	(宋)沈作宾修,施宿等纂	民国十五年(1926)影印清嘉庆采鞠轩重刊本	20卷	12册	
138	宝庆《续会稽志》	(宋)张淏纂修	民国十五年(1926)影印清嘉庆采鞠轩重刊本	8卷	12册	

序号	书名	编纂者	刊行时间	卷数	册数	备注
139	万历《会稽县志》	(明)杨维新修，张元忭、徐渭纂	明万历三年(1575)刻本	16卷	10册	
140	康熙《会稽县志》	(清)王元臣修，董钦德等纂	清康熙二十二年(1683)刻本	28卷首1卷	10册	
			清康熙二十二年(1683)修，民国二十五年(1936)绍兴县修志委员会铅印本		4册	
141	道光《会稽县志稿》	(清)王藩修，沈元泰纂	清道光二十五年(1845)修，民国二十五年(1936)绍兴县修志委员会铅印本	25卷首1卷	5册	卷2至卷5、卷10至卷13、卷20至卷22原阙
142	光绪《诸暨县志》	(清)陈遹声修，蒋鸿藻纂	清光绪三十四年(1908)修，宣统二年(1910)刻本	60卷首1卷	18册	
143	康熙《上虞县志》	(清)郑侨纂修	清康熙十年(1671)刻本	20卷首1卷	16册	
144	嘉庆《上虞县志》	(清)崔鸣玉修，李方湛、朱文绍纂	清嘉庆十二至十四年(1807—1809)修，嘉庆十六年(1811)刻本	14卷首1卷	20册	
145	光绪《上虞县志》	(清)唐煦春修，朱士黻纂	清光绪十七年(1891)刻本	48卷首1卷末1卷附录1卷	20册	
146	光绪《上虞县志校续》	(清)储家藻修，徐致靖等纂	清光绪二十四年至二十五年(1898—1899)刻本	50卷首1卷末1卷	20册	
147	道光《嵊县志》	(清)李式圃修，朱淥等纂	清道光八年(1828)刻本	14卷首1卷末1卷	8册	
148	同治《嵊县志》	(清)严思忠、陈仲麟修，蔡以瑺纂	清同治九年(1870)刻本	26卷首1卷末1卷	12册	
149	民国《嵊县志》	牛荫麃、罗毅修，丁谦、余重耀纂	民国二十三年(1934)铅印本	32卷首1卷	20册	
150	康熙《新昌县志》	(清)刘作樑修，吕曾柟等纂	清康熙十年(1671)刻本	18卷	10册	

序号	书名	编纂者	刊行时间	卷数	册数	备注
151	民国《新昌县志》	金城修,陈畬等纂	民国八年(1919)铅印本	20卷,附沃洲诗存1卷,沃洲文存1卷,新昌农事调查1册	11册	
			金华市			
152	康熙《金华府志》	(清)张荩修,沈麟趾等纂	清宣统元年(1909)石印本	30卷首1卷	12册	
153	道光《金华县志》	(清)黄金声主修,李林松纂	清道光四年(1824)刻本	12卷首1卷	8册	
154	光绪《金华县志》	(清)邓钟玉等编纂	民国四年(1915)铅印本	16卷首1卷	10册	
155	乾隆《汤溪县志》	(清)陈钟灵修,冯宗城等纂	清乾隆四十八年(1783)刻本	10卷首1卷	12册	
156	民国《汤溪县志》	丁燮、薛达等修,戴鸿熙总纂	民国二十年(1931)铅印本	20卷首1卷	12册	
157	嘉庆《武义县志》	(清)张营堠修,周家驹纂	清嘉庆九年(1804)修,宣统二年(1910)石印本	12卷首1卷	10册	
158	光绪《浦江县志》	(清)善广修,张景青纂	民国五的(1916)黄志璠再增补铅印本	15卷首1卷附咸同殉难录2卷	16册	
159	嘉庆《义乌县志》	(清)诸自谷修,程瑜、李锡龄纂	民国间(1912—1949)灌聪图书馆石印本,据清嘉庆七年(1802)刻本翻印	22卷首1卷	12册	
160	道光《东阳县志》	(清)党金衡修,王恩注等纂	民国三年(1914)石印本	27卷首1卷	10册	
161	正德《永康县志》	(明)吴宣济、胡楷修,陈泗等纂	抄本,据明嘉靖三年(1524)刻本传抄	8卷	8册	
162	光绪《永康县志》	(清)李汝为、郭文翘修,潘树棠等纂	清光绪十八年(1892)刻本	16卷首1卷	12册	
			衢州市			
163	康熙《衢州府志》	(清)杨廷望纂修	清光绪八年(1882)刘国光重刊本	40卷首1卷	12册	
164	嘉庆《西安县志》	(清)姚宝煃修,范崇楷等纂	清嘉庆十六年(1811)刻本	48卷首1卷	10册	

序号	书名	编纂者	刊行时间	卷数	册数	备注
165	光绪《常山县志》	(清)李瑞钟修,朱昌泰等纂	清光绪十二年(1886)刻本	68卷首1卷末1卷	12册	
166	光绪《开化县志》	(清)徐名立、潘绍诠修,潘树棠等纂	清光绪二十四年(1898)刻本	14卷首1卷	10册	
167	民国《龙游县志初稿》	余绍宋纂	民国十二年(1923)铅印本	不分卷	2册	本书仅含职官表、名宦传、选举表3种
168	民国《龙游县志》	余绍宋撰	民国十四年(1925)北京京城印书局铅印本	40卷首1卷末1卷	2册	
169	同治《江山县志》	(清)王彬、孙晋梓修,朱宝慈等纂	清同治十二年(1873)文溪书院刻本	12卷首1卷末1卷	8册	
			舟山市			
170	光绪《定海厅志》	(清)史致驯修,陈重威等纂	清光绪十一年(1885)刻本,御书楼藏版	30卷首1卷	10册	
171	民国《定海县志》	陈训正、马瀛纂修	民国十三年(1924)铅印本	16卷首1卷	6册	
172	民国《岱山镇志》	汤濬撰	民国十六年(1927)定海一某轩活字本	20卷首1卷	4册	
			台州市			
173	康熙《台州府志》	(清)张联元修,方景濂纂	清康熙六十一年(1722)刻本	18卷首1卷	18册	
174	嘉庆《台州外书》	(清)戚学标辑	清嘉庆四年(1799)刻本,南墅藏版	20卷	8册	
175	光绪《台州府志》	(清)赵亮熙、郭式昌修,王舟瑶纂,王佩瑶校	民国十五年(1926)台州旅杭同乡会铅印本	100卷	60册	
176	民国《台州府志》	喻长霖修,柯华威、褚传诰等纂	民国十五年(1926)修,民国二十五年(1936)上海游民习勤所铅印本	140卷首1卷	36册	

序号	书名	编纂者	刊行时间	卷数	册数	备注
177	光绪《黄岩县志》	(清)陈宝善、孙憙修,王棻纂;陈钟英、郑锡滜续修,王咏霓续纂	清光绪三年(1877)刻本	40卷首1卷	18册	
				40卷首1卷附黄岩集32卷	30册	
178	民国《路桥志略》	杨晨编;杨绍翰增补	民国二十四年(1935)杨氏《崇雅堂丛书》本	6卷	2册	
179	光绪《玉环厅志》	(清)杜冠英、胥寿荣修,吕鸿焘纂	清光绪六年(1880)刻本	14卷首1卷补遗1卷	8册	
180	康熙《天台县志》	(清)赵廷锡、李德耀等纂修	清康熙二十三年(1684)刻本	15卷首1卷	16册	
181	光绪《仙居县志》	(清)王寿颐、潘纪恩修,王棻、李仲昭纂	清光绪二十年(1894)活字本	24卷首1卷附仙居集24卷	18册	
182	康熙《太平县志》	(清)曹文斌等修,林槐等纂	清康熙二十二年(1683)刻本	8卷	3册	今温岭市
183	嘉庆《太平县志》	(清)庆霖修,戚学标纂	清嘉庆十六年(1811)刻本	18卷首1卷	12册	今温岭市
184	光绪《太平续志》	(清)陈汝霖、邓之镆修,王棻等纂	清光绪二十二年(1896)刻本	18卷首1卷	8册	今温岭市
185	康熙《临海县志》	(清)洪若皋等纂修	清康熙二十二年(1683)刻本	15卷首1卷	8册	
186	民国《临海县志稿》	孙熙鼎修,张寅续修,何奏簧纂	民国二十四年(1935)铅印本	42卷首1卷	22册	
丽水市						
187	光绪《处州府志》	(清)潘绍诒修,周荣椿等纂	清光绪三年(1877)刻本	30卷首1卷末1卷	28册	
188	同治《丽水县志》	(清)彭润章等纂修	清同治十三年(1874)刻本	15卷	8册	
189	民国《丽水县志》	李钟岳、李郁芬修,孙寿芝纂	民国十五年(1926)丽水启明印刷所铅印本	14卷	10册	
190	光绪《青田县志》	(清)雷铣修,王棻纂	清光绪元年至二年(1874—1876)刻本	18卷首1卷	12册	

序号	书名	编纂者	刊行时间	卷数	册数	备注
191	光绪《缙云县志》	(清)何乃容、葛华修,潘树棠纂	清光绪二年(1876)修,光绪七年(1881)刻本	16卷首1卷末1卷	10册	
192	道光《遂昌县志》	(清)朱煌等修,郑培椿等纂	清道光十五年(1835)刻本	12卷首1卷	12册	
193	光绪《遂昌县志》	(清)胡寿海、史恩纬修,褚成允纂	清光绪二十二年(1896)刻本	12卷首1卷外编4卷	12册	
194	光绪《松阳县志》	(清)支恒椿修,樊芝生等纂	清光绪元年(1875)刻本	12卷	6册	
195	民国《松阳县志》	吕耀钤修,高焕然等纂	民国十五年(1926)活字本	14卷首1卷末1卷	20册	
196	光绪《宣平县志》	(清)皮树棠、祝凤梧修,潘泽鸿纂	清光绪四年(1878)刻本	20卷首1卷	12册	
197	同治《云和县志》	(清)伍承吉修,涂冠续修,王士鈖纂	清同治三年(1864)续修,刻本	16卷首1卷末1卷	6册	
198	光绪《庆元县志》	(清)林步瀛、史恩纬修,史恩绪纂	清光绪三年(1877)刻本	12卷首1卷	10册	
199	同治《景宁县志》	(清)周杰修,严用光、叶笃贞纂	清同治十一年(1872)修,十二年(1873)刻本	14卷首1卷末1卷	14册	
200	乾隆《龙泉县志》	(清)苏遇龙修,沈光厚纂	清乾隆二十七年(1762)刻本	12卷首1卷	4册	
201	光绪《龙泉县志》	(清)顾国诏修,张世埙等纂	清光绪三年至四年(1877—1878)刻本	12卷首1卷	6册	

资料来源:《美国哈佛大学哈佛燕京图书馆藏中国旧方志目录》。

说明:对所收资料明显错讹处已做修订,如咸丰《南浔镇志》的刊行时间并非"咸丰八年(1858)"而是"咸丰九年(1859)";同治《孝丰县志》纂修者"(清)刘濬修　潘宝仁等纂"应为"(清)刘濬修　潘宅仁等纂";民国《松阳县志》纂修者朝代并非"清"而是"民国",不用括注,等等。

欧洲各图书馆藏浙江旧志目录

序号	书名	刊行时间	卷数	收藏机构	备注
1	康熙《浙江通志》	康熙二十三年（1684）刊本	50卷 首1卷	大英博物馆 法国国家图书馆	
2	雍正《敕修浙江通志》	民国二十三年（1934）刊本	280卷 首3卷	德国国家图书馆 剑桥大学图书馆 伦敦大学东方与非洲研究院	
		光绪二十五年（1899）复刻本		德国中国语言文化研究会 英国戴维德中国艺术基金会 德国巴伐利亚州立图书馆 法兰西学院汉学研究所	
		嘉庆十七年（1812）修补重刊本		丹麦皇家图书馆	残本
				大英博物馆 爱丁堡大学图书馆	
		乾隆元年（1736）刊本		大英博物馆	残本
				伦敦大学东方与非洲研究院 荷兰莱顿大学	
		未注		英国皇家亚洲文会图书馆	残本
3	《浙江便览》	光绪二十二年（1896）刊本	10卷	德国巴伐利亚州立图书馆	残本
				剑桥大学图书馆 法兰西学院汉学研究所	
4	咸淳《临安志》	道光十年（1830）重刊本	100卷	剑桥大学图书馆 丹麦皇家图书馆 大英博物馆	残本
				英国戴维德中国艺术基金会 法兰西学院汉学研究所 法国国家图书馆 法国罗都先生图书馆 法国亚洲学会	
5	万历《杭州府志》	万历七年（1579）刊本	100卷	大英博物馆 伦敦大学东方与非洲研究院	
6	乾隆《杭州府志》	乾隆四十九年（1784）刊本	110卷 首6卷	大英博物馆 荷兰莱顿大学	
7	光绪《杭州府志》	民国十一年（1922）刊本	178卷 首10卷	德国国家图书馆 英国戴维德中国艺术基金会 德国巴伐利亚州立图书馆 法兰西学院汉学研究所 法国罗都先生图书馆	

序号	书名	刊行时间	卷数	收藏机构	备注
8	万历《钱塘县志》	光绪十九年（1893）校刊本	10卷	丹麦皇家图书馆	
9	康熙《钱塘县志》	康熙五十七年（1718）刊本	36卷首1卷	剑桥大学图书馆	
10	嘉靖《仁和县志》	光绪十九年（1893）校刊本	14卷	丹麦皇家图书馆大英博物馆	
11	康熙《仁和县志》	康熙二十七年（1687）刊本	28卷	剑桥大学图书馆	
12	嘉庆《余杭县志》	民国八年（1919）铅印本	40卷	英国戴维德中国艺术基金会	
13	嘉庆《於潜县志》	嘉庆十七年（1812）刊本	16卷首1卷末1卷	伦敦大学东方与非洲研究院	
14	光绪《嘉兴府志》	光绪四年（1878）刊本	88卷首2卷	英国戴维德中国艺术基金会法兰西学院汉学研究所	
15	嘉庆《嘉兴县志》	嘉庆十七年（1802）刊本	36卷	法国罗都先生图书馆	
16	《梅里志》	光绪三年（1877）刊本	18卷	法兰西学院汉学研究所	
17	康熙《嘉善县志》	康熙十六年（1677）刊本	12卷	大英博物馆	
18	光绪《嘉善县志》	光绪二十年（1894）刊本	36卷首1卷	法兰西学院汉学研究所	
19	光绪《石门县志》	光绪五年（1879）刊本	11卷首1卷	法兰西学院汉学研究所	
20	光绪《平湖县志》	光绪十二年（1886）刊本	25卷首1卷末1卷	法国国家图书馆	
21	《乍浦镇备志》	道光八年（1828）刊本	36卷	大英博物馆	
22	光绪《桐乡县志》	光绪十三年（1887）刊本	24卷首4卷	法国国家图书馆法兰西学院汉学研究所	
23	嘉泰《吴兴志》	民国三年（1914）重刊本吴兴先哲遗书本	20卷	法兰西学院汉学研究所	
24	乾隆《湖州府志》	乾隆二十三年（1758）刊本	48卷首1卷	法国国家图书馆	
		乾隆二十八年（1763）刊本	42卷首1卷	法兰西学院汉学研究所	国内未见此刊本

序号	书名	刊行时间	卷数	收藏机构	备注
25	同治《湖州府志》	同治十三年（1874）刊本	96卷首1卷	法国罗都先生图书馆	
26	光绪《归安县志》	光绪八年（1882）刊本	52卷首1卷	法国国家图书馆	
27	乾隆《乌青镇志》	民国七年（1918）铅印本	12卷	德国巴伐利亚州立图书馆 法兰西学院汉学研究所 法国罗都先生图书馆	
28	同治《长兴县志》	光绪元年（1875）刊本	32卷	法兰西学院汉学研究所	
29	同治《安吉县志》	同治十二年（1873）刊本	18卷首1卷	法兰西学院汉学研究所	
30	光绪《孝丰县志》	光绪五年（1879）刊本	10卷首1卷	法国国家图书馆	
31	《宋元四明六志》	咸丰四年（1854）年刊本		法兰西学院汉学研究所 法国亚洲学会	
32	雍正《宁波府志》	乾隆六年（1741）补刊本	36卷首1卷	大英博物馆 剑桥大学图书馆 荷兰莱顿大学	大英博物馆另有原刊本残本
33	乾隆《鄞县志》	乾隆五十三年（1788）刊本	30卷首1卷	法国国家图书馆 荷兰莱顿大学 大英博物馆	
		道光二十六年（1864）重刊本		大英博物馆	
34	雍正《慈溪县志》	乾隆三年（1738）补刊本	16卷	大英博物馆	
35	乾隆《镇海县志》	乾隆十七年（1752）刊本	8卷	大英博物馆	
36	光绪《镇海县志》	光绪五年（1879）刊本	40卷	法国国家图书馆	
37	乾隆《象山县志》	乾隆二十三年（1758）刊本	12卷	大英博物馆	残本
38	道光《象山县志》	道光十四年（1834）刊本	22卷首1卷	大英博物馆 法兰西学院汉学研究所	
39	康熙《定海县志》	康熙五十四年（1715）刊本	8卷	大英图书馆 法国国家图书馆	
40	民国《定海县志》	民国十三年（1924）刊本	16卷首1卷	法兰西学院汉学研究所	

序号	书名	刊行时间	卷数	收藏机构	备注
41	嘉泰《会稽志》	民国十五年（1926）影印嘉庆重印本	20卷	法兰西学院汉学研究所	
42	宝庆《会稽志》	民国十五年（1926）影印嘉庆重印本	8卷	法兰西学院汉学研究所	
43	乾隆《绍兴府志》	乾隆五十七年（1792）刊本	80卷首1卷	英国戴维德中国艺术基金会	
44	嘉庆《山阴县志》	嘉庆八年（1803）刊本	30卷首1卷	剑桥大学图书馆	
45	乾隆《诸暨县志》	乾隆三十八年（1773）刊本	40卷首1卷	法国国家图书馆	完帙为44卷首1卷末1卷
46	乾隆《余姚志》	乾隆四十六年（1781）刊本	40卷	法国国家图书馆	
47	光绪《余姚县志》	光绪二十五年（1899）刊本	27卷首1卷末1卷	英国戴维德中国艺术基金会	
48	光绪《上虞县志》	光绪十七年（1891）刊本	48卷首1卷末1卷	法兰西学院汉学研究所	
49	光绪《上虞县志校续》	光绪二十五年（1899）刊本	50卷首1卷末1卷	德国国家图书馆	
50	道光《嵊县志》	道光八年（1828）刊本	14卷首1卷末1卷	大英博物馆	
51	同治《嵊县志》	同治十年（1871）刊本	26卷首1卷末1卷	法国国家图书馆	
52	康熙《新昌县志》	康熙十年（1671）刊本	18卷	大英博物馆	残本
53	民国《新昌县志》	民国八年（1919）刊本	20卷	法国罗都先生图书馆	
54	康熙《台州府志》	康熙六十一年（1722）刊本	18卷首1卷	大英博物馆	残本
55	光绪《台州府志》	民国十四年（1926）年重订本	100卷	法兰西学院汉学研究所	
56	康熙《临海县志》	康熙二十二年（1683）刊本	15卷首1卷	剑桥大学图书馆	
		重刊本（未注明时间）		法国国家图书馆	

序号	书名	刊行时间	卷数	收藏机构	备注
57	光绪《黄岩县志》	光绪五年（1879）刊本	40卷首1卷	法国东方语言学院图书馆 法国国家图书馆	
58	道光《永康县志》	道光十七年（1837）刊本	12卷首1卷	法国国家图书馆	
59	嘉庆《武义县志》	道光九年（1804）刊本	12卷首1卷	大英博物馆	
60	康熙《衢州府志》	光绪八年（1882）刊本	40卷首1卷	荷兰莱顿大学 法国国家图书馆	
61	嘉庆《西安县志》	嘉庆十六年（1811）刊本	48卷首1卷	德国国家图书馆 法兰西学院汉学研究所	
62	康熙《龙游县志》	光绪八年（1681）重刊本	12卷首1卷	大英博物馆 法兰西学院汉学研究所	
63	同治《江山县志》	同治十二年（1873）刊本	12卷首1卷末1卷	法国国家图书馆	
64	嘉庆《常山县志》	嘉庆十八年（1813）刊本	12卷首1卷	大英博物馆	
65	光绪《常山县志》	光绪十二年（1886）刊本	68卷首1卷末1卷	法兰西学院汉学研究所	
66	景定《严州续志》	四库全书本	10卷	法兰西学院汉学研究所	
67	光绪《严州府志》	光绪九年（1883）增补本	38卷首1卷	法国国家图书馆	
		光绪二十三年（1897）刊本	38卷	荷兰莱顿大学	
68	光绪《淳安县志》	光绪十年（1884）刊本	16卷首1卷	法国国家图书馆 法兰西学院汉学研究所	
69	乾隆《遂安县志》	乾隆三十二年（1767）刊本	10卷首1卷	大英博物馆	残本
		乾隆四十三年（1778）刊本		法国国家图书馆	国内未见此刊本，有乾隆三十二年（1767）刊本，又有光绪十六年及民国十七年重刊本

序号	书名	刊行时间	卷数	收藏机构	备注
70	乾隆《温州府志》	同治五年（1866）补版增刊本	30卷首1卷	法兰西学院汉学研究所荷兰莱顿大学	
71	雍正《玉环志》	雍正十年（1732）刊本	4卷	大英博物馆	
72	光绪《玉环厅志》	光绪六年（1880）刊本	16卷首1卷	德国巴伐利亚州立图书馆法国罗都先生图书馆	
		光绪十四年（1888）增刻本		法兰西学院汉学研究所	
73	光绪《永嘉县志》	光绪八年（1882）刊本	38卷首1卷	法国国家图书馆	
74	嘉庆《瑞安县志》	嘉庆十三年（1808）刊本	10卷首1卷	大英博物馆	残本
				法兰西学院汉学研究所	
75	道光《乐清县志》	道光十四年（1834）年刊本	16卷首1卷	大英博物馆	国内未见此刊本,有道光六年（1826）刊本
76	雍正《处州府志》	雍正十一年（1733）刊本	20卷	大英博物馆	残本
77	光绪《处州府志》	光绪三年（1877）刊本	30卷首1卷末1卷	荷兰莱顿大学法国国家图书馆	
78	同治《丽水县志》	同治十三年（1874）刊本	15卷	法国罗都先生图书馆	
79	光绪《青田县志》	光绪二年（1876）刊本	18卷首1卷	法国国家图书馆	
80	道光《缙云县志》	道光二十九年（1849）刊本	18卷首1卷	德国巴伐利亚州立图书馆法国国家图书馆	
81	道光《遂昌县志》	道光十五年（1835）刊本	12卷首1卷	法国国家图书馆	
82	光绪《龙泉县志》	光绪四年（1878）刊本	12卷首1卷	英国戴维德中国艺术基金会	
83	光绪《庆元县志》	光绪三年（1877）刊本	12卷首1卷	法国国家图书馆	
84	康熙《云和县志》	康熙三十一年（1692）刊本	5卷	法国国家图书馆	
85	光绪《宣平县志》	光绪四年（1878）刊本	20卷首1卷	法兰西学院汉学研究所	

序号	书名	刊行时间	卷数	收藏机构	备注
86	同治《景宁县志》	同治十二年（1873）刊本	14卷首1卷末1卷	法国罗都先生图书馆	

资料来源：*Catalogue des monographies locales chinoises dans les bibliothèques d'Europe.*

说明：1.所收资料部分明显错讹处已做修订，存疑的在备注里说明。

2.本目录《宋元四明六志》以咸丰重刊本计为1种，若分计，则总数实为91种。

3.本目录未收 *Chinese local histories in British libraries* 及法国国家图书馆王重民目录所记6种 *Catalogue des monographies locales chinoises dans les bibliothèques d'Europe* 未收旧志；*Chinese local histories in British libraries* 著录的浙江旧志可详见内文第二章第二节"欧洲所藏浙江旧志"英国部分。

4.《欧洲各国图书馆所藏中国地方志目录》编于1957年，其时大英图书馆尚未成立，笔者为了尊重原著，因此仍作"大英博物馆"。

中国台北"故宫博物院"藏浙江旧志目录

序号	书名	编纂者	刊行时间	卷数	册数
1	上虞县志	（清）郑侨纂修	清康熙十年（1671）刊本	20卷	6册
2	上虞县志	（清）唐春煦修，朱士黻纂	清光绪十七年（1891）刊本	48卷首末各1卷	20册
3	上虞县志校续	（清）徐致靖纂修	清光绪二十四年（1898）刊本	50卷首末各1卷	20册
4	大德昌国州图志	（元）冯福京、郭荐等同撰	清乾隆间写文渊阁四库全书本	7卷	1册
5	山阴县志	（清）高登先修，王嗣皋纂	清康熙十年（1671）刊本	38卷	8册
6	山阴县志	（清）徐元梅修，朱文翰纂	清嘉庆八年（1803）刊本	30卷首1卷	8册
7	仁和县志	（清）赵世安修，顾豹文、邵远平纂	清康熙二十六年（1687）刊本	28卷	10册
8	仁和县志	（明）沈朝宣纂修	清光绪十九年（1893）钱塘丁氏刊武林掌故丛编本	14卷	6册
9	分水县志	（清）陈常铧、冯圻修，臧承宣纂	清光绪三十二年（1906）刊本	10卷首末各1卷	6册
10	分水县志	（清）李鬈修，钱世沇、王六吉纂	清康熙二十二年（1683）刊本	6卷	2册
11	天台治略	（清）戴兆佳撰	清康熙六十年（1721）刊本	10卷	4册
12	天台县志	（清）李德耀、黄执中纂修	清康熙二十二年（1683）刊本	15卷首1卷	6册
13	太平县志	（清）曹文斑纂修	清康熙二十二年（1683）刊本	8卷	2册
14	太平县志	（清）陈汝霖修，王棻纂	清光绪二十年（1894）刊本	18卷首1卷	8册
15	平湖县志	（清）彭润章修，叶廉锷纂	清光绪十二年（1886）刊本	25卷首末各1卷	13册
16	平湖县志	（清）张力行修，徐志鼎纂	清乾隆四十五年（1780）刊本	20卷首1卷	12册
17	平湖县志	（清）王恒修，张诚纂	清乾隆五十五年（1790）刊本	10卷首末各1卷	10册
18	永康县志	（清）沈藻修，朱谨纂	清康熙三十七年（1698）重修刊本	16卷首1卷	6册

序号	书名	编纂者	刊行时间	卷数	册数
19	永嘉县志	(清)齐召南、汪沆总裁,崔锡、施廷灿编辑	清乾隆三十年(1765)刊本	26卷首1卷	8册
20	永嘉县志	(清)张宝琳修,王棻、孙诒让纂	清光绪八年(1882)刊本	38卷首1卷	26册
21	玉环厅志	(清)杜冠英修,吕鸿寿纂	清光绪七年(1881)刊本	14卷首1卷	8册
22	石门县志	(清)耿维祜修,潘文辂、潘蓉镜纂	清道光元年(1821)刊本	26卷	8册
23	石门县志	(清)余丽元修,谭逢仕纂	清光绪五年(1879)傅贻书院年刊本	11卷首1卷	12册
24	石门县志	(清)杜森修,祝文彦纂,邝世培续修	清康熙十五年(1676)刊本	12卷	5册
25	安吉州志	(清)刘蓟植修,陈兆崙纂	清乾隆十五年(1750)刊本	16卷	8册
26	江山县志	(清)王彬修,朱宝慈纂	清同治十二年(1873)刊本	12卷首末各1卷	8册
27	江山县志	(清)宋成绥、陆飞纂修	清乾隆四十一年(1776)刊本	16卷首末各1卷	8册
28	至元嘉禾志	(元)单庆修,徐硕纂	清乾隆间写文渊阁四库全书本	32卷	7册
29	西安县志	(清)姚宝煊修,范崇楷纂	清嘉庆十六年(1811)刊本／民国六年(1917)桂铸西补刊本	48卷首1卷	12册
30	吴兴记	(刘宋)山谦之纂	清道光间乌程范氏刊乌程范氏丛刻之一	1卷	1册
31	吴兴备志	(明)董斯张撰	清乾隆间写文渊阁四库全书本	32卷	14册
32	孝丰县志	(清)罗为赓纂修	清康熙十二年(1673)刊本	10卷	5册
33	孝丰县志	(清)刘濬纂修	清同治十二年(1873)修 光绪五年(1879)刊本	10卷首1卷	10册
34	秀水县志	(清)任之鼎修,范正辂纂	清康熙二十四年(1685)刊本	10卷	8册

序号	书名	编纂者	刊行时间	卷数	册数
35	秀水县志	(明)李培修,黄洪宪纂	明万历二十四年(1596)修 民国十四年(1925)金蓉镜校补铅印本	10卷	4册
36	奉化县志	(清)曹膏、唐宇霖修,陈琦纂	清乾隆三十八年(1773)刊本	14卷首1卷	6册
37	奉化县志	(清)李前泮修,张美翊纂	清光绪三十四年(1908)刊本	40卷首1卷	12册
38	定海县志	(清)周圣化原修,缪燧重修,钱廷桢、裘琏、陈琯纂	清康熙五十四年(1715)刊本	8卷	8册
39	定海厅志	(清)史致驯修,陈重威、黄以恭、黄以周等纂	清光绪十一年(1885)刊二十八年(1902)增补本	30卷首1卷	10册
40	延祐四明志	(元)马泽修,袁桷纂	清乾隆间写文渊阁四库全书	存17卷目录2卷	10册
41	於潜县志	(清)赵之珩修,章国佐、何尔彬纂	清康熙十二年(1673)刊本	8卷	4册
42	昌化县志	(清)甘文蔚、王元音修,王守矩、章起龙纂	清乾隆十三年(1748)刊本	20卷	6册
43	昌化县志	(清)于尚龄修,王兆杏纂	清道光三年(1823)刊本	20卷	8册
44	昌化县志	(民国)陈培斑、曾国霖修,许昌言、陈益选纂	民国十三年(1924)铅印本	18卷首1卷	8册
45	杭州府志	(清)郑沄修,邵晋涵纂	清乾隆四十九年(1784)刊本	110卷首6卷	48册
46	东阳县志	(清)胡启甲修,赵衍纂	清康熙二十年(1681)刊本	22卷首末各1卷	8册
47	松阳县志	(清)支恒椿修,丁凤章等纂	清光绪元年(1875)刊本	12卷	6册
48	松阳县志	(清)曹立身修,潘茂才纂	清乾隆三十四年(1769)刊本	12卷	6册
49	武康县志	(清)疏荩纂修	清道光九年(1829)刊本	24卷首1卷	10册
50	武康县志	(清)刘守成纂修	清乾隆十二年(1747)刊四十四年(1779)增补本	8卷	6册

序号	书名	编纂者	刊行时间	卷数	册数
51	武义县志	(清)江留篇纂修	清康熙三十七年（1698）刊本	12卷	5册
52	武义县志	(清)张营堞修，周家驹纂	清嘉庆九年（1804）修 宣统二年（1910）石印本	12卷 首1卷	6册
53	金华府志	(清)张荩修，沈麟趾纂	清康熙二十三年（1684）刊本	30卷	12册
54	金华县志	(清)王治国纂修	清康熙四十三年（1704）赵泰甡补刊本	10卷	4册
55	长兴县志	(清)谭肇基修，吴菜纂	清乾隆十四年（1749）刊本	12卷 首1卷	12册
56	青田县志	(清)张皇辅修，钱喜选纂	清康熙二十五年（1686）刊本	12卷	6册
57	青田县志	(清)雷铣修 王菜纂	清光绪元年（1875）刊本	18卷 首1卷	14册
58	咸淳临安志	(宋)潜说友纂	清乾隆间写文渊阁四库全书本	存93卷	30册
			清道光十年（1830）钱塘汪氏振绮堂重刊本	存96卷 札记3卷	24册
			旧钞本	存95卷	40册
			清里溪书屋乌丝栏钞本	存96卷	24册
59	宣平县志	(清)陈加儒修，祝复礼等纂	清乾隆十八年（1753）刊本	16卷 首1卷	6册
60	建德县志	(清)谢仁澍、吴俊修，俞观旭、孙诒谋纂	清光绪十六年（1890）刊本	21卷 首1卷	10册
61	建德县志	(清)周兴峄、冯宬修，严可均、许锦春纂	清道光八年（1828）刊本	21卷 首1卷	10册
62	建德县志	(清)王宾修，应德广纂	清乾隆十九年（1754）刊本	10卷 首1卷	5册
63	桐乡县志	(清)严辰纂修	清光绪十三年（1887）刊本	24卷 首4卷	24册
64	桐乡县志	(清)李廷辉修，徐志鼎纂	清嘉庆四年（1799）刊本	12卷	8册

序号	书名	编纂者	刊行时间	卷数	册数
65	桐乡县志	(清)徐秉元修,仲弘道纂	清康熙十七年(1678)刊本	5卷	5册
66	桐庐县志	(清)严正身修,金嘉琰纂	清乾隆二十一年(1756)刊本	16卷	8册
67	泰顺分疆录	(清)林鹗纂修	清光绪四年(1878)刊本	12卷	6册
68	泰顺县志	(清)朱国源修,朱廷琦纂	清雍正七年(1729)刊本	10卷 首1卷	4册
69	浦江县志	(清)薛鼎铭修,胡廷槐、汪沆纂	清乾隆四十四年(1779)刊本	20卷 首1卷	12册
70	海宁州志	(清)战效曾修,高瀛洲纂	清乾隆四十一年(1776)刊本	16卷 首1卷	10册
71	海盐县志	(清)王彬修,徐用仪纂	清光绪二年(1876)刊本	22卷 图说1卷 叙录1卷	16册
72	海盐县图经	(明)樊维城修,胡震亨、姚士麟纂	明天启四年(1624)修 清雍正间刊本	16卷	8册
			明天启四年(1624)修 清乾隆十二年(1747)刊本	16卷	5册
73	海盐县续图经	(清)王如珪修,陈世倕、钱元昌纂	清乾隆十三年(1748)刊本	7卷	10册
74	海盐澉水志	(宋)常棠撰	清乾隆间写文渊阁四库全书本	8卷	1册
75	浙江省全省舆图并水陆道里记	(民国)徐则恂纂	民国四年(1915)石印本	/	15册
76	浙江通志	(清)李卫、嵇曾筠等修,沈翼机、傅王露纂	清乾隆元年(1736)刊本	280卷 首3卷	100册
			清乾隆间写文渊阁四库全书本		150册
77	浙江通志	(清)王国安、赵士麟监修,张衡、黄宗羲纂	清康熙二十三年(1684)刊本	存1卷	1册
78	乌程县志	(清)罗愫修,杭世骏、张烡纂	清乾隆十一年(1746)刊本	16卷	6册
79	乌程县志	(清)郭式昌修,汪曰桢纂	清光绪七年(1881)刊本	36卷	16册

境外
浙江旧志存藏
现况研究

序号	书名	编纂者	刊行时间	卷数	册数
80	乾道临安志	(宋)周淙纂	清光绪九年(1883)刊武林掌故丛编本	3卷首1卷札记1卷	1册
			清乾隆间写文渊阁四库全书本	存3卷	2册
			清光绪二十年(1894)重刊本	3卷	1册
81	常山县志	(清)孔毓玑纂修	清雍正元年(1723)刊本	12卷首1卷	8册
83	常山县志	(清)陈珏纂	清嘉庆十八年(1813)刊本	12卷首1卷	8册
84	常山县志	(清)李瑞锺修,朱昌泰、徐鸣盛纂	清光绪十二年(1886)刊本	68卷首1卷	12册
85	淳安县志	(清)刘世宁原本,李诗续修,陈中元、竺士彦续纂	清光绪十年(1884)刊本	16卷首1卷	8册
86	淳安县志	(清)刘世宁修,方桼如纂	清乾隆二十一年(1756)刊本	16卷首1卷	8册
87	淳祐临安志	(宋)赵与篤修,陈仁玉纂	清嘉庆间阮元进呈影钞宋本	存6卷	4册
88	绍兴府志	(清)李亨特修,平恕、徐嵩纂	清乾隆五十七年(1792)刊本	80卷首1卷	46册
89	处州府志	(清)曹抡彬修,朱肇济纂	清雍正十一年(1733)刊本	20卷	16册
90	处州府志	(清)潘绍诏修,周荣椿纂	清光绪三年(1877)刊本	20卷首末各1卷	28册
91	富阳县志	(清)钱晋锡纂修	清康熙二十二年(1683)刊本	10卷	8册
92	景定严州续志	(宋)钱可则修,方仁荣、郑瑶纂	清乾隆间写文渊阁四库全书本	10卷	2册
93	景宁县志	(清)张九华纂修	清乾隆四十三年(1778)刊本	12卷	4册
94	景宁县志	(清)周杰纂修	清同治十二年(1873)刊本	14卷首末各1卷	8册
95	湖州府志	(清)宗源瀚、郭式昌修,周学濬、陆心源纂	清同治十三年(1874)刊本	96卷首1卷	40册
96	湖州府志	(清)李堂纂修	清乾隆二十三年(1758)刊本	48卷首1卷	24册

序号	书名	编纂者	刊行时间	卷数	册数
97	汤溪县志	(清)陈钟灵纂修	清乾隆四十八年(1783)刊本	10卷 首1卷	6册
98	象山县志	(清)史鸣皋修,姜炳璋纂	清乾隆二十四年(1759)刊本	12卷	6册
99	开化县志	(清)范玉衡修,吴淦等纂	清乾隆六十年(1795)刊本	12卷 首1卷	6册
100	开化县志	(清)孙锦修,徐心启纂	清雍正七年(1729)刊本	10卷	10册
101	云和县志	(清)伍承吉修,王士鈜纂	清同治三年(1864)刊本	16卷	6册
102	云和县志	(清)汪远纂修	清康熙三十一年(1692)刊本	5卷	1册
103	黄岩县志	(清)刘宽修,平遇纂	清康熙三十八年(1699)刊本	8卷	8册
104	黄岩县志	(清)陈钟英等修,王咏霓纂	清光绪三年(1877)刊本	40卷 首1卷	16册
105	慈溪县志	(清)杨正筍修,冯鸿模纂	清雍正八年(1730)原刊清乾隆三年(1738)补刊本	16卷	8册
106	慈溪县志	(清)冯可镛修,杨泰亨纂	清光绪二十五年(1899)刊,民国三年(1914)重印本	56卷 附编1卷	24册
107	新昌县志	(民国)金城修,陈畲纂	民国八年(1919)排印本	20卷 附沃洲诗存1卷 文存1卷	11册
108	新昌县志	(清)刘作楙纂修	清康熙十年(1671)刊本	18卷	4册
109	温州府志	(清)李琬修,齐召南、汪沆、余廷㧑纂	乾隆二十七年(1762)刊	30卷 首1卷	15册
110	瑞安县志	(清)张德标修,黄徵义、王殿金纂	清嘉庆十四年(1809)刊本	10卷 首1卷	8册
111	义乌县志	(清)诸自毅修,程瑜、李锡龄纂	清嘉庆七年(1802)刊本	22卷 首1卷	10册
112	义乌县志	(清)韩慧基纂修	清雍正五年(1726)刊本	20卷 首1卷	10册
113	遂安县志	(清)周世恩、李成渠修,郑燨、姜士仑、方锡纲纂	清乾隆十八年(1753)刊本 乾隆三十二年(1767)续修	10卷	8册

序号	书名	编纂者	刊行时间	卷数	册数
114	遂昌县志	(清)王恺纂修	清乾隆三十年(1765)刊本	12卷	4册
115	嘉定赤城志	(宋)陈耆卿撰	清乾隆间写文渊阁四库全书本	40卷	12册
			明弘治十年(1497)太平谢铎重刊万历天启递修补本		6册
116	嘉泰会稽志	(宋)施宿撰	清乾隆间写文渊阁四库全书本	20卷	22册
117	嘉善县志	(清)万相宾纂修	清嘉庆五年(1800)刊本	20卷首1卷	12册
118	嘉善县志	(清)杨廉修,郁之章纂	清康熙十六年(1677)刊本	12卷	8册
119	嘉善县志	(清)戈鸣岐、罗绪修,钱元祐、沈遇黄纂	清雍正十二年(1734)刊本	12卷	4册
120	嘉善县志	(清)江峰青修,顾福仁纂	清光绪二十年(1894)刊本	36卷首1卷	16册
121	嘉兴府志	(清)许瑶光修,吴仰贤纂	清光绪四年(1878)鸳湖书院刊本	88卷首2卷	48册
122	嘉兴府志	(清)吴永芳修,钱以垲、高孝本纂	清康熙六十年(1721)刊本	存16卷	17册
123	嘉兴县志	(清)何銂修,王庭、徐发纂	清康熙二十四年(1685)刊本	9卷	14册
124	寿昌县志	(清)钟沛修,陆铭一纂	清乾隆十九年(1754)刊本	12卷	4册
125	宁波府志	(清)曹秉仁修,万经纂	清雍正十一年(1733)刊,乾隆六年(1741)增补本	36卷首1卷	16册
126	宁海县志	(清)王瑞成、程云骧修,张濬纂	清光绪二十八年(1902)刊本	24卷首1卷	16册
127	宁海县志	(清)崔秉镜修,华大琠纂	清康熙十七年(1678)刊本	12卷	8册
128	台州府志	(清)张联元修,方景濂纂	清康熙六十一年(1722)刊本	18卷首1卷	18册
129	鄞县志	(清)戴枚修,董沛、张恕纂	清光绪三年(1877)刊本	75卷首1卷	34册
130	鄞县志	(清)钱维乔修,钱大昕纂	清乾隆五十三年(1788)刊本	30卷首1卷	16册

序号	书名	编纂者	刊行时间	卷数	册数
131	德清县志	（清）侯元棐修，王振孙纂	清康熙十二年（1673）刊本	10卷	4册
132	庆元县志	（清）关学优修，吴元栋纂	清嘉庆六年（1801）刊本	12卷首1卷	4册
133	庆元县志	（清）程维伊修，吴运光纂	清康熙十一年（1672）刊本	10卷	4册
134	乐清县志	（清）徐化民修，林允楫、鲍易、李栋纂	清康熙二十四年（1685）刊本	8卷	2册
135	乐清县志	（清）李登云、钱宝镕修，陈珅等纂	清光绪二十七年（1901）刊本	16卷首1卷	16册
136	诸暨县志	（清）沈椿龄修，楼卜瀍纂	清乾隆三十八年（1773）刊本	35卷首末各1卷	10册
137	余杭县志	（清）张思齐纂修	清康熙十二年（1673）刊本	8卷	5册
138	余杭县志	（清）张吉安修，朱文藻纂	清嘉庆十三年（1808）刊本	40卷	12册
139	余杭县志稿	（清）褚成博纂修	清光绪三十二年（1906）刊本	不分卷	1册
140	余姚志	（清）康若瀛纂修	清乾隆四十六年（1781）刊本	40卷	10册
141	余姚县志	（清）周炳麟修，孙德祖、邵友谦纂	清光绪二十五年（1899）刊本	27卷首末各1卷	16册
142	缙云县志	（清）令狐亦岱修，沈鹿鸣纂	清乾隆三十二年（1767）刊本	8卷	4册
143	缙云县志	（清）何乃容等修，潘树棠纂	清光绪七年（1881）刊本	16卷首末各1卷	10册
144	钱塘县志	（清）魏峣修，裴琎纂	清康熙五十七年（1718）刊本	36卷首1卷	12册
145	钱塘县志	（明）聂心汤修，虞淳熙纂	明万历三十七年（1609）修 光绪十九年（1893）武林丁氏刊本	不分卷	6册
146	龙泉县志	（清）顾国诏等修，程炳藻等纂	清光绪三年（1877）刊本	12卷首1卷	6册
147	龙泉县志	（清）苏遇龙修，沈光厚纂	清乾隆二十七年（1762）刊本	12卷首1卷	4册
148	龙游县志	（清）卢燦修，余恂纂	清康熙二十四年（1685）刊本	12卷	6册

序号	书名	编纂者	刊行时间	卷数	册数
149	临安县志	(清)彭循尧修,董运昌、周鼎纂	清宣统二年(1910)活字本	8卷首末各1卷	6册
150	临安县志	(清)赵民洽修,许琳纂	清乾隆二十四年(1759)修清光绪十一年(1885)活字本	4卷	4册
151	临海县志	(清)洪若皋纂修	清康熙二十三年(1684)刊本	15卷首1卷	8册
152	归安县志	(清)何国祥修,王启允、严经世纂	清康熙十二年(1673)刊本	10卷	5册
153	归安县志	(清)李昱修,陆心源、丁宝书纂	清光绪七年(1881)刊本	52卷首1卷	16册
154	镇海县志	(清)王梦弼纂修,邵向荣订正	清乾隆十七年(1752)刊本	8卷首1卷	8册
155	丽水县志	(清)彭润章纂修	清同治十三年(1874)刊本	15卷	8册
156	严州府志	(清)吴士进原修,吴世荣续修,邹伯森、马斯臧续纂	清光绪八年(1882)刊本	38卷首1卷	28册
157	严州府志	(清)吴士进修,胡书源纂	清乾隆二十一年(1756)刊本	35卷首1卷	16册
158	宝庆四明志	(宋)胡榘修,方万里、罗濬纂	清乾隆间写文渊阁四库全书本	21卷	12册
159	开庆四明续志	(宋)吴潜修续志,梅应发、刘锡纂续志	清乾隆间写文渊阁四库全书本	12卷	12册
160	续青田县志	(清)吴楚椿纂修	清乾隆四十二年(1777)刊本	6卷	2册
161	兰溪县志	(清)程子鳌修,徐用检纂	明万历三十四年(1606)修清康熙十年(1671)增补刊本	7卷	4册
162	兰溪县志	(清)秦簧、邵秉经修,唐壬森纂	清光绪十四年(1888)刊本	8卷首1卷	10册
163	兰溪县志	(清)陈凤举纂修	清嘉庆五年(1800)刊本	18卷首末各1卷	6册
164	衢州府志	(清)杨廷望纂修,刘国光重修	清康熙五十年(1711)修光绪八年(1882)重刊本	40卷首1卷	12册

序号	书名	编纂者	刊行时间	卷数	册数
165	剡录	(宋)高似孙纂,史安之修	清同治九年(1870)刊本	10卷	2册
166	仙居县志	(清)郑录勋纂修	清康熙十九年(1680)刊本	30卷	5册
167	嵊县志	(清)严思忠修,蔡以瑺纂	清同治十年(1871)刊本	26卷首末各1卷	14册
168	嵊县志	(清)李以琰纂修	清乾隆七年(1742)刊本	18卷首末各1卷	6册
169	四明图经	(宋)张津撰	旧钞本	12卷	2册
170	安吉州志	(明)江一麟撰	明嘉靖三十六年(1557)刊本	8卷	2册
171	成化杭州府志	(明)夏时正等修	明成化十年(1474)刊本	存卷1至卷3,卷7至卷10,卷60,卷61	3册
172	江山县志	(明)徐日葵撰	明天启二年(1622)刊本	存8卷	3册
173	吴兴掌故集	(明)徐献忠撰	明嘉靖三十九年(1560)湖州原刊本	17卷	12册
			明万历四十三年(1615)茅献徵校刊本		8册
174	赤城新志	(明)谢铎等修	明弘治十年(1497)刊本	23卷	4册
175	定海县志	(明)何愈修,张时彻纂	明嘉靖四十二年(1563)刊本	13卷	4册
176	宣平县志	(明)舒祥原修,郑禧增补	明嘉靖二十五年(1546)重刊本	4卷	1册
177	重修富春志	(明)聂大年原修,吴堂纂修	明正德十六年(1521)安福刘初重刊本	6卷	3册
178	重修寿昌县志	(明)李思悦等修	明嘉靖四十年(1561)到万历十四年(1586)增补本	12卷	4册
179	海宁志略	(清)秦嘉系修,范骧纂	清道光二十四年(1844)管廷芬手钞本	1卷补遗1卷附录1卷	1册
180	海宁县志	(明)蔡完修,董谷纂	明嘉靖三十六年(1557)刊本	9卷首1卷	2册

序号	书名	编纂者	刊行时间	卷数	册数
181	浙江图考	(清)阮元撰	清刊本研经室集卷十——十四	3卷	/
182	常山县志	(明)詹莱撰	清顺治十七年(1660)句曲王明道刊本	15卷	4册
183	淳安县志	(明)姚鸣鸾修,余坤纂	明嘉靖三年(1524)刊后代修补本	17卷	4册
184	绍兴府志	(明)张元忭等撰	明万历十四年(1586)刊本	50卷	16册
185	处州府志	(明)刘宣撰	明成化间刊影钞配本	存卷3,卷4,卷7至卷10,卷13至卷18	5册
186	景宁县志	(明)赖汝霖纂修	明万历十六年(1588)刊本	6卷	1册
187	象山县志	(明)吴学周修,陆应阳纂	明万历三十六年(1608)刊本	存6卷	2册
188	黄岩县志	(明)袁应祺撰	明万历间刊本	存卷1至卷4	2册
196	慈溪县志	(明)姚宗文等修	明天启四年(1624)刊本	16卷	6册
189	新昌县志	(明)莫旦撰	明正德十四年(1519)刊本	16卷	4册
190	新修余姚县志	(明)史树德修,杨文焕等纂	明万历间刊本	24卷	4册
191	会稽志	(宋)施宿撰	明正德五年(1510)钞配本	卷1至4,卷7,卷11,卷13,卷14等8卷钞配	8册
192	会稽县志	(明)张元忭等撰	明万历三年(1575)刊本	16卷	4册
193	温州府志	(明)汤日昭修,王光蕴等纂	明万历三十二年(1604)刊本	存16卷	10册
194	嘉善县纂修启祯条款	(清)卞火景等修	清顺治七年(1650)刊本	4卷	2册
195	嘉兴府志	(明)刘应钶修,沈尧中纂	明万历二十八年(1600)刊本	32卷图记1卷	10册
196	嘉兴府图记	(明)赵瀛修,赵文华纂	明嘉靖二十八年(1549)刊本	20卷	5册
197	嘉兴县纂修启祯两朝实录	(清)沈纯祐修	旧钞本	1卷	1册

序号	书名	编纂者	刊行时间	卷数	册数
198	宁波府志	(明)周希哲、曾镒修，张时彻纂	明嘉靖间刊本	42卷	16册
199	龙游县志	(明)万廷谦等修	明万历四十年(1612)刊本	10卷	4册
200	严州图经	(宋)董弅修，喻彦先检订 (宋)陈公亮重修，刘文富订正	钞本	3卷	2册
201	衢州府志	(明)杨准等修	明嘉靖四十三年(1564)刊本	16卷	5册
202	衢州府志	(明)叶秉敬撰	明天启二年(1622)刊本	16卷	存11册
			明天启二年(1622)刊本	存14卷	11册

资料来源：《中国台北"故宫博物院藏"地方志目录》。

说明：对所收资料明显错讹处已做修订，如淳祐《临安志》纂者"（宋）施谔"应为"（宋）赵与㤘修　陈仁玉纂"；乾隆《温州府志》的刊行时间"清康熙十七年刊"应为"乾隆二十七年刊"；光绪《定海厅志》纂修者"（清）冯莹修，汪恂纂"应为"（清）史致驯修，陈重威、黄以恭、黄以周等纂"；《金陵新志》应为元代南京的地方志，等等。

现存境外浙江旧志孤本目录

序号	书名	版本	收藏机构
1	康熙《昌化县志》	10卷,谢廷玑纂修,康熙二十二年修(1683),钞本	日本国立公文书馆
2	崇祯《乌程县志》	12卷,刘沂春修,徐守纲、潘士遴纂,崇祯十一年(1638)刻本	日本国立国会图书馆
3	光绪《新市镇再续志》	4卷,费梧纂,光绪二十八年(1902)年修,钞本	日本东京大学东洋文化研究所藏
4	崇祯《嘉兴县志》	24卷,罗炌修,黄承昊纂,崇祯十年(1637)刻本	日本宫内厅书陵部
5	康熙《嵊县志》	10卷,蒋炜修,姜君献纂,康熙二十三年(1684)刻本	日本国立公文书馆
6	康熙《永康县志》	10卷,徐同伦修,俞有斐纂,康熙十一年(1673)刻本	日本国立公文书馆
7	嘉靖《武义县志》	5卷,黄春补刻增修,嘉靖二年(1523)刻本	日本宫内厅书陵部
8	康熙《常山县志》	15卷,杨滐纂修,康熙二十二年(1683)修,钞本	日本宫内厅书陵部
9	崇祯《开化县志》	10卷,朱朝藩修,汪庆百纂,崇祯四年(1631)刻本	日本国立国会图书馆
10	嘉靖《永嘉县志》	9卷图1卷,程文箸修,王叔果、王应辰纂,嘉靖四十五年(1566)刻本,有补刻,卷五秩宦志记至万历十年(1582)	日本尊经阁文库
11	顺治《宣平县志》	10卷,侯杲修,胡世定纂,顺治十二年(1655)刻本	日本国立公文书馆、天理图书馆
12	《天台山记》	1卷,唐代徐灵府纂,钞本	日本国立国会图书馆
13	乾隆《越中杂识》	2卷,悔堂老人纂,乾隆五十九年(1794)钞本	美国国会图书馆
14	万历《两浙海防类考》	4卷,谢廷杰纂,万历三年(1575)刊本	美国斯坦福大学东亚图书馆
15	嘉庆《桐溪记略》	6卷,程鹏程纂,嘉庆二年(1797)刊本	美国哥伦比亚大学斯塔尔东亚图书馆

说明:除《天台山记》、万历《两浙海防类考》外,其他境外专志因情况尚未查明,所以表格未予以计入。另港澳台地区的孤本未计入。

参考文献

一、方志文献

〔清〕李卫，嵇曾筠，修．沈翼机，傅王露纂．雍正浙江通志［M］．点校本．北京：中华书局，2001．

〔明〕程文箸，修．王叔果，王应辰，纂．嘉靖永嘉县志［M］．点校本．北京：中国文史出版社，2010．

〔清〕严辰纂．光绪桐乡县志［M］//中国地方志集成：浙江府县志辑23．上海：上海书店出版社，1993．

〔清〕徐可先，修．胡世定，纂．顺治龙泉县志［M］．刻本．龙泉：龙泉市图书馆影印日本内阁文库藏本，1655（清顺治十二年）．

〔清〕顾国诏，修．张世埼，纂．光绪龙泉县志［M］//中国地方志集成：浙江府县志辑67．上海：上海书店出版社，2011．

〔清〕侯昊，修．胡世定，纂．顺治宣平县志［M］//稀见中国地方志汇刊：第19册．北京：中国书店，1992．

〔清〕佟庆年，修．胡世定，纂．顺治松阳县志［M］//中国地方志集成：浙江府县志辑67．上海：上海书店出版社，2011．

〔清〕汤金策，修．俞宗焕，纂．道光宣平县志［M］．//上海图书馆藏稀见方志丛刊：第114、115册．上海：上海图书馆，2011．

〔清〕缪之弼，修．程定，纂．康熙遂昌县志［M］//中国地方志集成：浙江府县志辑68．上海：上海书店出版社，1993．

〔清〕悔堂老人，纂．越中杂识［M］．杭州：浙江人民出版社，1983．

〔明〕陈霆，纂．正德仙潭志［M］．重刻本．1811（清嘉庆十六年）．

〔清〕费梧，纂．光绪新市镇再续志［M］//新市镇志集成．影印日本东京大学东洋文化研究藏本，2015．

〔清〕胡道传，编．沈戬谷，订补．顺治仙潭后志［M］．周衡钞本．1902（清光绪二十八年）．

〔清〕沈赤然，纂．嘉庆新市镇续志［M］．刻本．1812（清嘉庆十七年）．

王任化，修．程森，等纂．民国德清县新志［M］//中国地方志集成：浙江府县志辑28．上海：上海书店出版社，1993.

吕耀钤，修．高焕然，纂．民国松阳县志［M］//中国地方志集成：浙江府县志辑67．上海：上海书店出版社，2011.

葛韵芬，等修．江峰青，纂．民国重修婺源县志［M］．刻本．1925.

（日）黑川道祐．雍州府志［M］．东京：临川书店，1868.

地志调所．新编武藏风土记稿［M］//大日本地志大系．东京：雄山阁，1929.

（日）古市刚．前桥风土记［M］//群马县史料集（第一卷）．前桥：群马县文化事业振兴会，1965.

二、古代典籍

〔宋〕费衮．梁溪漫志［M］．太原：山西人民出版社，1998.

〔明〕王叔果，撰．〔明〕梅鼎祚，校．半山藏稿［M］．刻本．明万历间．

〔明〕谢铎．桃溪净稿［M］．顾璘刻本．1521（明正德十六年）．

〔明〕康海．对山文集［M］//明代论著丛刊．台北：台湾伟文图书出版社，1976.

〔明〕王士祯．带经堂集［M］．康熙程哲七略书堂刻本．1712（清康熙五十一年）．

〔清〕徐乾学．憺园文集［M］//续修四库全书．上海：上海古籍出版社，1995.

〔清〕章学诚，著．仓修良，编注．文史通义新编新注［M］．北京：商务印书馆，2017.

〔清〕李文藻,缪荃孙.琉璃厂书肆记[M].北京:中国书店，1925.

〔清〕费梧.万应灵方[M].铅印本.1925.

三、目录提要

中国科学院北京天文台.中国地方志联合目录[M].北京:中华书局，1985.

金恩辉,胡述兆.中国地方志总目提要[M].台北:汉美图书有限公司，1996.

张国淦.中国古方志考[M].上海:上海古籍出版社，2019.

朱士嘉.中国地方志综录[M].上海:商务印书馆，1935.

骆兆平.天一阁藏明代地方志考录[M].北京:书目文献出版社，1982.

〔清〕陆心源.皕宋楼书志[M]//续修四库全书.上海:上海古籍出版社，2002.

慕学勋.蓬莱慕氏藏书目[M].//中国著名藏书家书目汇刊(近代卷):第31册.北京:商务印书馆,2005.

徐允中.东海藏书楼书目[M].铅印本.1925.

沈津.中国珍稀古籍善本书录[M].桂林:广西师范大学出版社，2006.

浙江图书馆古籍部.浙江图书馆藏浙江方志目录[M].油印本.1981.

洪焕椿.浙江方志考[M].杭州:浙江人民出版社，1984.

沈慧.湖州方志提要[M].北京:中国文史出版社，2013.

王德毅,刘静贞.台湾地区公藏方志目录[M].台北:汉学研究资料及服务中心编印，1985.

中央图书馆.台湾公藏方志联合目录[M].台北:正中书局，1956.

朱士嘉.美国国会图书馆藏中国地方志目录[M].桂林:广西师范大学出版社，2014.

沈津.美国哈佛大学哈佛燕京图书馆中文善本书志[M].上海:上海

古籍出版社，1999.

沈津．美国哈佛大学哈佛燕京图书馆藏中文善本书志[M]．桂林：广西师范大学出版社，2011.

李丹．美国哈佛大学哈佛燕京图书馆藏中国旧方志目录[M]．桂林：广西师范大学出版社，2013.

李坚，刘波．美国哈佛大学哈佛燕京图书馆藏善本方志书志[M]．北京：国家图书馆出版社，2015.

（美）施坚雅．浙江宁绍地区地方志目录[M]．旧金山：斯坦福大学图书馆，1979.

（美）屈万里．葛思德东方图书馆中文善本书目[M]．台北：台湾艺文印书馆，1975.

（美）钱存训，（美）郑炯文．中国书目解题汇编[M]．波士顿：美国霍尔出版公司，1978.

普林斯顿大学图书馆．普林斯顿大学图书馆藏中文善本书目[M]．北京：国家图书馆出版社，2017.

（美）王伊同．加拿大英属哥伦比亚大学宋元明及旧钞善本书目[C].王伊同学术论文集．北京：中华书局，2006.

陈先行．伯克利加州大学东亚图书馆藏中文古籍善本书志[M]．上海：上海古籍出版社，2005.

（加）余梁戴光，乔晓勤．加拿大多伦多大学东亚图书馆藏中文古籍善本提要[M]．桂林：广西师范大学出版社，2009.

（英）道格拉斯．1877年版大英博物馆馆藏：中文刻本、写本、绘本目录[M]．重庆：西南师范大学出版社，2010.

马德里自治大学东亚研究中心．西班牙图书馆中国古籍书志[M]．上海：上海古籍出版社，2010.

崔建英．日本见藏稀见中国地方志书录[M]．北京：书目文献出版社，1986.

周彦文．日本九州大学文学部数库汉籍目录[M]．台北：台北文史出版社，1995.

东洋文库编. 东洋文库地方志目录. 1935.

宫内厅书陵部编. 和汉图书馆分类目录. 1951.

东京大学东洋文化研究所. 东京大学东洋文化研究所汉籍分类目录[M]. 东京:汲古书院,1981.

内阁文库编. 内阁文库汉籍分类目录. 1956.

(日)山根幸夫. 新编日本现存明代地方志目录[M]. 东京:汲古书院,1995.

(韩)吴金成. 国内所藏中国地方志目录[J]. 东亚文化. 1987(25).

张伯伟. 朝鲜时代书目丛刊[M]. 北京:中华书局,2004.

(法)伯希和,编,(日)高田时雄校,订补. 梵蒂冈图书馆所藏汉籍目录[M]. 北京:中华书局,2006.

傅德华. 日据时期朝鲜刊刻汉籍文献目录[M]. 上海:上海人民出版社,2011.

王小盾. 越南汉喃文献目录提要[M]. 台北:台湾中国文哲研究所出版,2002.

ANDREW MORTON. Chinese local histories in British libraries[M]. London: The School of Oriental and African Studies, University of London, 1979.

YVES HERVOUET. Catalogue des monograhies locales chinoises dans les bibliothèques d'Europe[M]. Paris:MOUTON&CO LA HAYE,1957.

MA,JOHN T. Chinese local GazetteerS(fang chih) in Wason Collection[M]. Ithaca:Cornell University Libraries,1964.

KOU, TOMAS C.T. , CHIANG JOHN W.&FRANCIS CHOW. The Chinese Local History, A descriptive Holding List[M].Pittsburgh:University of Pittsburgh,1969.

TANG, RAYMOND N.A. Checklist of Chinese Local Gazetteers in Asia Library[M]. Ann Arbor: The University of Michigan,1968.

University of Chicago Library. Far Eastern Library .Chinese Local History[M]. Chicago: University of Chicago Bookstore,1969.

LOWE, JOSEPH DZEN — HSI. A Catalog of Chinese Local Gazetteers of China in the University of Washington [M]. Zug: Inter Documentation University of Washington, 1979.

ZHANG, FANGHUA. A Checklist of Chinese Local Histories [M]. Berkeley: Stanford — Berkeley Joint East Asia Center, 1980.

FELSING, ROBERT H&YU, HUI — HSIEN. Chinese Local Histories in the University of Iowa library [M]. Iowa City: University of Iowa, 1985.

WOLFGANG FRANKE. An Introduction to Sources of Ming History [M]. Kuala Lumpur and Singapore: University of Malaya Press, 1968.

ETIENNE BALAZS and YVES HERVOUET ed. A Sung Bibliography [M]. Hong Kong: Chinese University of Hong Kong Press, 1978.

HARRIET T. ZURNDORFER. China Bibliography: A Research Guide to Reference Works about China Past and Present [M]. Leiden: Brill, 1995.

ENDYMION WILKINSON. Chinese History: A Manual [M]. Cambridge: Harvard UniversityPress, 1998.

LESLIE, DONALD, & DAVISON JERERNY. Catalogues of Chinese Local Gazetteers [M]. Canberra: Dept of Far Eastern History, Australian National University, 1967.

四、研究论著

（一）专著

（美）钱存训. 东西文化交流论丛[M]. 北京:商务印书馆，2009.

严绍璗. 汉籍在日本的流布研究[M]. 南京:江苏古籍出版社，1992.

严绍璗. 日本藏汉籍珍本追踪纪实[M]. 上海:上海古籍出版社，2005.

宋晞. 方志学研究论丛[M]. 台北:台湾商务印书馆，1999.

王振鹄. 海外汉学资源调查录[M]. 台北:汉学研究资料及服务中心

编印，1982.

黄苇. 方志学[M]. 上海：复旦大学出版社，1993.

来新夏、斋藤博. 中日地方史志比较研究[M]. 天津：南开大学出版社，1996.

仓修良. 方志学通论（增订本）[M]. 上海：华东师范大学出版社，2013.

魏桥，王志邦，俞佐平，等. 浙江方志源流[M]. 杭州：浙江人民出版社，1988.

陈学文. 陈学文集[M]. 合肥：黄山书社，2011.

顾志兴. 浙江藏书家藏书楼[M]. 杭州：浙江人民出版社，1987.

诸葛计. 中国方志五十年史事录[M]. 北京：方志出版社，2002.

巴兆祥. 方志学新论[M]. 上海：学林出版社，2004.

巴兆祥. 中国地方志流播日本研究[M]. 上海：上海人民出版社，2008.

李泽. 朱士嘉方志文集[M]. 北京：北京燕山出版社，1991.

陈益源. 越南汉籍文献论述[M]. 北京：中华书局，2011.

杨雨蕾. 燕行与中朝文化关系[M]. 上海：上海辞书出版社，2011.

沈津. 书丛老蠹鱼[M]. 北京：中华书局，2011.

（美）吴文津. 美国东亚图书馆发展史及其他[M]. 台北：联经事业股份有限出版公司，2016.

（美）周欣平. 东学西渐：北美东亚图书馆1868—2008[M]. 北京：高等教育出版社，2012.

徐雁. 中国旧书业百年[M]. 北京：科学出版社，2005.

梁容若. 中日文化交流史论[M]. 北京：商务印书，1985.

衷尔钜. 陈元赟集[M]. 沈阳：辽宁人民出版社，1993.

（日）松浦章. 明清时代东亚海域的文化交流[M]. 南京：苏人民出版社，2009.

（日）福井保. 江户幕府编纂物[M]. 东京：雄松堂，1983.

李庆. 日本汉学史（3）[M]. 上海：上海外语教育出版社，2004.

陆坚,王勇.中国典籍在日本的流传与影响[M].杭州:杭州大学出版社,1990.

王勇,(日)大庭脩.中日文化交流史大系·典籍篇[M].杭州:浙江人民出版社,1996.

(日)大庭脩.江户时代中国典籍流播日本之研究[M].戚印平,等译.杭州:杭州大学出版社,1998.

(美)萧邦齐.九个世纪的悲歌:湘湖地区社会变迁研究[M].北京:社会科学文献出版社,2008.

(美)魏斐德.洪业——清朝开国史(增订本)[M].北京:新星出版社,2017.

(美)黄宗智.长江三角洲小农家庭与乡村发展[M].北京:中华书局,2000.

(美)梅尔清.清初扬州文化[M].上海:复旦大学出版社,2004.

(美)史景迁.王氏之死——大历史背后的小人物命运[M].上海:上海远东出版社,2005.

(美)孔飞力.中华帝国晚期的叛乱及其敌人:1796—1864年的军事化与社会结构[M].北京:中国社会科学出版社,1990.

(美)何炳棣.明初以降人口及其相关问题:1368-1953[M].北京:三联书店,2000.

(美)何炳棣.中国会馆史论[M].北京:中华书局,2017.

(加)卜正民.纵乐的困惑:明代的商业与文化[M].北京:三联书店,2004.

(加)卜正民.明代的社会与国家[M].合肥:黄山书社,2009.

(加)卜正民.为权利祈祷:佛教与晚明中国士绅社会的形成[M].南京:江苏人民出版社,2005.

(美)高彦颐.闺塾师:明末清初江南的才女文化[M].南京:江苏人民出版社,2005.

(美)裴宜理.华北的叛乱者与革命者[M].北京:商务印书馆,2007.

(美)韩明士.道与庶道——宋代以来的道教、民间信仰和神灵模式

［M］. 南京:江苏人民出版社，2007.

（美）孟泽思. 清代森林与土地管理［M］. 北京:中国人民大学出版社，2009.

（美）韩书瑞. 山东叛乱 1774 年王伦起义［M］. 南京:江苏人民出版社，2008.

（美）戴仁柱. 十三世纪中国政治与文化危机［M］. 北京:中国广播电视出版社，2003.

（澳）安东篱. 说扬州:1550-1850 年的一座中国城市［M］. 北京:中华书局，2007.

（美）穆素洁. 中国:糖与社会——农民、技术和世界市场［M］. 广州:广东人民出版社，2009.

（美）萧公权. 中国乡村——19 世纪的帝国控制［M］. 北京:九州出版社，2018.

（美）施坚雅. 中华帝国晚期的城市［M］. 北京:中华书局，2000.

（英）李约瑟. 中国科学技术史［M］. 北京:科学出版社，1975.

（韩）吴金成.中国近世社会经济史研究——明代绅士层的形成及其社会经济作用［M］. 东京:汲古书院,1986.

（韩）吴金成.矛与盾的共存——明清时期江西社会研究[M].南京:江苏人民出版社,2018.

程焕文. 裘开明年谱［M］. 桂林:广西师范大学出版社，2008.

淡江大学中文系. 书林揽胜:台湾与美国存藏中国典籍文献概况——吴文津先生讲座演讲录［M］. 台北:学生书局，2003.

王家范. 明清江南史研究三十年 1978—2008［M］. 上海:上海古籍出版社，2010.

彭泽益. 中国近代手工业史资料［M］. 北京:中华书局，1984.

王宝平. 中日诗文交流集［M］. 上海:上海古籍出版社，2004.

孙晓. 大越史记全书(点校本)［M］. 重庆:西南师范大学出版社，2015.

刘顺利. 朝鲜半岛汉学史［M］. 北京:学苑出版社，2009.

刘正. 图说汉学史［M］. 桂林:广西师范大学出版社，2005.

MELVINP. THATCHER. Selected sources for late Imperial China on microfilm at the genealogicalsociety of Utah［M］. 台北：成文出版社有限公司，2007.

TIMOTHY BROOK. Geographical Sources of Ming-Qing History［M］. Ann Arbor：University of Michigan Press，1988.

TSIEN TSUEN-HSUIA & CHENG，JAMES K. M，China：An Annotated Bibliography of Bibliographies［M］. Boston：G. KHall & Co，1978.

BYON，JAE-HYON. Local Gazetteers of Southwest China：A Handbook［M］. Seattle：Sob. of InternationalStudies，U. of Washington，1979.

HU，SHUZHAO.The Development of the Chinese Collection in the library of Congress［M］. Boulder：Westview，1979.

（二）论文集

中国地方志指导小组办公室，中国地方志协会，宁波市人民政府地方志办公室. 首届中国地方志学术年会暨方志文献国际学术研讨会论文集［C］. 北京：中华书局，2012.

中国地方志指导小组办公室编. 走向世界的中国方志文化——国际学术研讨会论文集. 2017年，内部编印.

中国地方志指导小组办公室编. 第二届方志文化国际学术研讨会暨第九届中国地方志学术年会论文汇编. 2019年，内部编印.

台湾汉学研究中心. 汉学研究[J]. 方志学国际研讨会论文专号，第3卷第2期第1册，1985.

（三）学位论文

王晶晶. 60年来美国学者对中国旧方志整理、研究与利用［D］. 武汉：华中师范大学，2012.

柳凯华. 广西地区特色古籍资源数字化研究［D］.南宁：广西大学，2015.

陈云. 地方志资源知识融合方法与系统［D］.武汉：华中师范大学，2018.

（四）论文

陈桥驿．绍兴地方文献之稀见钞本[J]．杭州大学学报，1981(6)．

陈桥驿．乾隆钞本《越中杂识》[J]．中国地方志，1982(2)．

陈桥驿．中国方志资源国际普查刍议[J]．中国地方志，1996(2)．

陈桥驿．关于编纂《国外图书馆收藏中国地方志孤（善）本目录》的建议 [J]．中国地方志，2002(1)．

（美）吴文津．哈佛燕京图书馆中国方志及其他有关资料存藏现况[J]．汉学研究，第3卷第2期，方志学国际研讨会论文专号第1册，1985．

（美）吴文津．裘开明与哈佛燕京图书馆[M]// 天禄论丛——中国研究图书馆员学会学刊．桂林：广西师范大学出版社，2013．

沈津．哥伦比亚大学东亚图书馆散记[J]．图书馆杂志，1987(3)．

沈津．有多少中国古籍存藏在美国东亚图书馆[N]．文汇报，2018-7-13(2)．

张英聘．日本现存中国大陆缺、残明代地方志考录[J]．河北大学学报(哲学社会科学版)，2003(1)．

巴兆祥．日本藏孤本光绪《新市镇再续志》研究[J]．中国地方志，2018(1)．

刘刚．中国方志书目与索引述略[J]．北京图书馆馆刊，1997(1)．

陆林．由稀见方志《越中杂识》作者缘起[J]．文献，2002(1)．

佘德余．徐承烈与《越中杂识》[J]．中国典籍与文化，2016(3)．

（美）李唐．耶鲁大学东亚图书馆藏原版旧方志综述[C]// 首届中国地方志学术年会暨方志文献国际学术研讨会论文集．北京：中华书局，2012．

（美）何剑叶．方志资料在新一代美国中国史学者研究中的利用——以加州大学伯克利校区为例[C]// 首届中国地方志学术年会暨方志文献国际学术研讨会论文集．北京：中华书局，2012．

（韩）金孝京．韩国国立中央图书馆藏中国古籍概况及地方志资料介绍[C]// 首届中国地方志学术年会暨方志文献国际学术研讨会论文集．

北京:中华书局，2012.

    吴晓铃.加拿大多伦多大学东亚图书馆所藏蓬莱慕氏书库述概[J].
文献,1990(3).

    程焕文.《加拿大多伦多大学慕氏藏书目》序[J].图书馆杂志,
2017(11).

    (加)刘静.不列颠哥伦比亚大学的中文特藏[M]// 天禄论丛——中
国研究图书馆员学会学刊.桂林:广西师范大学出版社,2013.

    (加)刘静、谷敏.不列颠哥伦比亚大学庞镜塘藏书述要[J].中国典
籍与文化,2011(2).

    陈捷先.中韩古方志义例研究[J].韩国学报,1989(8).

    党斌.韩国现存中国地方志及其特征[J].中国地方志,2017(6).

    党斌.朝鲜王朝时期《择里志》述略——兼谈中国方志编纂对朝鲜半
岛的影响[J].中国地方志,2019年(2).

    汪前进.历史上中朝两国地图学交流[J].中国科技史料,1994(1).

    郭美善.中韩两国的书籍交流考论[J].语文学刊,2012(10).

    潘美月.韩国收藏中国古籍的现状[J].新世纪图书馆,2006(1).

    冯东.世界各地图书馆收藏整理中国地方志的现状及启示 [J].新
世纪图书馆,2012(4).

    谢晖.英国图书馆所编汉籍目录初探[J].新世纪图书馆,2015(2).

    魏超.域外汉籍数字化探析——以越南汉喃文献为中心[J].图书馆
论坛,2018(5).

    陈志坚.《江浙须知》考及"须知体"方志[C]// 第三届中国地方志学
术年会两岸四地方志文献学术研讨会论文集.北京:方志出版社,2014.

    徐鹏.七十年来海外收藏中国方志研究综述 [J].中国地方志,
2013(6).

    徐鹏.陈元赟及其《长门国志》——兼论明末清初中国方志文化在日
流播的另一种可能[J].浙江社会科学,2014(9).

    徐鹏.顺治时期浙江县志编修与地方秩序——以处州府松阳、遂昌、
龙泉、宣平四县为例[J].中国地方志,2019(4).

聂光甫,王震.为《美国国会图书馆藏中国方志目录》纠误[J].图书馆,1992(5).

顾力仁,辛法春.台湾地区公藏方志的存藏留传与利用之调查[J].广州史志,1987(6).

郭成棠.美国各图书馆现藏之东亚资料[J].黄端仪,译.国立中央图书馆馆刊,1979(6).

吴景熙.国内现存方志、北京图书馆藏方志及其他[J].中国地方志,1982(6).

单辉.美国对中国地方志的收藏与研究[J].黑龙江史志,1994(1).

陈君静.近三十年来美国的中国地方志史研究[J].史学史研究,2001(1).

潘德利,胡万德.论流散海外古籍文献回归策略研究[J].图书情报工作,2009(7).

王兴亮.晚清中外文化交流史上的一段佳话——兼及严辰光绪《桐乡县志》的方志理论探讨[J].中国地方志,2007(4).

刘兴亮.中国方志"大用户"——加拿大汉学家卜正民[J].中国地方志,2013(3).

赵世瑜.社会动荡与地方士绅——以明末清初的山西阳城陈氏为例[J].清史研究,1999(2).

洪健荣.清修台湾方志"风俗"门类的理论基础及论述取向[J].中国历史学会史学集刊,2000(32).

王卫平.日本地方史志的源流[J].中国地方志,2001(1、2).

王卫平.日本地方史志编纂的几个问题[J].中国地方志,2010(4).

王卫平.日本地方志理论编纂的理论与方法[J].国外社会科学,2008(5).

陈日华.近代早期英格兰的"乡绅修志"现象[J].世界历史,2017(4).

陈波.中国域外人类学志书的进路[J].读书,2019(11).

陈东辉.二十世纪古籍索引编制概述[J].文献,1998(2).

耿元骊.欧美地区的古代中国数字资源概述[C]// 开拓与创新——

宋史学术前沿论坛文集,上海:中西书局,2019.

赵莉莉.浅析地方志资源数字化[J].河南图书馆学刊,2019(4).

赵海良.浅议地方志文献数字化技术规范建设[J].黑龙江史志,2015(20).

赵海良.全国数字方志资源目录数据库建设构想[J].中国地方志,2019(1).

赵捷.地方志文献数字化建设研究[C]// 2008年海峡两岸档案暨缩微学术交流会论文集.(内部出版)

毛建军.中国地方志数字资源建设的进展与前瞻[J].广西地方志,2013(1).

毛建军.欧美地区中文古籍数字化概述[J].数字与缩微影像,2008(1).

毛建军.韩国古籍数字资源的建设与启示[J].图书馆建设,2012(4).

毛建军.美国中文古籍数字化概述[J].图书馆学研究,2012(1).

(日)渡边美季、阿风.2009年日本史学界的明清史研究[J].中国史动态研究,2011(1).

(美)范德.图绘明代中国:明代地方志插图研究[M]// 中国社会历史评论(第二卷).天津:天津古籍出版社,2000.

(美)包弼德.从欧美视角看中国地方史研究[N].文汇报,2012-6-4(C).

(美)包弼德.群体、地理与中国历史:基于CBDB和CHGIS [M]// 量化历史研究(第三、四合辑),北京:科学出版社,2018.

(美)包弼德.数字人文与中国研究的网络基础设施建设[J].图书馆杂志,2018(11).

(美)刘子健.关于地方志的建议[J].史学史研究,1987(1).

冼光位.美国犹他州编修地方志(史)及中美地方志(史)编修比较[J].中国地方志,2000(1).

张仲荧.中国方志之流传[C]// 四川省新方志论文选集.成都:电子科技大学出版社,1993.

中国地方志指导小组办公室．中国地方志专业考察团访问澳大利亚、新西兰[J]．中国地方志，2002(6)．

于伟平．中国地方志专业考察团赴欧洲考察报告[J]．中国地方志，2004(8)．

王熹．中国地方志专业考察团赴北美考察报告[J]．中国地方志，2006(1)．

中国地方志指导小组办公室．中国地方志专业考察团赴芬兰、瑞典、丹麦考察报告[J]．中国地方志，2012(1)．

程方勇，等．中国地方志专业考察团赴新西兰、澳大利亚考察报告[J]．中国地方志，2013(6)．

和卫国，等．中国地方志专业考察团赴美国、加拿大考察报告[J]．中国地方志，2013(6)．

CHUSHIH-CHIA, Chinese Local Histories at Columbia University[J]. Harvard Journal of Asiatic Studies, 1944, vol. 8, No. 2.

WALTERT. SWINGLE. Chinese historical source [J]. The America l Historical Review, 1921, vol. 26, 4.

PETER K. BOL. The Rise of Local History: History, Geography, and Culture in Southern Song and Yuan Wuzhou[J]. Harvard Journal of Asiatic Studies, 2001, vol. 61, No.1.

JAME M. HARGETT. Song Dynasty Local Gazetteers and Their Place in the History of Difang Writing[J]. Harvard Journal of Asiatic Studies, 1996, vol. 5, No.2.

五、电子资源

黄燕生．中国历代方志概述[EB/OL]．[2011-11-22] http://hzfzw. hz. gov. cn/szyd/zrlj/201111/t20111122_281783. html.

沈津．有多少中国古籍存藏在美国东亚图书馆[EB/OL]．[2018-07-14]. http://www. sohu. com/a/241220105_562249.

龙瑞达. 著名美国川籍学者吴文津先生和哈佛大学燕京图书馆[EB/OL].[2019-03-28]http://www.sohu.com/a/304289156_245023.

卞东波. 海外稽古:域外汉籍与中国古典文学研究的新景象[EB/OL].[2018-07-16]http://ex.cssn.cn/wx/wx_wtjj/201807/t20180716_4503953.shtml.

邓小南、包弼德、薛凤、魏希德、陈熙远:数字人文与历史研究[EB/OL].[2020-06-12]https://www.thepaper.cn/newsDetail_forward_7782975.

后　记

　　自2009年从温州医科大学通过全省选调至浙江省社会科学院地方志办公室以来，忽而十载。当初来此，主要就是为了参与三百年未竟之业——《浙江通志》的编修。因为从雍正《浙江通志》刊行至今，虽然民国期间浙江曾两度设局修志，却无一完稿付梓。中华人民共和国成立后的首轮修志，浙江亦只出版了72部省志丛书。凡此种种，对于有"方志之乡"美誉的浙江而言，不可谓无遗憾。所幸二轮修志启动后，在潘捷军主任的主持下，《浙江通志》顺利开局，并将于2020年竟其全功。

　　本书的写作即缘起于本人参加《浙江通志·地方志专志》的编纂。在翻检浙江历代旧志的过程中，不禁感叹于前人修志之赓继，存志之宏富，更为难以目睹那些境外孤本、善本的真颜，难以得到那些境外原本方志的数据而掩卷神伤。于是，便有了一探究竟的野心。2015年，这一心愿得到了浙江省社会科学规划办的项目支持，自此开启了我的境外浙江旧志存藏现况研究之旅。不想，勃勃雄心的计划初始，却意外孕育了一个新生命，研究因此不得不暂时搁浅。2017年，重新启笔后，为了争取更多机会向海内外学人了解境外浙江旧志存藏的动态，我连续两次参加了中国地方志指导小组办公室主办的方志国际学术研讨会，加上2011年在宁波举行的首次会议，3次会议为我的研究搭建了与境外学者交流、探讨的平台，得到了哈佛燕京图书馆郑炯文馆长、日本东洋文库阿部由美子女士以及中国台湾汉学研究中心蔡庆郎先生的鼓励与襄助。同时，诸位前辈又给予我悉心指导，让我的研究柳暗花明、豁然开朗，他们是中国地方志指导小组办公室研究员、博导张英聘老师，复旦大学历史系教授、博导巴兆祥老师，浙江大学人文学院教授、博导徐永明老师以及常州市地方志办公室副主任臧秀娟老师。此外，还要特别感谢浙江省社会科学院历史所原所长、研究员、教授，日本大阪大学、丹麦哥本哈根大学客座教授，中国明史学会、中国经济史学会首届全国理事，著名明清经济史和江南区域史专家陈学文老师。先生不顾高龄，欣然提笔为本书作序，平时亦会致电与我探讨、交流学术问题，作为后学及同乡，除了倍感鼓舞、备受启发外唯有把学问做实做深，才是对先生最好的回报。

当然，在整个研究过程中，因为不能亲赴境外去一一查考资料，而让我时常困扰不已。幸运的是，周围有那么多亲友愿意不厌其烦地去帮我查找、核对甚至翻译资料，如浙江省社会科学院文学所研究员郑绩，在其赴美国斯坦福大学做访问学者初期，便为我在斯坦福大学东亚图书馆找到了施坚雅（G.William Skinner）教授于1979年出版的《浙江宁绍地区地方志目录》；浙江科技学院刘文俏老师在美国印第安纳大学卢明顿分校访学期间，亦为我在图书馆竭力查找了芝加哥大学和匹兹堡大学已出版的相关方志目录。我的挚友温州大学外语学院林琛琛老师帮我翻译了部分法语资料；我的表弟汪子雄、表妹柯晨露，其间分别在日本、韩国的高校深造，不仅帮我查寻资料，而且帮我解决了日文、韩文的翻译难题。还有我远在法国、荷兰、西班牙、意大利和澳大利亚的朋友们，为我多次踏进当地的图书馆、博物馆，帮我寻找浙江旧志在海外的草蛇灰线。没有他们的鼎力相助，我断不敢写下书中的只言片语。最后，还要感谢浙江工商大学出版社的潘云娟女士为本书的策划出版来回奔波，付出了辛苦劳动；责任编辑王黎明女士对书稿进行了认真的审校。在此，我要向她们表示衷心感谢！

收笔在即，心中仍留诸多遗憾，特别是部分已出版的境外目录因各种原因未能找到，一些境外孤本、善本未能目睹等等，加之本人水平有限，笔力不逮，书中错误疏漏在所难免，敬请方家不吝赐教指正。

徐　鹏

2019年5月初稿于杭州枫华寓所